Rund um die Annapurna

Katrin Voigt

Rund um die Annapurna

Nepal – Trekking meines Lebens

Tilicho Lake – Thorong La – Kali Gandaki – Poon Hill

mit vollständiger Packliste und ausführlicher Erläuterung

www.nepal-holiday.de

Bibliografische Information der Deutschen Nationalbibliothek
Die Deutsche Nationalbibliothek verzeichnet diese Publikation in der Deutschen Nationalbibliografie; detaillierte bibliografische Daten sind im Internet über http://dnb.d-nb.de abrufbar.

Impressum

2. Auflage
Herstellung und Verlag: Books on Demand GmbH, Norderstedt
ISBN: 978-3-8370-0290-4

Für Prem

Thank You

Nepal - Trekking

Aktuelle Informationen, Reiseempfehlungen, Reisebegleitung, Trekking- Planung, Vermittlung von Trägern und vieles mehr unter

Prem Rai

Massage-Studio Pokhara

Maina Rai

www.nepal-holiday.de
info@nepal-holiday.de

Das Geburtstagsgeschenk

„Wie kann man denn Ende Mai schon so aufgeregt sein, wenn man erst im November nach Nepal fliegt?" Ach Tim, wenn Du wüsstest. Ich bin ja noch viel aufgeregter. Am liebsten würde ich mich drei Wochen lang einschließen, alle auffindbaren Reiseberichte lesen und dann gleich losfliegen. Zum Glück hindern mich mehrere Dinge daran, vor Aufregung unvernünftig zu werden. Meinen Urlaub habe ich erst für November eingereicht. Ich muss schon froh sein, dass mir mein Arbeitgeber die fünf Wochen Urlaub zusammenhängend genehmigt hat. Der Flugtermin ist also auch schon festgelegt, denn die Flugtickets sind schon fest gebucht. Das haben wir schon im Januar erledigt, weil so zeitig die Tickets deutlich günstiger waren. Und was wollen wir im Sommer in Nepals Bergen. Sommer ist Monsun-Zeit. Wer mag schon unter wolkenverhangenen Bergen im Regen wandern gehen. Also bleibt mir nichts anderes übrig, als mich in Geduld zu üben.

Angefangen hat alles vor über einem Jahr. Marios 40. Geburtstag rückt unaufhaltsam näher. Mir graut vor Familienfeiern. Mein Mann ist trotzdem fest entschlossen, diesen Vorfall ausgiebig zu feiern. Wenn sich das Älterwerden schon nicht verhindern lässt, dann muss es wenigstens als Anlass für eine vergnügte Geburtstagsfeier herhalten. Was schenkt man seinem Mann zum 40. Geburtstag? Eigentlich haben wir alles, was wir brauchen. Wenn wir wirklich mal etwas brauchen, dann gehen wir und kaufen es. Keiner wartet auf den nächsten Geburtstag oder auf Weihnachten. Es soll ein angemessenes Geschenk sein, also werde ich viel Geld ausgeben müssen. Dabei kann ich nur hoffen, dass das ausgesuchte Präsent dann auch den Erwartungen entspricht und angenehm überrascht. Vor allem aber ist es unser gemeinsam verdientes Geld, das ich ausgeben werde. Schlimmstenfalls gebe ich viel Geld für etwas aus, was Mario gar nicht gefällt. Ich könnte ihn vorher fragen. Dann wäre die Überraschung vorbei. So eine verzwickte Situation kennt bestimmt jeder.

Fast alle Ideen, die ich so übers Jahr gesammelt habe, verbrauchen sich schon an die liebe Verwandtschaft. Jeder will ihm ein tolles Geschenk machen. Jeder hat natürlich keine Vorstellung, was ein tolles Geschenk ist. Jeder fragt mich. Als seine Ehefrau muss ich es ja am besten wissen. Und was bleibt für mich übrig?

Nach langem Nachdenken bleiben für mich noch zwei Überlegungen, aus denen bald drei, zuletzt sogar vier werden. Die erste Überlegung folgt einem Sprichwort: „Wer angibt, hat mehr vom Leben.". Und mein Mann hat gern mal mehr vom Leben. Er würde sich ja gern eine – nein, das kann ich jetzt nicht verraten, denn das Geschenk ist noch nicht realisiert. Jedenfalls wäre es eine superteure Sache zum Angeben geworden. Die zweite Überlegung wird bestimmt noch teurer, aber vom gemeinsamen Geld ist das Geschenk

dann wenigstens für beide. Wir gehen alle sehr gern Bergsteigen, Wandern, Klettern. Bisher waren wir immer irgendwo in Europa mit Auto und Zelt unterwegs. Die Reiseplanung hat mir jedes Jahr wieder mein Mann überlassen. „Du wirst schon etwas Schönes heraussuchen", sagt er liebevoll und schraubt mit jedem gelungenen Urlaub schweigend den Anspruch ein bisschen höher. Wie wäre es, wenn ich ihm eine ganz besondere Reise zum ersten Mal außerhalb von Europa organisiere? Die Idee gefällt mir selbst. Schon immer wollte ich mit der ganzen Familie drei Wochen quer durch die Nationalparks der USA touren. Oder wollen Mario und ich nur zu zweit eine richtige Trekking-Tour buchen? Aus der zweiten ist gleich noch eine dritte Idee geworden.
Jetzt muss ich mich mit unserer 16jährigen Tochter Lisa besprechen. Lisa und ich haben miteinander eher ein freundschaftliches Verhältnis. Ich freue mich jedes Jahr, wenn sie wieder mit uns in den Urlaub fährt. Mit wenigen Worten umreiße ich die Möglichkeiten und frage sie nach ihrer Meinung. Ihre Antwort kommt für mich völlig unerwartet. Wenn mir jemand mit sechzehn Jahren eine solche Frage gestellt hätte, wären wir in die USA geflogen. Wann wird man im Leben noch einmal durch die USA reisen, ohne etwas dafür zu bezahlen? Im Unterbewusstsein höre ich sie schon genau diese Antwort sagen. Stattdessen bekomme ich eine für mich völlig unerwartete Antwort. Geradlinig, wie sie ist, sagt sie: „Überlegung Nummer Eins kannst du Papa zum 60. Geburtstag schenken, wenn er in Rente gehen will. Überlegung Nummer Zwei - Nein. Ich bin mit Euch und auf Eure Kosten schon so oft wunderschön und erlebnisreich im Urlaub gewesen, wo andere nie hinkommen. Die USA will ich mir später selbst verdienen und erarbeiten. Bitte macht endlich einmal Urlaub nur für Euch." Für einen Augenblick bleibt mir der Mund offen stehen, nur für einen ganz kurzen Augenblick.
Sofort folgt Lisas nächste Frage nicht weniger geradlinig: „Wo fliegst Du mit Papa hin?" Womit ich bei der vierten Überlegung bin. Da gäbe es den Kilimandscharo in Kenia zu besteigen. Man kann auch die Annapurna in Nepal umrunden. Lisa gefällt beides. „Lass Papa entscheiden." sagte sie und hakte das Thema für sich ab. Ich stehe wie benommen und völlig verblüfft da. Binnen weniger Minuten habe ich ein monatelanges Problem völlig unkompliziert geklärt bekommen. Auf vieles war ich vorbereitet, nur nicht auf diese klare Entscheidung und vor allem nicht darauf, dass die Antwort so schnell und so entschlossen kommt. Ich klappe meine Kinnlade wieder hoch und freue mich über meine fast erwachsene Tochter. In den nächsten Wochen schmunzle ich liebevoll über meinen Mann, wenn er neugierig und ungeduldig wie ein kleines Kind fragt: „Was schenkst Du mir?"
Geburtstag ist im Juli. Mario hat bis dahin nicht die geringste Ahnung, was ihm seine Frau zum 40. schenken wird. Lisa und ich haben erfolgreich dicht gehalten und nicht die kleinste Andeutung durchsickern lassen. Auf einer selbst gestalteten Glückwunschkarte biete ich ihm die Organisation einer gemeinsamen Reise an. Die Karte stecke ich auf ein Päckchen, in dem ein kleines Buch mit einer Reisebeschreibung für den Kilimandscharo und die Trekkingkarte für „Annapurna Around" liegen. Für einen Moment stockt Mario, kann es kaum glauben. Er hat sich wohl so einiges ausgerechnet, womit ihn seine Frau

überraschen könnte. Das aber bestimmt nicht.
Erst zieht ein zögerliches Fragen über sein Gesicht. Seine Frau will mit ihm so eine Tour gehen? Er darf sich eine richtige Trekking-Tour aussuchen? Ja! Dann strahlt er überglücklich und stolz. Das Geschenk ist gelungen.
Tagelang philosophiert er darüber, für welche Tour er sich entscheiden soll. Nach einigem Hin und Her und vielem Abwägen steht Ende Oktober dann unsere Reise fest. Wir werden im November 2005 nach Nepal fliegen und um die Annapurna trekken. Für Mario und ich wird es die Trekking-Tour unseres Lebens, da sind wir uns ganz sicher.
Um unsere beiden Kinder müssen wir uns während unserer Abwesenheit keine Sorgen machen. Lisa ist schon seit Jahren im Sportinternat. Im November fährt sie ins Trainingslager, da kümmern sich andere um sie. Die Unterbringung unseres dann sechsjährigen Denny zu organisieren, war nicht ganz so einfach. Ein wenig hinterhältig habe ich das schon länger vorbereitet. Marios Eltern sind Rentner und hätten viel Zeit. Doch es sind eben ganz liebe Großeltern. Da kann man sich als Kind mal ein Wochenende verwöhnen lassen. Fünf Wochen bei Oma und Opa würden das Kind gründlich verziehen und die Großeltern völlig schaffen. Meine Eltern wohnen weit weg und sind noch berufstätig, dafür deutlich strenger. Also habe ich meine Eltern gebeten, Mario die Betreuung des Jungen zum Geburtstag zu schenken. Zum ersten Mal sollen sie etwas schenken, das man nicht kaufen kann. Sie überlegen kurz, dann erfüllen sie meinen Wunsch. Denny wird bei ihnen in den Kindergarten gehen.

Organisation einer Reise

Wie organisiert man eine Reise nach Nepal? Eigentlich nichts leichter als das. Man bestellt sich Kataloge mit Trekking-Reisen, sucht sich die vermutlich passende Reise aus und bucht sie. Gesagt, getan. Fast. Ich habe vorher noch eine kleine Frage. Die Tagesetappen der organisierten Reisen erscheinen mir recht kurz. Als zügige Wanderer könnten wir an manchem Tag sicher schneller laufen und in der gewonnenen Zeit kleine Abstecher unternehmen. Ich frage das Reisebüro per Mail an, ob man sich während der Tour von der Gruppe entfernen und allein gehen darf. Die Antwort verblüfft mich und sie überfordert mich im ersten Moment. „Dann bucht Euch doch einen Flug und geht allein die Runde. Das ist ganz einfach, unkompliziert und ungefährlich. Ihr schafft das. Punkt." Ganz nett und freundlich kommen diese Zeilen. Von einem Reisebüro hätte ich alles erwartet, aber keine Aufforderung, allein zu reisen.
Ich bekomme Angst vor der eigenen Courage. Wir fliegen zum ersten Mal aus Europa heraus. Ich habe keine Vorstellung, was mich in Nepal erwartet. Die Kultur ist mir völlig fremd. Ich kann mir nicht vorstellen, mich dort allein zurechtzufinden. Was nun? Ich

durchforste das Internet. Es gibt mehrere Foren, in denen andere über ihre Nepal-Reisen berichten. Viele sind ohne Reiseleiter dort gewesen, kaum einer berichtet über Probleme. Also entscheide ich, dass wir es auch allein schaffen werden.

Im Januar buche ich den Flug online bei einem Internet-Flug-Anbieter. Der Preis ist so günstig, dass ich große Sorgen habe, lebend in Nepal anzukommen. Wenn die Flugtickets überhaupt echt sind. Die Berichte über unsere Fluggesellschaft GulfAir sind nicht schlechter als über andere Fluggesellschaften, auch wenn ich den Namen GulfAir noch nie gehört habe. Zehn Prozent Anzahlung müssen wir leisten, eine Reiserücktrittsversicherung schließen wir sicherheitshalber ab. Die Flugtickets gibt es entweder als Zahlencode, der am Flughafen nur anzugeben ist, oder gegen Aufpreis ausgedruckt zugeschickt. Ich zahle lieber den Aufpreis und bekomme richtige Tickets in die Hand. Der eigentliche Preis ist einen Monat vorher zu überweisen. Hoffen wir mal, dass ich dann auch die Tickets bekomme.

Ich kaufe mir die beiden Reisebeschreibungen für die Annapurna-Runde, Andrew Stevenson 'Rund um den Annapurna' und Birgit Wenzel 'Tilicho Lake mit Annapurna-Umrundung. Ab jetzt wird gelesen. Zuerst die beiden Bücher, dann alles, was ich zum Thema Annapurna noch so finden kann. Am Ende bleiben immer noch viele Fragen, die mir keiner beantworten kann, weil meisten Reisen im Frühjahr stattfinden. Mir fehlen genaue Angaben, was man für eine Reise im November benötigt. Ist es im November viel kälter als im April? Wir werden uns lange in Höhen über 4.000 m bewegen. Welche Bekleidung ist nötig? Ich bin nun mal ein Vollständigkeits-Fanatiker. Am liebsten möchte ich jede Eventualität vorher bedacht haben, auf alles vorbereitet sein.

Endlich finde ich in einem Internetforum Tims Eintrag. Tim wohnt in Ulm und war im November 2003 in Nepal. Ihm schicke ich meine endlos lange Liste von Fragen. Tim ist nett, sehr nett. Alle meine Fragen beantwortet er geduldig. Zwischen den Zeilen kann immer wieder sein Schmunzeln lesen. Er schmunzelt über meinen Hang zur Perfektion und über meine Ungeduld. Tims wichtigster Tipp aber ist der dringende Hinweis, wir sollen uns unbedingt einen Guide[1] nehmen. Bis dahin waren wir der Meinung, dass wir die Tour allein schaffen werden beziehungsweise schaffen müssen.

Die Idee, sich einen Guide zu nehmen, gefällt mir sofort. Wir haben jemanden mit uns, der sich auskennt, der uns hilft, die Befindlichkeiten der Menschen zu beachten, der uns etwas mehr über das Land erzählt. Vor allem aber wird er die Verantwortung für die Auswahl der richtigen Lodge übernehmen. Wir sind zuverlässige Streithähne, spätestens am dritten Tag würden wir uns zanken, weil einer die falsche Lodge oder den falschen Weg gewählt hat. Tim erspart uns weitere Fragen nach der Auswahl eines Guides. Er gibt uns besser gleich die e-Mail des Guides, mit dem er selbst unterwegs war. Prem heißt der Guide, Prem Rai. Mit ihm war Tim überaus zufrieden, ganz angenehm und fürsorglich wäre Prem gewesen. Was kostet so ein Guide, wofür ist er zuständig, was unterscheidet

---

[1] Guide engl. Führer, in Nepal übliche Bezeichnung für den nepalesischen Führer bzw. Organisator einer Reisegruppe

ihn von einem Porter, was ist ein Porter-Guide? Wieder Fragen. Diesmal schicke ich die Fragen in einer e-Mail an Prem. Der macht meinem Fragen auf unkomplizierte Weise ein Ende. Er hat im November noch frei. Weil wir Tims Freunde sind, ist es ihm eine Selbstverständlichkeit, unser Guide zu sein. Er wird uns in Kathmandu am Flughafen abholen, uns über den Treck begleiten, acht Kilogramm Gepäck für uns tragen und fünfzehn Euro am Tag kosten. Danke Prem! Ein Porter ist übrigens ein Träger, ein Porter-Guide ein Guide für ein oder zwei Personen, der auch Gepäck trägt.
An einem verregneten Sonnabend packen wir zum ersten Mal unsere Rucksäcke zur Probe. Zuerst wird alles zurechtgelegt, was unserer Meinung nach unbedingt mit auf die Tour muss. Es fehlen noch die Filme und die Reiseapotheke, die ersetzen wir mit kleinen Kisten ähnlicher Größe. Mario lacht schon, bevor wir nur mit dem Packen angefangen haben. Mein Rucksack fasst vierzig Liter. Mein Haufen daneben ist fast doppelt so groß. Da hilft auch kein Reduzieren mehr. Ich brauche einen neuen, größeren Rucksack. Dessen Beschaffung ist fast ein Buch für sich allein. Weil ich nicht in den Laden gehe und einen Rucksack kaufe, sondern alle Internetseiten aller renommierten Rucksackanbieter durchforste und die Angaben vergleiche. Nach Abwägung aller Möglichkeiten habe ich mich dann natürlich für einen Rucksack entschieden, den es in Deutschland nicht zu kaufen gibt. Letztendlich hilft mir ein Outdoor-Fachgeschäft und importiert meinen Rucksack aus England über Italien nach Deutschland. Mein Rucksack hat also schon eine kleine Weltreise hinter sich, bevor wir überhaupt losgefahren sind.
Bei unserer Hausärztin holen wir uns die sinnvollen Impfungen und eine Liste von Medikamenten, die man auf eine solche Reise mitnehmen sollte. Mit den Impfungen fangen wir nicht zu spät an, drei Monate vorher ist günstig. Dazu schreibt sie uns zwei Antibiotika auf, falls wir wider Erwarten doch eine schwerere Erkrankung bekommen sollten. Als dann auch noch unsere Dauer-Medikamente im Arznei-Beutel liegen, ist der deutlich größer und schwerer als angenommen.

Die Flugtickets kommen tatsächlich wenige Tage, nachdem der Endpreis bezahlt ist. Mein Aufatmen ist deutlich zu hören. Jetzt kann es losgehen.

Oktober 2005, Jetzt geht's los

Denny schleppt in der letzten Woche noch eine richtig dicke Erkältung aus dem Kindergarten mit nach Hause. Weil er seine Mutti ganz lieb hat, steckt er sie natürlich gleich mit an. Ich kämpfe mit Dampfbad, Echinacea und Vitamin C gegen den Infekt. Nicht gerade erfolgreich, denn der Husten setzt sich fest.
Bis Freitag vor dem Abflug bin ich noch im Büro und versuche, alle möglichen Katastrophen vorauszusehen. „Gib´s auf und

fahr endlich los, wir werden schon klar kommen. Der Rest bleibt liegen.“ Meine Kollegen haben sichtlich genug von meiner vorausschauenden Fürsorge. Mir soll es auch recht sein. Mario hat deutlich mehr Stress. Im September war Messe in Frankfurt. Normalerweise freut man sich, wenn das Geschäft unerwartet gut läuft. In diesem Herbst jedoch überrennen die Kunden meinen Mann regelrecht. Am letzten Tag setzt er sich ans Telefon, ruft alle noch nicht belieferten Kunden an und erklärt Ihnen, dass er ab Dezember wieder im Land sein wird. Dann wird er sich sofort um sie kümmern. Man zeigt Verständnis und ich kann mir heute schon ausrechnen, dass ich ihn in der Vorweihnachtszeit wohl nur zum Wäsche-Wechseln zu Hause sehen werde. Der Anrufbeantworter bekommt einen netten Satz, dass wir bis Anfang Dezember im Ausland sind. Fertig!

Am Samstag fahren wir zu meinen Eltern und geben den hustenden, schniefenden Jungen ab. Meine Mutti ist Kinderärztin. Ihr wird schon etwas einfallen, wie sie Denny bis Montag wieder kindergartentauglich bekommt. Langsam beschleicht mich die Sorge, dass ich meinen Eltern zuviel zumute. Beide sind Anfang Sechzig. Sie stecken noch voll im Berufsleben und sind lebhafte, kleine Enkelkinder eigentlich nicht gewöhnt. Jetzt ist es ohnehin zu spät, sich solche Gedanken zu machen.

Sonntagmittag fahren wir nach Frankfurt und parken unser Auto auf dem Zeltplatz. Wir haben einen Van, in dem man auch gut liegen kann. So schlafen wir noch eine Nacht hier in Frankfurt. Am nächsten Morgen geht es zeitig los. Das Auto dürfen wir während der Reise auf dem Zeltplatz stehen lassen, für deutlich weniger Geld, als der Flughafenparkplatz kosten würde. Vom Zeltplatz zur S-Bahn ist es nicht weit. Unsere Taschen sind viel schwerer, als ich dachte. Es ist eine unangenehme Schlepperei, meine Arme tun schon weh, da sind wir noch keinen Tag auf Tour.

Alle wichtigen Dinge, die man in Nepal nicht nachkaufen kann, haben wir in unsere Rucksäcke gepackt. Die Bergschuhe sind an den Füßen. Man hofft ja immer, dass sein Fluggepäck ankommt. Aber wer weiß und sicher ist sicher.

Auf dem Flughafen geht alles ruhig und unkompliziert zu. Nur beim Gepäck-Aufgeben komme ich gehörig ins Schwitzen. Da wird doch tatsächlich das Handgepäck gewogen. Mal ganz abgesehen davon, dass unsere Rucksäcke eigentlich viel zu groß sind, meiner ist auch viel zu schwer. Die gesamte Foto-Ausrüstung steckt in meinem Rucksack, dazu eine große Flasche Saft. Schnell packe ich das große Objektiv in Marios Rucksack und die Saftflasche einfach zwischen meine Füße. Marios Rucksack übersteht das Wiegen ohne Beanstandungen. Während mein Rucksack gewogen wird, erklärt Mario der Dame am Schalter, dass er seiner Frau zum Üben schon mal den schwereren Rucksack gegeben hat. Aber die große Saftflasche würden wir noch vor dem Abflug austrinken. Dabei lächelt er so einnehmend, dass mein Rucksack die Kontrolle ohne Auflagen übersteht. Noch ein kleiner Schwatz mit der Dame, bis ich unauffällig alles wieder im Rucksack verstaut habe. Jetzt brauche ich ein Deo.

31.10.2005, Montag - Flug von Frankfurt nach Kathmandu

Das Flugzeug verlässt pünktlich das Terminal. Draußen hat sich inzwischen der Morgennebel verzogen. Statt jedoch zur Rollbahn zu fahren, drehen wir eine komplette Flughafenrunde und werden irgendwo am Frachthafen abgestellt. Nach einer knappen Stunde kommt endlich die schlecht verständliche Durchsage des Kapitäns. Die Flughafensicherheit hätte festgestellt, dass wir ein Gepäckstück ohne zugehörigen Passagier an Bord hätten. Das wäre aber ein Missverständnis gewesen. Jetzt werden wir gleich starten. Das Flugzeug setzt sich wieder in Bewegung. Die Sonne scheint über Frankfurt und will uns schon einmal auf schönes Wetter in Nepal einstimmen. Wir heben ab.

An Bord der Maschine sind viele Reisende, denen man ansieht, dass sie nach Nepal zum Trekking fliegen. Die Bergschuhe sind meist der letzte untrügliche Beweis dafür.

Neben uns im Mittelgang, mit dem Lächeln meines Mannes haben wir immer Fensterplätze bekommen, sitzt ein besonders auffälliger Reisender. Der Mann wird wohl wie wir so um die Vierzig sein. Er möchte natürlich bedeutend jünger aussehen. Seine Figur gibt es her, er ist groß und schlank. Dazu hat er sich seine sicherlich dunkelblonden Haare strohblond gefärbt. Jetzt stehen ihm die Fusseln nach allen Seiten ungekämmt zu Berge. Passend dazu sitzt neben ihm seine deutlich jüngere weibliche Begleitung in kohlrabenschwarz. Das würde alles nicht so sehr auffallen, wenn er nicht so fürchterlich alles besser wüsste. Laut und wortreich spricht er jeden an und erzählt, wo er schon überall war und wie welterfahren er doch ist. Auch für Nepal weiß er schon alles. Vor allem weiß er alles besser und immer noch sehr laut. Ich bin bestimmt ein redseliger Mensch. Aus einem Gespräch mit ihm halte ich mich dann doch lieber raus. Wir taufen ihn wegen seiner Haarpracht auf Goldlöckchen.

Seit der Schwangerschaft mit unserer Großen habe ich Probleme mit den Krampfadern. Dazu kommt eine erbliche Veranlagung zu Wasser in den Beinen. Meine Arbeit im Büro, wo ich den ganzen Tag auf meinem Bürostuhl sitze und nur zur Mittagspause und zum Feierabend aufstehe, verstärkt das Problem noch. Wenn mir jemand Bewegungsarmut vorwirft, dann hat er sicher Recht. Zweimal Training in der Woche können das auch nicht ausgleichen. Notgedrungen muss ich medizinische Kompressionsstrumpfhosen tragen. Diese engen Strumpfhosen sind nicht gerade angenehm und ich vertrage sie auch recht schlecht. Ständig kalte Füße sind noch das kleinste Übel. Im Sommer wird es in den klebenden Strümpfen sehr warm, fast bekommt man Platzangst. Dazu juckt mich die Kunstfaser auf der Haut. Selbstverständlich muss ich diese unangenehmen Strumpfhosen gerade auch im Flugzeug tragen. Sobald das Flugzeug abgehoben hat, ziehe ich die Bergschuhe aus, noch bevor die Füße in den Schuhen feucht werden und unangenehm

riechen. Bald bemerke ich, dass ich nicht die Einzige bin, die in Socken auf Toilette geht. Fast kommt ein häusliches Gefühl auf.
Nach einem glutroten Sonnenuntergang über der arabischen Halbinsel ist in Bahrain Zwischenstopp. Das kleine Königreich kannte ich bis dahin gar nicht. Viel bekommen wir auch nicht zusehen. Die Abfertigung für uns Transfer-Reisende geht schnell. Trotzdem bereitet sie mir Unbehagen. Die Uniformen von Zoll und Polizei sind zwar freundlich hellbeige, erinnern aber sehr an die Bilder von chinesischen Polizisten. China ist nicht gerade als demokratischer Staat bekannt. Ich schaue in die Gesichter der Uniformierten, sie blicken streng und vor allem diktatorisch. Ich fühle mich unsicher.
Draußen müssen es so 27°C und 100% Luftfeuchtigkeit sein. Weil Bahrain aber ein reicher Ölstaat ist, kann er es sich leisten, die Wartehallen im Flughafen auf 18° zu kühlen. Wenn man müde ist und hier knapp vier Stunden verbringen soll, dann wird es unweigerlich kalt. Wir ziehen alles an, was wir mithaben. Auf den Stühlen kann man weder liegen noch sitzen. Es ist unangenehm. In einer Ecke hat es jemand besser gelöst. Er hat seine Iso-Matte und den Schlafsack mitgenommen und schläft jetzt zufrieden und warm. Zum Glück ist irgendwann auch dieser Aufenthalt zu Ende.
Beim Landeanflug nach Kathmandu bemerken wir, dass Marios Lächeln bei der Abfertigung uns sogar die beste Position im Flugzeug eingebracht hat. Wenn man links sitzt, dann hat man einen einmaligen Blick auf das gesamte Himalaja-Massiv. Wie eine Perlenkette stehen sie aufgereiht, die Achttausender und ihre kleineren Brüder. Nicht nur ein paar Berge. Endlos. Eine Skyline, für die ich mehrere Fotos brauche, um alles aufzunehmen. Morgens um acht ist die Luft auch noch klar. Eine bessere Einstimmung auf eine Himalaja-Trekking-Tour kann man wohl kaum finden. Der Fotoapparat bekommt zum ersten Mal richtig Arbeit.
Der Flughafen von Kathmandu ist nicht größer als ein kleiner Inlandsflughafen in Deutschland. Selbst das Sicherheitspersonal wirkt unsicher, als ob es fleißig seinen ersten Arbeitstag erlebt. Wir füllen jeder ein A4-Formular für das Einreise-Visum aus. Schnell bildet sich an dem einzigen Schalter eine Schlange. Zögerlich geht es voran. Unsere erste Berührung mit der nepalesischen Bürokratie bereitet schon Schmunzeln. Zuerst bekommt eine Frau unsere Formulare nebst Reisepässen und den Euros für die Visa. Die Frau sitzt etwas erhöht und kann auf uns heruntersehen. Ihr Blick ist konzentriert aber freundlich, keineswegs überheblich oder ablehnend. Dann gehen die Unterlagen weiter an zwei Herren, die tiefer sitzen. Sie sollen die Visa in die Pässe kleben und ausfüllen. Unsicher, ängstlich und langsam erledigen sie ihre Arbeit und blicken dabei nicht ein Mal zu uns auf. Zuletzt unterschreibt ein mürrischer vierter Beamter mit typisch indischen Gesichtszügen die Visa. Er muss wohl von einer höheren Kaste sein, denn sein Blick ist an Überheblichkeit kaum zu überbieten.
Es dauert gar nicht lange, dann kommen auf dem großen Band in der Halle unsere Taschen angerollt. Alles vollständig! Jetzt fehlt nur noch Prem, unser Guide. Hoffentlich holt er uns vom Flughafen ab. Was tun wir, wenn er nicht kommt, wenn niemand für uns da

ist? Ich habe nicht einmal eine Telefonnummer oder e-Mail-Adresse von ihm mit. Richtig nachdenken kann ich nicht. Ich bin völlig übermüdet. Eigentlich will ich nur in ein Bett und schlafen.

Wir zerren unsere schweren Taschen durch die Halle zur Tür. Die Einheimischen dürfen das Flughafengebäude nicht betreten, Prem muss deshalb vor dem Gebäude auf uns warten. Wenn er da auf uns wartet. Noch einmal schleppen wir unsere Taschen durch eine letzte große Tür. Draußen blendet uns das helle Licht. Auf der anderen Straßenseite stehen hinter einer niedrigen Absperrung ganz viele Menschen. Jeder hält ein Blatt hoch, auf dem die Namen der Erwarteten stehen. Aus der Entfernung kann ich kaum etwas erkennen. Keine der Aufschriften sieht aus wie „Katrin and Mario, Germany". Meine Knie werden ganz weich. Was nun? Ich versuche mühsam darüber nachzudenken, worüber ich jetzt nachdenken sollte. In meiner Müdigkeit bekomme ich jedoch nicht einen klaren Gedanken zusammen. Während ich in dieser Leere zu erstarren drohe, ruft Mario: „Da ist er!" Ganz rechts und versteckt in der 3. Reihe steht ein kleiner Mann und lächelt freundlich. Mario winkt ihm. Prem ist da! Wir haben es geschafft. Vor Erschöpfung kann ich nicht einmal die Erleichterung spüren, die jetzt einsetzen müsste. Prem kommt zu uns herüber und empfängt uns herzlich. Jedem hängt er zur Begrüßung eine gelbe Blumenkette um den Hals.

Hinter Prem kommt ein ganzer Pulk von Männern auf uns zu. Sie greifen unsere Taschen und tragen sie zum Taxi auf der anderen Parkplatzseite. Eigentlich wollen wir unsere Taschen selbst tragen. Nach dem langen Flug ist mir irgendwie alles egal. Sind das Freunde von Prem?

Das Taxi ist ein winziger Kleinwagen. Die Marke kann ich nicht erkennen, wenn es für diese Miniaturausführung von Auto überhaupt einen Markennamen gibt. Selbst mein Renault Twingo ist geräumiger. In den Kofferraum passt gerade einmal mein Rucksack. Die Taschen werden einfach in die Gepäckhalterung auf dem Dach gelegt. Niemand macht Anstalten, sie dort oben festzubinden. Ich habe große Sorge, dass die Taschen beim nächsten Bremsen nach vorn runterfallen. Einer von den Männern redet auf Mario ein, er solle Geld geben. Wofür? Für das Taxi? Mario kann nicht antworten, sein Englisch reicht gerade so weit, dass er die Frage verstanden hat. Bis ich in dem Durcheinander endlich Prem fragen kann, was der Mann von uns will und wo er hin gehört, hat Mario den Mann mit etwas Geld zum Schweigen gebracht. Es waren die Flughafen-Träger. Die hätten wahrlich kein Geld verdient! Egal, es wird nicht das letzte Mal sein, dass wir unserer Unkenntnis der Gepflogenheiten hier Tribut zahlen. Wir setzen uns nach hinten. Mario nimmt seinen Rucksack auf den Schoß und zieht seinen Kopf ein, damit er überhaupt hineinpasst. Prem sitzt vorn. Links!

01.11.2005, Dienstag – Kathmandu

In Nepal wird links gefahren, wie in England. Der Fahrer sitzt rechts. Es fühlt sich an wie das Spiegelbild der realen Welt. Momentan rauscht diese neue, andere Welt sowieso an mir vorüber. Ich fühle mich wie im Trance, kann die Bilder kaum aufnehmen und schon gar nicht werten. Sicher werde ich mich bald an die ungewohnte Fahrweise gewöhnen. Das Auto wirkt spartanisch, deutsche Sicherheitsstandards kennt man nicht. Wir haben niemanden gesehen, der sich anschnallt. Ich kann nicht einmal sagen, ob die Autos überhaupt Sicherheitsgurte haben. Die anderen Autos um uns herum sehen auch nicht besser aus.

Vom Flughafen geht es rechts ab in Richtung Innenstadt. Von Beginn an fahren wir an den Armenvierteln vorbei. Erst stehen die verfallenen, dreckigen Häuser nur auf der linken Seite. Dann hört der Wald rechts auf, die staubigen Häuserreihen kommen uns immer näher und nehmen kein Ende. Ich warte darauf, dass die Slums aufhören und die Innenstadt beginnt. Schöne Häuser und Passagen will ich sehen, in denen ich heute Nachmittag Einkaufen gehen kann. Langsam kommt mir die ängstliche Vermutung, dass hier vielleicht alle Häuser so aussehen, als ob sie gleich einstürzen würden. Dazwischen sehen wir vorerst nur endlos viel Dreck. Die Straßen werden immer enger. Es gibt keine Fußwege. Die Häuser stehen direkt an der Straße, nur ein kleines Rinnsal sickert davor. Neben dem Rinnsal liegen Früchte, Fleisch und Fisch, die zum Kauf angeboten werden. Die Händler sitzen dahinter im Schmutz. Die Straße ist kaum breit genug, dass zwei von diesen winzigen Autos nebeneinander passen. Außerdem drängen sich Fußgänger, Radfahrer, Rikschas und Karren dazwischen. Jeder hupt, um sich Vorfahrt zu verschaffen. Meist nur mit dem Erfolg, dass ich erschrecke, weil mein Reaktionsvermögen nach dem langen Flug auch schon schläft.

Ständig habe ich das Gefühl, dass es gleich krachen wird. Kommt uns mitten auf der Straße ein Auto entgegen, würde ich nach rechts ausweichen. Ich bin doch Rechtsverkehr gewöhnt. Der Fahrer aber reagiert gar nicht. Nur ich bekomme Panikattacken. Erst im letzten Augenblick weicht er aus. Und zwar nach links. Also in die für mein Gefühl völlig falsche Richtung. Ich gewöhne mich auch beim vierten, fünften und sechsten Ausweichmanöver nicht daran. Immer wieder zucke ich zusammen. Eigentlich ist die Fahrt für mich nur mit geschlossenen Augen zu ertragen. Mache ich die Augen zu, habe ich Sorgen, etwas Wichtiges nicht zu sehen. Was ist wichtig? Was muss ich sehen? Ich schaue mir alles an und kann es doch weder verstehen noch verarbeiten.

Die Luft in Kathmandu ist viel trockener als in Mitteleuropa. Mein Husten ist schon im Flugzeug schlimmer geworden, weil dort die Luft durch die Klimaanlage auch so trocken ist. Hier kommt jetzt noch ein feiner Staub in der Luft dazu. Die vorderen Fenster im Auto

sind offen, so dass es uns auf den Rücksitzen zieht. Zumachen kann man die Fenster auch nicht, dazu ist es zu warm. Mir krabbelt es im Hals, fürchterlich. Ich kann es nicht ändern, ertrage es und lasse mich vom Blick aus dem Autofenster ablenken.
Von einem Stadtzentrum bekommen wir immer noch nichts zu sehen. Keine Kaufhäuser, keine Fußgängerzone, keine Prachtstraße. Irgendwann treten die engen Häuser zurück und geben uns den Blick auf ein großes Flusstal mitten in der Stadt frei. Den Anblick will ich nicht beschreiben, so viele ekel erregende deutsche Worte kann ich nicht aneinander reihen. Die Menschen scheinen den Fluss als öffentliche Müllabfuhr zu benutzen. Sie schütten allen Abfall in den Fluss und warten, dass der nächste Regen den Dreck wieder wegspült. Wenn ich bedenke, dass die Nepali ihre Toten am Fluss verbrennen und die Asche mit dem Fluss fortspülen lassen, bin ich für Sekunden froh, dass wir nicht auch noch eine öffentliche Leichenverbrennung zu sehen bekommen.
Wir fahren über eine große Brücke. Aber nur, um auf der anderen Seite des Flusses wieder in enge Gassen und Menschengewimmel zu geraten. Es geht bergauf, dann an einem weitläufigen Kasernengelände vorbei. Irgendwann zeigt Prem nach links. Das Auto muss zwischen engen Mauern hindurch. Der Weg ist so schmal, dass wirklich nur noch ein Fahrzeug fahren kann. Wieder hupt der Fahrer mehrfach. Dann stehen wir vor einem großen, braunen Tor. Aussteigen, wir sind da.
Von einer hohen Mauer umgeben ist das Namaste Guest House eine kleine grüne Oase. Das Tor schließt sich hinter uns und die Welt ist wieder in Ordnung. Der kleine Garten grünt und blüht, das Haus im englischen Stil macht einen zuverlässigen Eindruck. Vor allem ist es hier sehr sauber. Die Chefin, eine um Eleganz bemühte Dame Anfang sechzig, begrüßt uns aufwendig. Zwei Hotelboys helfen, die Taschen in unser Zimmer in der obersten Etage zu bringen. Es ist halb elf. Prem wird warten müssen, wir brauchen eine Dusche und müssen erst einmal schlafen. Außerdem muss ich raus aus meiner Kompressionsstrumpfhose.
Nach zwei Tagen ist es mir völlig egal, dass das Wasser einfach nicht warm werden will. Ich klebe am ganzen Körper. Der Körpergeruch ist auch schon nicht mehr angenehm. Zwei Eimer sollen wir durchlaufen lassen, dann würde warmes Wasser kommen. Es kommt aber kein warmes Wasser. Also dusche ich kalt. Meinem Husten tut das nicht gut. Mir ist selbst das jetzt egal.
Im Bett finden wir beide keinen richtigen Schlaf. Obwohl es draußen angenehm warm ist, friere ich. Die Bettdecke schmiegt sich nicht an sondern steht wie ein Zelt über mir. Meine eiskalten Füße haben keine Chance, wieder warm zu werden. Noch immer sind wir innerlich viel zu aufgeregt. Hunderttausend Gedanken schwirren mir durch den Kopf. Schlafe ich doch einmal für Sekunden ein, träume ich von Katastrophen und wache wieder auf. Um eins geben wir das Schlafen auf und gehen hinunter. In der Veranda treffen wir die Chefin. Sie übermittelt uns freundlich, dass Prem um zwei wiederkommt. Wir setzen uns in die Sonne, trinken Jasmin-Tee und genießen die Ruhe. Zum Tee gibt es verschiede Kekse, süße und herzhafte, für jeden von uns ist etwas dabei. Die Bergschuhe haben wir ge-

gen die Sandaletten getauscht. Heute Nachmittag muss es mal ohne Kompressionsstrumpfhose gehen, ich will nicht. Morgen auf der Busfahrt werde ich sie wieder anziehen. Verträumt bleiben wir im Garten sitzen, zum ersten Mal kommt ein wenig Urlaubsgefühl in mir auf. Es ist angenehm warm in Kathmandu, selbst Anfang November.
Kurz vor halb drei holt Prem uns endlich ab. Wieder geht es mit dem Taxi in Richtung Innenstadt. Unser Ziel ist das Touristenviertel Thamel. Wir müssen Geld tauschen und die Bus-Tickets für morgen kaufen. Nach einer Fahrt durch verwinkelte Straßen und über die Brücke hält das Taxi an einer engen Gasse zwischen dreigeschossigen Häusern. Unten haben die Häuser Läden, oben wohl Wohnungen. Alles sieht baufällig aus. Vielleicht war die Straße einmal asphaltiert. Viel ist davon nicht übrig. Am Rand zu den Häusern fließt ein kleiner Rinnsaal. Es ist dreckig wie überall. Was soll das? Wo sind wir? Thamel?
Am liebsten würde ich umdrehen. Schnell wieder nach Hause. Das könnt ihr mit mir doch nicht machen. Weiter komme ich nicht zum Denken. Prem hat das Taxi bezahlt und geht mit uns zielgerichtet in der schmutzigen Gasse weiter. Auch die Menschen um uns sind nicht chic und sauber. Es ekelt mich und ich versuche, nirgends anzustoßen. An einem winzigen Laden hält Prem an. „Hier könnt ihr Geld tauschen." Ich hatte mir doch eher eine Bank vorgestellt. Mein Sicherheitsbedürfnis ist deutlich ausgeprägter. Hinter dem hohen Holz-Tresen stehen zwei junge Mädchen, das ältere knapp sechzehn. Mit einem unguten Gefühl tauschen wir eintausend Euro und erhalten dafür vierundachtzigtausend Rupien. Nach langem Zählen bekommen wir ein dickes Bündel Geldscheine. Ich war zum Glück vorgewarnt, denn der größte Schein in Nepal sind eintausend Rupien. In ein normales Portemonnaie würde das Geld gar nicht hineingehen. Ich habe eine kleine, zugegeben schrecklich hässliche Kosmetiktasche eingepackt, die uns über die gesamte Zeit treue Dienste leisten wird. Im nächsten Souvenirgeschäft gäbe es nepalesische Täschchen ähnlicher Größe. Die sind sicherlich stilvoller. Beim nächsten Mal.
Im Laden nebenan verkauft man die Tickets für den Bus morgen früh. Ich weiß schon, dass man die Busfahrscheine vorher kaufen muss und dass es in den Überlandbussen nur reservierte Sitzplätze gibt. Das System durchschaue ich trotzdem nicht gleich. Irgendwo an zentraler Stelle sitzt jemand und verwaltet die Sitzplätze in den Bussen. In der Stadt gibt es diverse Läden, in denen man Tickets kaufen kann. Der Verkäufer ruft dann beim Verwalter an, lässt sich die reservierten Platznummern ansagen und schreibt sie auf unsere Fahrscheine. Außerdem wird auf den Fahrscheinen die Abfahrtzeit des Busses notiert und die Uhrzeit, wann wir am Bus eintreffen sollen. Touristensicher. Für 750 Rupien bekommen wir drei Plätze im „Tourist Bus" morgen früh.
Mit Prem sprechen wir Englisch. Bis dahin waren nur einzelne Worte zu wechseln. Wie viel Geld wir umtauschen müssen, hatten wir per Mail vorher geklärt. Über den Kauf von Busfahrscheinen stand in den Büchern geschrieben. Doch die wenigen Dinge, die wir zu besprechen hatten, bereiteten mir schon Probleme. Dabei bin ich der Meinung, dass ich mich auf Englisch ausdrücken kann. Immer habe ich im Urlaub englisch fragen müssen, wenn es deutsch nicht mehr weiter ging. Wir waren aber noch nie in einem Land, in dem

alle nur englisch sprechen, und noch nie in Asien. Da liegt das Problem. Denn die Nepali sprechen ein eigenwilliges Englisch. Sie betonen anders, vor allem aber haben sie arge Probleme mit dem Th. Three heißt dann tri. Klingt wie drei auf Russisch. Immer wieder frage ich bei Prem nach, immer wieder bricht er sich bald die Zunge, um das Th richtig auszusprechen. Das ist mir schon peinlich. Ich mache mir Sorgen, wie wir uns die nächsten vier Wochen verständigen wollen.
Was das Englische betrifft, ist Mario mir keine Hilfe. Eher macht er es noch anstrengender für mich. Mario hatte nur wenige Monate Englisch in der Schule, sein Vokabular reicht nicht viel weiter als zum Guten Tag, den Zahlen bis 10 und den Uhrzeiten. Für mich bedeutet das doppelte Belastung. Ich muss nicht nur verstehen, was die anderen sagen. Ich muss nicht nur das in Englisch ausdrücken, was ich selbst sagen will. Ich muss auch noch alles, was die anderen sagen, ins Deutsche übersetzen und Marios Wünsche auf Englisch wiederholen. Es dauert nicht lange und mir schwirrt der Kopf vor Vokabeln.

Einkaufen in Kathmandu

Die engen Straßen sind voller Menschen. Viele Einheimische tragen die gleichen bunten Blumenketten um den Hals, wie sie Prem uns zum Empfang geschenkt hat. Für die Ketten werden die Blüten der Studentenblume aufgefädelt. Nur sind die Studentenblumen hier viel größer als bei uns. Prem erklärt uns, dass in Nepal fünf Tage lang das Tihar-Festival, auch Dipawali oder Lichterfest genannt, gefeiert wird. Jeder, der es sich leisten kann, kommt nach Kathmandu zum Feiern. Deshalb ist momentan besonders viel los.
„Was wollt ihr jetzt sehen?" fragt uns Prem. Er spricht die Worte in so einem ängstlichen Tonfall aus. Da stimmt etwas nicht. Ich frage vorsichtig nach, warum er uns das fragt. Nur ganz zögerlich rückt er mit der Sprache heraus. Er kennt sich selbst nicht aus in Kathmandu. Die Leute vom Geldwechsel und vom Busticket-Verkauf sind Bekannte von ihm, deshalb ist er mit uns dort hin gegangen. Weiter weiß er nicht so richtig.
Ich setze ein überlegenes Lächeln auf und zücke meinen Nepal-Reiseführer. Darin ist ganz groß ein Stadtplan abgedruckt. Es wäre doch gelacht, wenn wir damit nicht das richtige Stadtzentrum finden würden. Ich zeige auf die im Plan eingezeichnete Fußgängerzone. Dort will ich hin! Zuerst muss ich herausbekommen, wo wir überhaupt sind. Das ist nicht so einfach. In Kathmandu gibt es zwar Straßennamen aber keine Schilder mit den Namen der Straßen drauf. Später haben wir nur im Zentrum von Thamel vereinzelt Straßennamenschilder gesehen. Die Einheimischen wissen schon, wie ihre Straße heißt. Prem geht für uns fragen.
Wir schieben uns durch die engen Straßen, voll gestopft mit Autos, Touristen, feiernden

Einheimischen, Rikschas, Fahrrädern, Handkarren und mehr. Auf jedem freien Fleck am Rand sitzen schmutzige Menschen und verkaufen etwas, meist ist es Obst und Gemüse. Den Nepalis fehlt das Bedürfnis nach einem gewissen respektvollen Abstand. Sie betrachten es scheinbar als besondere Freundlichkeit, dem anderen sehr nahe zu kommen. Es scheint Ihnen regelrecht angenehm zu sein, fremde Menschen zu berühren. Nicht nur aus Angst um den Inhalt von Rucksack und Portemonnaie bereitet mir das größtes Unbehagen. Die Menschen sind dreckig und stinken unangenehm. Da ist mir ein gewisser Abstand schon ein Bedürfnis.
Bei einem Blick nach oben kommt auch kein vertrauen erweckendes Gefühl auf. Viele Dächer sind mit Planen und Wellblechen notdürftig abgedeckt. An den Strommasten hängt ein Wirrwarr von Leitungen, dicke und dünne, Telefonkabel und Drahtbündel. Dazwischen wird der Mast auch für die Straßenlaterne benutzt, von der ich bezweifle, dass sie wirklich funktioniert. Die Geschäfte auf beiden Seiten interessieren mich nicht so richtig. Bei dem Gedränge habe ich nicht die geringste Lust einzukaufen. Ich will hier nur noch raus! Also geht es weiter im Gänsemarsch, Prem vornweg, ich hinterher und an meiner Hand Mario, der mit der anderen Hand den Rucksack an sich drückt. Die Autos hupen, die Fahrräder klingeln. Ich gebe mir große Mühe, herauszubekommen, wann das Hupen mir gilt. Aber es gelingt mir nicht. Mehrere Male hätte mich bestimmt jemand umgefahren, wenn mich Prem nicht zur Seite geschoben hätte. Mitten zwischen den Häusern stehen auf kleinen freien Plätzen buddhistische Stupas [1], weiß bemalt und auffällig. Sie passen hier gar nicht neben die grauen und verfallenen Häuser. Eine solche Stupa besteht aus einem quadratischen, weiß gestrichenem Erdgeschoss von etwa sechs Metern Seitenlänge. Darauf steht eine runde Kuppel. Die Stupa wird von einer goldenen Figur gekrönt, um die Kuppel sind weitere Figuren angeordnet und ein Spalier von Gebetsmühlen aufgebaut. Bunte Fahnenketten, die von der Kuppel zu den Ecken gespannt sind, flattern schmückend im Wind. Diese Heiligtümer bilden einen auffälligen und blendenden Kontrast zu den umliegenden Häusern. Hell und sauber gegen grau und staubig, klein und gepflegt gegen hoch und brüchig. Am Fuß der Stupa bieten die Menschen ihre Waren an. Wir würden es einen Markt nennen. Auf Plastikplanen liegen Früchte, Gemüse, Bekleidung, Fleisch und Fisch. Dazwischen werden Haare geschnitten und Fahrräder repariert.
Für die Schönheiten der alten Stadt muss man genauer hinsehen. An einem alten Haus ist über der Reklame des ersten Stocks und der Wäscheleine am zweiten Stock ein aufwendig geschnitzter Rahmen eines dreiteiligen Fensters zu erkennen. Das dunkle Holz ist sicher schon sehr alt. Viele der ursprünglichen Häuser wurden wahrscheinlich vor Jahren einfach aufgestockt. Im Erdgeschoss sind die Läden. An den beiden Etagen darüber sind die Wände mit Stuckarbeiten verziert. Dicke Kabelbündel wurden über Putz verlegt und der

---

1 Stupa ist Sanskrit und bedeutet anhäufen. Aus schlichten Grabhügeln entwickelte der Buddhismus die Grundform der heutigen Stupas zur Verehrung Buddhas. In Stupas kann man nicht hineingehen, es gibt höchstens eine Reliquienkammer. Stupas werden immer rechts herum umrundet, damit die reine, rechte Hand auf Buddha zeigt.

Stuck böse zerstört. Die ehemaligen Dächer darüber werden von geschnitzten Balken getragen. Jetzt gibt es noch eine hässliche vierte Etage obendrauf. Bis zur Überbevölkerung der Stadt haben die Bewohner offensichtlich viel Wert auf eine anspruchsvolle Bauweise gelegt. Davon ist leider nur noch sehr wenig erhalten.
Die meisten Menschen hier tragen europäische Kleidung, allerdings verschmutzt und verschlissen. Dazwischen fallen einige Frauen in den traditionellen farbenfrohen langen Kleidern und Röcken auf. Haben sie sich nur für das Festival so schön gemacht?
Wir kämpfen uns zu Fuß durch einen Kreisverkehr, an dem es vor lauter Autos eigentlich nicht vorwärts geht. Auf der anderen Seite der Kreuzung beginnt die Fußgängerzone. Na, so hatte ich mir das nicht vorgestellt. Die Straße sieht nicht anders aus als bisher, nur weniger Autos. Die Häuser sind genauso baufällig. Kleine Läden im tiefer liegenden Erdgeschoss. Schon aus Sorge, dass das Haus über uns zusammenbrechen könnte, würde ich in keinen dieser Läden gehen. Ständig spricht uns jemand von der Seite an, wir sollen in sein Geschäft kommen. Meist fassen uns die Leute auch noch an, um ihrer Bitte Nachdruck zu verleihen. Ich würde gern bummeln gehen, mir die Auslagen in aller Ruhe ansehen und mich über viele schöne Dinge freuen. Hier kann ich mich heute über gar nichts freuen. Angewidert sehen wir zu, dass wir so zügig wie möglich vorwärts kommen.

Durbare Square

Der Durbare Square ist die bekannteste Touristenattraktion direkt im Stadtzentrum. Deshalb müssen die Touristen auch Eintritt bezahlen. Mehr einen symbolischen Beitrag von 200 Rupien pro Person. Es gibt um den Platz keinen Zaun, der den Zutritt versperren würde. Wie will jemand kontrollieren, ob wir Eintritt bezahlt haben? Irgendwie schaffen es die Kontrolleure aber doch, aus der Menschenmenge die Touristen herauszufinden und die Tickets zu überprüfen. Wir versuchen es gar nicht erst ohne Ticket und kaufen gleich Eintrittskarten. Kaum in der Nähe des ersten Gebäudes, drängelt sich ein Stadtführer auf. Auf Englisch bietet er an, dass er die Sehenswürdigkeiten zeigt und erklärt. Gegen Geld, versteht sich. Wir haben keine Lust, uns die Dinge ausführlicher anzusehen. Erst recht habe ich keine Lust, seine englischen Ausführungen verstehen und übersetzen zu müssen. Wenn ich es genau wissen will, muss ich nur in meinem Reiseführer lesen. Dort steht es sogar auf Deutsch. Der Mann ist fürchterlich aufdringlich. Als größte Frechheit empfinden wir es, als er auf unseren Prem zeigt und sagt: „Na der kann euch das sowieso nicht erklären. Ist das Euer Guide? Der hat doch keine Ahnung.“ Jetzt ist aber genug! Wir lassen Prem doch nicht beleidigen. Niemand erwartet von Prem, dass er die Sehenswürdigkeiten in Kathmandu ausführlich erklärt. Prem soll uns über die Trekking-Tour führen, das ist seine Aufgabe. Wir drehen uns demonstrativ zur anderen Seite und gehen weiter. Prem selbst schweigt schüchtern und sieht betreten nach unten, als ob er sich schämen müsste. Ich versuche ihm zu erklären, dass wir das gar nicht wissen wollen. Er lächelt.

Auf dem großen Platz fallen uns zuerst die beiden Tempel auf, die wie spitze Berge hoch gebaut und von allen vier Seiten über großen Freitreppen zu erreichen sind. Wir bahnen uns einen Weg durch die Menschen. Sie sitzen am Boden und auf den Treppenstufen, verkaufen ihre Waren oder warten. Selbst hier wird um jedes Plätzchen gerangelt. Viele Festival-Gäste sind schon leicht angetrunken und bewegen sich überschwänglich. Ich muss aufpassen, dass man mich die Stufen nicht wieder hinunter stößt. Oben angekommen hole ich ganz tief Luft. Was ich von hier zu sehen bekomme, fasziniert und beeindruckt mich unerwartet. Der freie, weite Blick auf das endlose bunte Gewimmel und Durcheinander lässt sich kaum fassen, schon gar nicht in Worte. Bunte Menschen, bunte Waren, Fahrräder, Rikschas, Handwagen, geschnitzte Balkone, kaputte Dächer, Häuser bis zum Horizont. Eine Millionenstadt voller farbenfroher und fröhlich feiernder Menschen. Wir Deutschen müssen diese Art von Geselligkeit erst lernen. Vorerst ist es uns für uns sehr anstrengend. Wir werfen noch einen Blick auf die Affen, die am gegenüberliegenden Dach turnen. Weiter ist uns heute nicht nach Kultur. Wir wollen zurück in unser Hotel.

Prem versucht, ein Taxi zu bekommen. Das Taxi will für die Rückfahrt zum Hotel den dreifachen Preis haben. Das ist in Kathmandu üblich. In die Stadt hinein fährt man nach Taxameter, wieder zurück werden die Preise unverschämt überzogen. Wir entscheiden uns zu laufen.

Der ganze Weg zurück ist mir widerlich. Sobald man die Fußgängerzone verlässt, liegt überall Abfall und Müll herum, achtlos weggeworfen, wo er gerade anfällt. Manchmal kehrt jemand den Abfall zu kleinen Haufen zusammen. Die stinken ekelig. Häufig werden sie angezündet und qualmen noch stinkender. Später sehen wir kleine Transporter ähnlich dem deutschen Multicar, die den Dreck aufladen und zu Sammelstellen fahren, wo der Müll auf richtige LKWs verladen wird. An den Verladestellen hocken Frauen auf den LKWs und suchen im Müll nach Verwertbaren. Am Ende schütten sie alle den Müll in den Fluss. So sieht der auch aus, wie wir heute Morgen schon gesehen haben. Diese Art der Müllentsorgung war sicher kein Problem, solange der Müll aus Bananenschalen und Knochen bestand. Jetzt ist es aber Plastik und Blech.

Kathmandu hat weder Wasserleitungen noch eine Kanalisation. Reiche Häuser haben Pumpen, die das Grundwasser heraufholen. Die einfachen Menschen nutzen die zentralen, öffentlichen Brunnen. Dicht an dicht waschen die Menschen ihre Wäsche, schlachten Tiere und zerkleinern das Fleisch, reparieren Fahrräder, waschen und schneiden Haare, verkaufen Obst, reinigen ihr Geschirr und holen Wasser zum Kochen. Ich kann mich an den Anblick nicht gewöhnen.

Eine Fußgänger-Hängebrücke bringt uns über den Fluss. Sorgenvoll blicke ich mich am Ufer um, ob nicht irgendwo jemand einen Toten am Fluss verbrennt. Ich will jetzt keine

Leichenverbrennung sehen. Das muss doch fürchterlich stinken, Menschenfleisch riecht so süßlich, wenn es verbrennt. Wenigstens bleibt uns das erspart.
Am anderen Ufer wird es nicht angenehmer. Mir kommt der Weg durch die Straßen endlos vor, nur langsam stumpfe ich gegen den Schmutz und den Gestank ab. Irgendwann haben wir endlich unsere Oase erreicht. Fertig!
Im Gästehaus sind noch zwei junge Pärchen eingetroffen. Die einen kennen wir schon aus dem Flugzeug. Sie wollen zum Annapurna Base Camp (ABC-Trek). Der Rucksack des Mannes ist nicht mit dem Flugzeug mitgekommen und steht noch in Frankfurt auf dem Flughafen. Morgen soll er nach Kathmandu kommen. Also stimmte doch etwas nicht mit dem Gepäck in Frankfurt. Die Verständigungsprobleme beim Flugpersonal müssen außerdem größer gewesen sein, als sich Pilot und Tower eingestehen wollten. Wir hatten kein herrenloses Gepäck sondern einen gepäcklosen Herrn an Bord. Unsere Sorge um die Ankunft des Gepäcks hat sich leider bestätigt. Später werden wir erfahren, dass der Rucksack wirklich am nächsten Tag in Kathmandu angekommen ist. Wir freuen uns im Nachhinein für die beiden.
Das zweite Pärchen ist auf der Rückreise. Sie wollten zum Everest Base Camp und berichten, was Ihnen alles widerfahren ist. Sie hatten einen Guide und einen Träger geheuert. Der Träger war sehr stark erkältet und eigentlich für die Tour zu krank. Statt ihn fort zu schicken, haben sie sich bei ihm angesteckt und konnten einen Tag lang nicht weiter. Als es dann endlich wieder ging, bekamen sie Durchfall. Niemand hatte Tabletten gegen Durchfall im Gepäck. So mussten sie ohne Medikamente gegen den Durchfall kämpfen. An Weitergehen war nicht zu denken. Ohne ihr Ziel zu erreichen kehrten sie um. Wir staunen nur über so viel Blauäugigkeit und freuen uns über unsere gut gefüllte Reiseapotheke.
Zum Abendbrot laden wir Prem mit ins Gästehaus ein. Für drei Euro ist das nicht der Rede wert. Apropos Rede: Allmählich verstehe ich Prems Englisch besser, ohne ständig nachfragen zu müssen. Das ist beruhigend. Halb neun fallen wir todmüde um. Meine Füße sind schon wieder eiskalt. Ich würde gern schlafen, richtig ausschlafen. Mit diesen kalten Füßen geht das nicht. Dazu geistern mir die Bilder aus Kathmandu durch den Kopf. Aufgeregt bin ich bestimmt auch noch, auch wenn ich mir das nicht eingestehen will. Irgendwann holt mich der Schlaf ein. Mitten in der Nacht wache ich auf und stelle mit Freude fest, dass ich warme Füße habe. Also schnell wieder weiterschlafen.
Mario schläft deutlich schlechter. Ich bin etwas schwerhörig, was mir diesmal einen Vorteil verschaffte. Denn in der Nachbarschaft hat man bunte Lichterketten aufgehängt, die elektronisch Musik machen. Die Lichterketten sind wohl aus China importiert und dort für den deutschen Markt produziert. Sie spielen nämlich Weihnachtslieder. Fürchterlich. Weder weihnachtlich noch schön, nur quietschend. Unsere nepalesischen Nachbarn freuen sich über die europäische Musik, sie wissen nicht, dass es spezielle Weihnachtsmusik ist. Dazu scheinen sie diesen quietschenden Gesang in hohen Tönen sehr zu lieben. Ihre von Frauen gesungenen Lieder klingen für mich Europäerin ähnlich. Mario wird jeden-

falls die ganze Nacht mit Weihnachtsliederquietschen tyrannisiert.

02.11.2005, Mittwoch - Tourist Bus von Kathmandu nach Pokhara

Viertel sechs ist die Nacht schon wieder zu Ende. Für dreiviertel sechs haben wir Frühstück bestellt, denn um sieben schon fahren die Busse nach Pokhara los. Es ist still im Haus, keine Geräusche in der Küche. Wir treten beim Tasche-Runtertragen mit unseren Bergschuhen deutlicher auf. Da muss doch mal jemand munter werden und uns Frühstück machen. Nichts tut sich. Zehn nach halb werden wir ungeduldig und klopfen an der nächstbesten Tür deutlich an. Völlig verschlafen kommt die Chefin heraus. Es wäre doch noch nicht dreiviertel sieben. Nein, zum Glück noch nicht. Sie hat sich die falsche Zeit gemerkt und klassisch verschlafen. Dann schafft sie es ganz schnell, Toast und Tee auf den Tisch zubringen. Das Taxi ist pünktlich und setzt uns direkt an unserem Bus ab.
Der Busbahnhof ist eigentlich nur eine Seite einer breiten Straße, an der in langer Folge vielleicht so vierzig Busse stehen. Zum Glück gibt es hier nicht solche Gepäckträger wie am Flughafen oder sie haben mit den anderen Touristen genug zu tun. Prem ist auch schon da. Er hat uns gleich entdeckt, denn es war ausdrücklich ein rotes Taxi verabredet. Prem setzt durch, dass unsere Taschen in den Kofferraum des Busses kommen. Alle anderen großen Taschen landen schwungvoll auf dessen Dach. Wenn selbst Prem kein Vertrauen zum Gepäcktransport auf dem Busdach hat, dann wird unser Misstrauen wohl berechtigt sein. Meinen Rucksack nehme ich auf den Schoß, da ist die Fotoausrüstung drin. Zwischen den Touristen laufen nepalesische Händler mit Bauchläden und bieten Getränke, Wasserflaschen und diverse Knabbereien zum Kauf an. Kurz vor halb acht setzt sich dann endlich auch unser Bus in Bewegung. Hier haben es scheinbar alle nicht so genau mit der Zeitangabe.
Die Straße nach Pokhara wurde auf weiten Strecken schon asphaltiert, trotzdem ist es sehr staubig. Dazu kommt der allgegenwärtige Gestank nach verbranntem Müll. Der Bus hat keine Klimaanlage, also sind die Fenster geöffnet und es zieht. Wir versuchen, wenigstens unser Schiebefenster zu schließen. Der Haken funktioniert nicht richtig und das Fenster geht immer wieder auf. Schon oft genug habe ich von solchem Durchzug eine ordentliche Erkältung bekommen. Jetzt bitte nicht. Also ziehe ich meine Kapuze als Mütze über den Kopf und wickle mir den Ärmel als Schal um den Hals.
Der Bus hält zwei Mal an Rasthöfen an. Zumindest muss man sich die Haltepunkte etwa wie Rasthöfe auf der Autobahn vorstellen. Es gibt warmes Essen, Tee, Kaffe, kalte Getränke und Kekse zu kaufen. Wir sind immer mit unter den ersten am Verkaufsstand. Trotzdem wirbelt Prem so lange zwischen uns und den Verkäufern herum, bis wir auch wirk-

lich als allererste etwas zu essen und unseren Tee bekommen. Es ist inzwischen November, die Sträucher an den Raststätten blühen trotzdem. Zu Marios großer Freude flattern handtellergroße, bunte Schmetterlinge zwischen den Blüten umher. Bei uns zu Hause gibt es ein Schmetterlingshaus, dort kann man sich gegen Geld solche Schmetterlinge ansehen. Hier gibt es sie kostenlos als Zugabe. Mario schnappt sich den Fotoapparat und geht erfolgreich auf Schmetterlingsjagd. Gelber Falter auf lila Blüte.

Zwischen den Raststätten wird der Bus mehrfach angehalten, um die staatliche Maut zu entrichten oder um von der Polizei nach Maoisten kontrolliert zu werden. Jetzt, während der Festivalzeit, sperren außerdem noch die Kinder in den Orten die Straßen, singen ein Lied und erwarten dafür etwas Geld. Manchmal winkt jemand am Straßenrand und will mitfahren. Feste Haltestellen scheint es keine zu geben. Für alle diese Arbeiten hat der Busfahrer einen Busbegleiter, der an der Tür steht, bei Bedarf ab- und danach wieder aufspringt. Oftmals fährt der Bus kilometerweit mit geöffneter Tür und der Begleiter hängt halb draußen. Es ist anstrengend, nicht genauer darüber nachzudenken. Ich schaffe es.

Nach der ersten Rast meint es der Busfahrer besonders gut mit seinen Gästen und legt eine Kassette ein. Moderne nepalesische Songs, mal singt ein Mann, mal eine Frau. Mir kommt es so vor, als wäre es fast immer die gleiche Melodie. Dazu ist die hohe weibliche Stimme wohl nur etwas für geübte Ohren oder Freunde von Sopran-Arien. Prem erklärt uns später, dass es das Lied zum Fest ist und dass die Leute hier dieses Lied sehr gern hören. Wir werden es ertragen.

Der Bus hat einen guten Motor, oft überholen wir andere Busse und LKWs. Leider führt das aber auch dazu, dass der Busfahrer für mein Sicherheitsbedürfnis viel zu schnell fährt. Die Serpentinen abwärts sind schon schrecklich. Der Busfahrer setzt zum Überholen an, ohne dass er die Strecke überhaupt einsieht. Dabei hupt er laut. Wird das Hupen vom entgegenkommenden Verkehr beantwortet, bremst er abrupt ab und ordnet sich wieder ein. Meist bremst der Fahrer aber erst, wenn der entgegenkommende Bus schon fast vor uns steht. Manchmal ist die Straße so eng, dass eigentlich keine zwei Autos nebeneinander passen. Der Bus weicht viel zu weit nach links an den Straßenrand aus. In diesen Momenten bin ich froh, am Fenster zur Straßenmitte zu sitzen und nicht in den äußeren Abgrund schauen zu müssen. Dann rast der Fahrer auch noch genauso schnell durch die Ortschaften. Muss das sein? Auf den Straßen sind viele Menschen, Radfahrer, Fußgänger. Kein vorsorgliches Abbremsen, nur Hupen. Ich kann es nicht mit ansehen.

Die Häuser in den Orten sehen alle nicht so aus, dass ich darin wohnen will. In den kleineren Dörfern stehen überwiegend traditionell gebaute Lehmhütten. Meistens ein- oder zweistöckig. In den zweistöckigen Hütten leben die Tiere unten und die Menschen oben. In den größeren Orten bestehen die kleinen Hütten nur aus Brettern mit einem Wellblechdach. Bei uns würde man nicht einmal seinen Rasenmäher darunter abstellen, hier wohnt man darin. Reiche Leute bauen in Nepal als erstes eine große Mauer um ihr Grundstück. Dann entstehen mehrstöckige Häuser mit Flachdächern. Viele der Häuser, die wir gesehen haben, sehen noch wie eine Baustelle aus. In den fertigen unteren Etagen wohnen die Menschen schon. Nach oben stehen nur die tragenden Säulen an den äußeren Ecken des Hauses heraus. Weitergebaut wird wahrscheinlich, wenn wieder Geld da ist oder wenn die nächste Etage wirklich gebraucht wird. Dass es in diese Häuser in der Monsunzeit ständig reinregnet, stört wahrscheinlich nur uns Europäer. Genauso stört mich die Fassade der Häuser. Fast alle neuen Häuser haben geometrische Muster, Dreiecke und verschiedene Vierecke, angeputzt. Die Linien sind weiß gestrichen, die eigentlichen Flächen dunkelgrau oder rosa. Beide Farben sind fürchterlich. Das Grau wirkt dunkel und abweisend, das Rosa kitschig.

Pokhara

Am Ortseingang von Pokhara hängt ein viel versprechendes Banner über der Straße „Keep our city clean!" Haltet unsere Stadt sauber. Das macht Hoffnung auf weniger Schmutz. Halb eins sind wir in Pokhara am Busplatz. Mit dem Taxi geht es zum Hotel „Fishtail" in der Stadt. In Pokhara gibt es zwei Hotels „Fishtail". Das eine wird in einem gehobenen Stil geführt, den wir uns ganz bestimmt nicht leisten wollen. Unser Hotel liegt mitten in der Stadt am Ende einer Seitenstraße, die als Sackgasse endet. Endlich gibt es eine warme Dusche. Prem drängelt, weil wir noch die Permits[1] holen müssen. Duschen muss sein. Dann geht es im Eiltempo in dreißig Minuten bis ans andere Ende der Stadt zum ACAP-Office[2], das die Permits erteilt. Prem vornweg, Mario hinterher. Ich habe meine Mühe, ihnen zu folgen. Nicht wegen des Tempos, sondern weil ich wegen der Schlaglöcher ständig auf den Weg achten muss. Eine Stunde vor Ende der Bürozeit sind wir da, morgen ist das Büro wegen des Festivals geschlossen. Wir haben Glück gehabt. Aber warum haben wir geduscht?

Lange vor Beginn unserer Reise bin ich einmal nachts völlig durchgeschwitzt aufgewacht. Ich hatte geträumt, dass wir im High-Camp angekommen sind. Am Nachbartisch sitzen Russen und die erzählen, dass der Pass völlig verschneit und unpassierbar ist. Im Traum habe ich ihnen etwas auf Russisch geantwortet, an das ich mich nach dem Aufwachen nicht mehr erinnern konnte. Etwa so etwas wie: Das ist jetzt aber wohl nicht wahr. Russisch hatte ich in der Schule noch länger als Englisch, aber seit 20 Jahren habe ich nicht russisch gesprochen. Aufgewacht bin ich wohl vor allem, weil ich über mein eigenes fließendes Russisch so erschrocken war. Der verschneite Passes hat mich weniger erschreckt, er erschien mir absolut unrealistisch. Mario meinte damals nur, dass ich wohl schon ganz schön fertig wäre mit den Nerven.

---

[1] Permit – kostenpflichtige Trekking-Erlaubnis für ein bestimmtes Gebiet

[2] ACAP - Annapurna Conservation Area Project, Projekt zum Schutz der Annapurna-Region und zur touristischen Nutzung

Während wir unsere Permit-Anträge ausfüllen, höre ich, dass sich die beiden Männer am Nachbartisch in einer slawischen Sprache unterhalten. Klingt wie ... ich soll nicht unken. Einer der Männer steht mit seinem Antrag in der Hand hinter mir am Schalter. Nationalität: Russia.

Für 2000 Rupien pro Person bekommen wir jeder unsere Permit, problemlos und freundlich. Mit den Permits im Rucksack geht es wieder zurück in die Stadt querdurch bis an das andere Ende der Touristenstraße, Bustickets kaufen. Prem läuft nicht viel langsamer. Ich versuche, mir einzureden, dass etwas Bewegung nach dem tagelangen Rumsitzen sicherlich gut tut. Auch als Vorbereitung für die folgenden Trekking-Wochen. Die Hauptstraße am See hier in Pokhara sieht schon eher wie eine zivilisierte Straße aus. Es gibt sogar richtige breite Bürgersteige. Alles ist sorgfältig gefegt, man bemüht sich sichtlich um Sauberkeit. Auf den Kreuzungen stehen riesige Bäume mit dicken Stämmen. Und über der Straße blinkt der Fishtail-Berg. Irgendwann stehen wir vor einem Internet- und Travel-Shop. Zwei Stufen nach oben und wir sind drin. Prem stellt uns den kleinen Mann hinter dem Schreibtisch als seinen Freund vor. Am Verhalten der beiden erkenne ich aber recht schnell, dass der Begriff Freund hier wohl etwas anders verwendet wird. Vielleicht ist Bekannter oder vertrauter Geschäftspartner die bessere Übersetzung. Prem wirkt ihm gegenüber untergeben und unsicher, fragend und bittend. Dabei hat der Mann so ein vertrauensvoll-verschmitztes Lächeln, mir ist das angenehm. Nur sein Alter kann ich schlecht schätzen. Die Nepali wirken oftmals älter als Europäer. Es ist ja auch unwichtig.

Wichtiger ist, dass sein Gesicht zum Thema Busticket von freundlich auf sorgenvoll wechselt. Vielleicht zwanzig Mal wählt er die Busticket-Telefonnummer. Immer ist besetzt. Zum Glück hat dieses altmodisch wirkende Telefon wenigstens eine Taste für die Wahlwiederholung. Irgendwann nimmt endlich jemand ab. Der Mann telefoniert lange, immer wieder wird der Kopf geschüttelt. Selbst Prem hat aufgehört zu lächeln. Das sieht nicht gut aus. Wenn man nicht versteht, was genau gesprochen wird, erscheint die Zeit noch viel länger. Irgendwann lächelt der Mann endlich wieder, schreibt drei Platznummern auf den Busfahrschein und legt auf. Also: Wir werden morgen mit Swiss-Travel bis Dumre fahren. Dort müssen wir umsteigen in einen Bus, der von Kathmandu über Dumre nach Besisahar fährt. Für Swiss-Travel hat er uns Plätze verkauft, in Dumre müssen wir uns kümmern. Sein Englisch habe ich gut verstanden, Prem muss nicht noch einmal übersetzen. Jetzt schnell das Ganze noch einmal auf Deutsch für Mario. Die drei Plätze bis Dumre kosten 750 Rupien. Genau so viel wie die ganze Fahrt von Kathmandu bis Pokhara. Eigentlich ist mir das nicht wichtig, es ist in unseren Verhältnissen sowieso kein Geld. Und besser teure Tickets als gar keine. Ich frage trotzdem und bekomme mit ein bisschen Entschuldigung erklärt, dass Swiss-Travel leider etwas teurer ist. An Prems Gesicht kann ich ablesen, dass er sich niemals ein Busticket mit Swiss-Travel leisten könnte. Für ihn war es gut, mit uns zu vereinbaren, dass wir alle Fahrtkosten übernehmen. Und uns ist es egal.

Bevor wir Prem zu seiner Familie entlassen, brauche ich unbedingt noch einen Hustensaft. Das ist vermutlich die einzige Position, die in unserer Reiseapotheke fehlt. Wir suchen ei-

ne Apotheke. In Kathmandu hatten die Läden meist schmale Holz-Türen, hier sind die Geschäfte eher wie Garagen gebaut und haben Rolltore. Erst jetzt fällt mir auf, dass viele Läden verschlossen sind. Der Pharmazie-Laden an der Hauptstraße hat auch zu, wir biegen in eine Nebenstraße ab. Sofort ist es deutlich schmutziger, etwa so wie gestern in Kathmandu. Die Straße ist sehr breit aber nicht asphaltiert und voller Schlaglöcher. Wir müssen keine hundert Meter auf dieser Straße gehen, dann stehen wir vor einem geöffneten Pharmazie-Laden. In einem Frankreich-Urlaub hatte ich schon einmal Husten. Seitdem weiß ich, wie Husten auf Französisch heißt. Aber auf Englisch? Ich brauche mein Wörterbuch. Während ich noch mit Prem streite, wie Husen auf Englisch ausgesprochen wird, erklärt er dem Verkäufer mein Anliegen. Ja, ich brauche etwas gegen trockenen Husten. Im Regal entdecke ich eine vertrauensvoll aussehende Packung mit Hustensaft, der Verkäufer empfiehlt mir eine andere Sorte. Da ich hier nicht kosten kann, kaufen wir beide Flaschen. Mit Prem verabreden wir uns für morgen früh am Busbahnhof. Prem hat ein schlechtes Gewissen, weil er uns noch kein Taxi organisiert hat. Prem, das schaffen wir allein. Wir werden pünktlich sein, Du musst uns morgen früh nicht am Hotel abholen. So verschwindet er schnell, unser Prem.
Wir bummeln die Straße zurück in Richtung Hotel. Auf beiden Seiten reiht sich Sportgeschäft an Sportgeschäft. Dazwischen gibt es größere Läden mit dem Sortiment eines Supermarktes, kleine Läden mit Souvenirs, bestickten T-Shirts, Teppichen oder Decken und viele kleine Restaurants. Auch hier haben die meisten Gebäude ein Flachdach. Das fällt aber nicht so negativ auf wie auf der Fahrt, weil die Dächer sinnvoll genutzt werden. Die angenehmste Art ist ein „Top of the roof restaurant" – ein Dachrestaurant. Von hier oben kann man den Touristen ganz ungeniert beim Einkaufen zusehen. An großen Straßenkreuzungen stehen riesige ausladende Mangobäume mitten auf der Straße. Ähnlich einem Hochbeet ist der Boden um sie herum erhöht und mit Steinen eingefasst. Ungewöhnlich aber nicht unschön.
Wir erliegen der Anziehungskraft der Sportgeschäfte und sehen uns drinnen um. In den ersten beiden Läden ist es noch anstrengend, die übereifrigen und regelrecht aufdringlichen Verkäufer abblitzen zu lassen. Danach mache ich mir einfach nicht mehr die Mühe, ihre englischen Wortfetzen zu verstehen und zu übersetzen. Ich ignoriere sie schlichtweg und lästere mit Mario über deren vergebliche Mühe. Erst, wenn mich etwas wirklich genauer interessiert, frage ich nach. Mit Mario unterhalte ich mich natürlich auf Deutsch, die Verkäufer verstehen uns also sowieso nichts. In Nepal gibt es Markensportartikel aller namhaften Hersteller. Nur ist nichts wirklich echt, alles Imitat. Bestenfalls sind die Materialien aus den Nähereien in China importiert. Dann ist wenigstens in Teilen die Qualität vergleichbar. Die Verarbeitung lässt leider doch zu wünschen übrig. Dafür kostet alles auch nur einen Bruchteil des Original-Preises.
In Anbetracht einer sündhaft billigen Windstopper-Fleecejacke fällt mir wieder ein, dass ich eigentlich schon die ganze Zeit auf Mario eifersüchtig bin, weil er sich in Deutschland im Supermarkt eine gar nicht nach Supermarkt aussehende superchice Windstopper-

Fleecejacke für wenig Geld gekauft hat. Ich will auch so eine Jacke. Also muss ich mich auf ein Gespräch mit dem Verkäufer einlassen. Zuerst heißt es, die richtige Größe zu finden. Dieser Laden hat nur Größe L, die mir doch deutlich zu groß ist. Natürlich lobpreist der Verkäufer, dass mir die Jacke bestens passen würde. Könnte ja sein, ich kaufe sie. Mache ich aber nicht. Im nächsten Laden hängt die Jacke in der passenden Größe. Jetzt wird das Verhandeln schon schwieriger. Es gibt nämlich kaum feste Preise. Bei jedem Teil muss man nach dem Preis fragen. Der fällt dann garantiert erst einmal doppelt so hoch aus, wie er richtig wäre. Wir sind im Preis-Verhandeln noch ungeübt, etwa ein Viertel des Preises holen wir als Nachlass heraus. Egal, mir gefällt die Jacke. Das ist das Wichtigste.
Im nächsten Sportgeschäft überlegen wir uns, dass wir für die Dinge, die wir Prem zum Tragen geben wollen, besser einen kleinen Rucksack kaufen sollten. So ein kleiner Rucksack hat auf Tour vielleicht auch noch den Vorteil, dass man am Nachmittag die großen Rucksäcke im Zimmer lassen kann, alles Wichtige in den kleinen Rucksack gibt und zur Sicherheit mitnimmt. Ein kleiner rot-schwarzer Tagesrucksack einer nepalesischen Eigenmarke hat es uns angetan. Er sieht deutlich stabiler aus als die gefälschten Markenartikel. Den nehmen wir. Wieder gehen die Preisverhandlungen los. Woher weiß der Verkäufer, dass wir noch üben müssen? Jedenfalls übt er mit uns das Hartnäckig-Sein. Wir lernen schnell und bleiben dabei, wieder mindestens fünfundzwanzig Prozent Nachlass zu erzwingen. Er gibt nicht nach. Dann also nicht, wir gehen. Kaum sind wir aus dem Laden, ruft er uns zurück. Jetzt verkauft er uns den Rucksack für ‚unseren' Preis. Prima, wir haben unsere Lektion gut gelernt!
Zurück im Hotel fragen wir nach dem Chef, das hat uns Prem so aufgegeben. Aber der Chef ist zum Festival und wir bekommen ihn auch die ganze Zeit nicht zu Gesicht. Neben der Rezeption sitzen mehrere Männer rum, die wohl zum Hotel gehören. Keiner spricht soweit Englisch, dass man sich mit ihm verständigen kann. Ein junger Hotelboy von vielleicht achtzehn Jahren ist unsere Rettung. Ich muss zwar immer noch jeden zweiten Satz nachfragen. Bei ihm bekommen wir das Taxi für morgen früh bestellt, auch das Frühstück für viertel sieben. Abendbrot macht man uns im Hotel keins, weil kein Koch da ist. Festival! Das Doppelzimmer mit Frühstück kostet für uns beide zusammen acht Euro. Den Preis hatte Prem schon vorher ausgehandelt. Ich will die Münzen passend auf den Tisch legen, der Junge schüttelt den Kopf. „Keine Münzen" sagt er und erklärt, dass die Nepalesen die Münzen nicht umgetauscht bekommen. Also gebe ich ihm zehn Euro und spiele mit ihm Wechselstelle, denn er gibt mir die restlichen zwei Euro in Rupien zurück. Anständiger weise hätten wir die zwei Euro als Trinkgeld belassen sollen, wir kommen ja wieder. Meine nächste Sorge ist, wie ich ihm erkläre, dass wir unsere beiden Taschen für über drei Wochen hier stehen lassen wollen. Er versteht mich beim ersten Anlauf. „Das ist alles kein Problem. Sie rufen uns kurz vor der Rückkehr wieder an, damit wir Ihnen ein Zimmer reservieren." Prima, wir haben alles geschafft.
Im Zimmer koste ich von meinem nepalesischen Hustensaft. Zuerst von der Flasche, die ich mir ausgesucht habe. Oh je, das Zeug brennt im Hals, ist bitter und schmeckt einfach

nur fürchterlich. Bestenfalls ließe es sich als Zusatz für ein Dampfbad oder einen Saunaaufguss benutzen. Ich habe ja noch einen zweiten Versuch. Die andere Flasche ist zwar auch nicht der Hustensirup, der sich wohlwollend an meinen Hals schmiegt, aber wenigstens genießbar. Die erste Flasche entsorge ich sofort in Richtung Papierkorb und verspreche mir, mehr auf die Meinung der Menschen von hier zu geben.
Jetzt ist es an der Zeit, die Rucksäcke für die Trekking-Tour zu packen. Dabei ist uns sofort klar, dass wir ganz bestimmt viel zu viel mitgenommen haben. Was lassen wir im Hotel? Ich entscheide, dass ich das ganz große, vierhunderter Teleobjektiv doch nicht mitnehme. Vielleicht fehlen mir dann drei oder vier Nahaufnahmen von Tieren, dafür habe ich über ein Kilogramm weniger Gepäck. Das Stativ wiegt sechshundert Gramm, das kommt mit. Nach einer halben Stunde sind beide Rucksäcke bis oben hin voll, dafür ist alles drin. Ich stehe mit einem fragenden Gesicht vor meinem Monster von Rucksack und muss mir im Stillen ganz laut sagen: Das hast Du so gewollt!
Abendbrot. Wir gehen wieder auf die Hauptstraße vor und suchen nach einem preiswerten aber angenehmen Restaurant. Selbst als Neuankömmling in der Stadt erkennt man schnell die teuren Restaurants für zahlungsfähige Touristen, die dann auch unter sich sein wollen. Draußen ist es schon dunkel. Endlich haben auch wir einmal einen Vorteil davon, dass Festival ist. Heute ist nämlich der Tag, an dem das Licht verehrt wird. Überall sind Teelichter aufgestellt und angezündet. Natürlich muss man aufpassen, der Brandschutz ist auch nicht auf europäischem Standard. Dafür sieht es so wunderschön verträumt aus.
Wir bleiben vor einem Restaurant mit einer überdachten Veranda stehen. „Once in Life" Im Angebot sind Pizza und verschiedene Steaks, ganz unser Geschmack. Auch die kleinen runden Tische mit den Rattanstühlen sagen uns zu. Hier setzen wir uns. Ich bestelle eine Cola. Ich trinke gern Cola, auch wenn ich um ihre ungesunden Seiten weiß. Ich trinke nicht, ich rauche nicht, also will ich mir wenigstens dieses eine Laster erlauben. Mario will kein Bier und entscheidet sich für Jasmin-Tee. Ich staune. Mario trinkt eigentlich gern mal ein Bier, nach getaner Arbeit als Genuss. Jetzt wäre für mich so ein Moment. Mario erzählt, dass er sich vorgenommen hat, in Nepal kein Bier zu trinken. Er ist zum Trekking hier. Ich kenne solche Phasen von ihm schon. Wenn er sich intensiv auf einen Marathon vorbereitet, dann gibt es auch kein Bier. Das meint er ernst und hält es auch durch. Also Jasmin-Tee. Für mich gibt es eine Käse-Pizza, Mario hat es das Pfeffersteak angetan. Der Kellner fragt sogar, ob er es medium oder durchgebraten haben möchte. Richtig Kultur hier. Mir erscheint die Kombination von Jasmin-Tee mit Pfeffersteak schon wundersam. Dazu gibt es Reis. Ich muss es ja nicht essen. Meine mittelgroße Pizza ist richtig groß, so dass ich sie nicht schaffe und den Rest als Wegzehrung für morgen einpacke. Mario ist von seinem Pfeffersteak ganz begeistert. Der Reis passt dazu. Auf dem Tisch steht eine Kerze, an der Decke hängen kleine bunte Lampen. Alles wurde ganz dezent dekoriert, kein Blinken und keine elektrischen Musikketten. Unsere erste romantische Stunde in Nepal, schön ist es, einfach nur schön. Das haben wir uns nach dem Durcheinander der Gefühle in den letzten Tagen ganz bestimmt verdient.

03.11.2005, Donnerstag - Start von Pokhara über Besisahar (760m) nach Bhulbhule (840m)

Am nächsten Morgen müssen wir erst um sechs Uhr aufstehen. Trotzdem holt uns der Wecker aus dem Tiefschlaf. Schrecklich. Anziehen, Zähneputzen, Sachenpacken und nach unten. Wieder ist keiner da. Wir gehen nach hinten in Richtung Küche. Hier ist auch niemand. Dafür leuchtet über der Stadt der Fishtail im Morgenlicht. Der majestätische Berg nimmt uns in seinen Bann. Schneeweiß strahlt er uns an. Wir sind beeindruckt. Fishtail ist der englische Name des Berges, die Nepalesen nennen ihn Machapuchare. Beides bedeutet Fischschwanz. Der Berg sieht von der West- und Ostseite betrachtet gespalten wie ein Fischschwanz aus. Auf Bildern hatte ich das schon gesehen, denn von Pokhara aus sieht man nur die kompakte, ungeteilte aber nicht weniger beeindruckende Südseite.

Kurz vor halb sieben kommt endlich der Hotelboy und kümmert sich um unser Frühstück. Es gibt Toast und Tee, ähnlich wie in Kathmandu. Leider ist das Essen sehr knapp bemessen, satt wird davon niemand. Dafür ist das Taxi überpünktlich. Für die kurze Strecke bis zum Busplatz will der Fahrer 100 Rupien haben. Das ist mit Sicherheit viel zu viel. Wir schauen ihn fragend an. Ihm fällt praktischerweise nur ein Wort ein: „Festival". Da wollen wir mal nicht so sein und geben ihm sein Geld. Irgendwann wird auch dieses Festival einmal zu Ende sein.

Das Panorama am Busplatz ist mir sofort ein Foto wert. Die Busse stehen ordentlich nebeneinander und über ihnen stellen sich die schneebedeckten Berge genauso auf. Ja, genau da wollen wir hin. Am Rand des Busplatzes ist eine German-Bakery (Deutsche Bäckerei). Backwaren kannten die Nepalesen nicht, auch keine Backöfen. Erst die Deutschen haben die Bäckereien eingeführt. Daher stammt der Name. Die Auswahl ist nicht so wie bei einem deutschen Bäcker. Eigentlich gibt es hier nur Zimtschnecken, Schokoladenrollen und Apfelkuchen. Doch die schmecken alle, nicht nur, weil wir noch Hunger haben. Mario kauft reichlich ein, wer weiß, wann es wieder etwas gibt.

Erst kommt Prem zu spät, dann fährt auch dieser Bus wieder gut eine viertel Stunde zu spät los. Prem hält uns seine Uhr hin und meint, dass unsere Uhren um eine viertel Stunde vorgehen würden. Prems Uhr ist ein Billigprodukt und Mario hat eine superteuere Alleskönner-Uhr. Da erübrigt sich die Frage, wessen Uhr falsch geht. Prem schweigt leicht beleidigt.

Noch wissen wir nicht, dass uns auch diese Fahrt wieder mit Bildern beladen wird, die nur schwer zu verstehen sind. Wir haben noch nicht einmal die Eindrücke der letzten beiden Tage verarbeitet, da kommen schon wieder neue hinzu. Heute ist der vierte Festival-

Tag. Es ist der Opfer-Tag. Wir ahnen nicht, was man sich darunter vorstellen muss. Uns fällt nur auf, dass die Kühe, die hier sowieso einen Sonderstatus genießen, bunt geschmückt sind.
Der Swiss-Travel-Bus fährt deutlich langsamer als der Bus gestern. Das Fahrgefühl ist mir viel sicherer. Mario meint, das macht der kleinere Motor, da kann der Fahrer nicht so rasen, und die Luftdruckbremse, die stoppt nicht so ruckartig. Wir haben es nicht eilig, so ist es mir lieber. Dieses Mal habe ich meinen Buff[1] um, den ich als Schal-Mütze-Kombination gegen den Durchzug benutze.
Schon im ersten größeren Ort uns wird klar, was die Menschen hier in Nepal unter einem Opfer-Tag verstehen: Schlachten. Sie schlachten ihre Rinder, Schafe und Ziegen öffentlich auf zentralen Plätzen oder direkt am Straßenrand. Auf dem Rasenstreifen zwischen der Straße und den Häusern liegen mitten zwischen dem üblichen Schmutz ehemals blaue Abdeckplanen. Jetzt sind diese Planen grau und verstaubt, ständig kommt neuer Staub von der Straße dazu. Auf den Planen liegt das geschlachtete Vieh praktisch in diesem Dreck und Staub. Jedes Mal steht eine Traube Männer um das Schlachtfeld herum. Einer von ihnen nimmt das Tier aus und löst das Fleisch von den großen Knochen. Die anderen warten, ohne etwas zu tun. Oft steht dann der entfleischte Brustkorb noch aufgestellt da und daneben liegen viele kleine Portionen Fleisch. Rotes Blut und grauer Staub vermengen sich für mich zu einem einzigen Ekel.
Wenige Orte später kommt ein Bild, das selbst für meinen Fotoapparat zu viel ist. Am Straßenrand steht eine Ziege. Ein Mann zieht die Ziege am Schwanz, ein zweiter hat ihr einen Strick um den Hals gebunden und zieht den Kopf an diesem Strick nach vorn. Der dritte steht seitlich mit einer Hippe[2] und holt nach oben aus. Mit einem Schlag lässt er das Messer nach unten fallen und schlägt der Ziege den Kopf ab. Ich will das Bild nicht sehen und drücke meine Augen ganz fest zu. Das Foto wird auch nicht scharf. Nur Mario hat genau hingesehen. Noch Tage später sieht er im Schlaf die Hippe nach unten sausen und den Ziegenkopf durch die Luft fliegen. Grausig.
Als ob das nicht reichen würde, kommt vor uns eine einspurige Brücke über ein tiefes Flusstal. Schon die Stahlkonstruktion der Brücke macht keinen stabilen und vertrauenerweckenden Eindruck. Statt eines Straßenbelages wurden Bretter längs auf den Unterbau geschraubt, die gerade so die Spurbreite abdecken. Daneben kann man durch die Konstruktion bis hinunter zum Wasser durchsehen. Viele Bretter sind wohl schon lose, denn die Fahrzeuge vor uns verursachen sehr laute Geräusche beim Überqueren der Brücke, als wenn die gleich zusammenbrechen würde. Der Bus biegt ein, schon sind wir auf der Brücke. Die Brücke hält, eine knappe Minute später sind wir drüber.

---

[1] Schlauchtuch aus schnell trocknender Kunstfaser, das sich auf vielerlei Weise einsetzen lässt. Namhafte Hersteller dieser Schlauchtücher sind Buff und Had. Der Markenname wird hier nur als Bezeichnung verwendet, wie Tempo-Taschentücher. Man entschuldige mir diese Werbung. Ähnliche Produkte anderer Anbieter sind sicherlich gleichwertig.
[2] sichelförmiges Messer mit gebogener Klinge

Bis Dumre haben wir uns wieder ein wenig erholt. Guter Laune steigen wir aus, stellen uns an den Straßenrand und warten, dass Prem uns zum Kauf der Bustickets nach Besisahar ruft. Hoffentlich müssen wir nicht so lange auf den nächsten Bus warten. Nach einer Weile kommt Prem mit einem Gesicht wieder, von dem ich nicht erst lernen muss, dass da etwas nicht stimmt. „Kein Bus, heute nicht mehr." Was soll das? Wir werden doch nicht hier in Dumre übernachten müssen? Bitte nicht. Dumre sieht aus wie viele Orte in Nepal - dreckig, verfallen, stinkend. Nicht schon wieder! Bitte nicht, Prem!
Schon bildet sich um uns eine Traube von Männern, die alle auf Prem und uns einreden. Ich weiß nicht, ob ich froh sein soll oder ärgerlich, dass ich sie nicht verstehe. Es scheint unter den Männern eine Hierarchie zu geben, denn Prem spricht nicht mit jedem. Also bin ich froh, denn ich hätte nicht erkannt, wer von den Männern wirklich etwas zu sagen hat. Die Männer bieten uns ein Taxi nach Besisahar an. Taxi? Eingequetscht in einer dieser kleinen Schachteln stundenlang fahren? Prem zeigt auf einen Mehindra Pickup mit Doppelkabine, einen kleinen Geländewagen mit zwei Sitzreihen vorn und einer Ladefläche mit Plane dahinter. Der Wagen ist total überfüllt, auf der hinteren Stoßstange stehen noch vier Männer und halten sich nur an der Stange für die Plane fest. Das Auto ist ja ganz prima, doch nicht mit so vielen Menschen drin. Sobald die Männer erkennen, dass wir so ein Taxi nehmen wollen, versuchen sie, den Preis nach oben zu schrauben. Letztendlich einigen wir uns auf eintausendfünfhundert Rupien für ein Taxi. Für uns ganz allein. Das ist teuer aber immer noch besser, als hier bis morgen auf den nächsten Bus warten zu müssen. Wir steigen in den vorgefahrenen, kleinen, weißen Geländewagen, unsere Rucksäcke kommen nach hinten auf die Pritsche, Mario sitzt vorn, Prem und ich in der zweiten Reihe. Auf der Ladefläche hinten sitzt noch der Junge des Fahrers, der die Rolle des Busbegleiters übernehmen wird. Der Wagen ist ausgesprochen spartanisch ausgerüstet. Blinker und Scheibenwischer, mehr Knöpfe gibt es nicht. Dazu natürlich eine Hupe, nachträglich eingebaut und nicht zu übersehen. Bevor es losgeht, fahren wir an eine Tankstelle. Richtiger wäre wohl Tanksäule, rostige Tanksäule. Die steht mitten auf einem belebten Platz und sieht nicht Vertrauen erweckend aus. Wir haben schon gelernt, nicht genauer hinzusehen und unsere Ängste erfolgreich zurückzudrängen. Der Wagen bekommt seinen Diesel, nur das ist für uns wichtig. Auf geht die Fahrt!
Unterwegs müssen wir immer wieder an verschiedensten Kontrollstellen anhalten. Von uns persönlich will niemand etwas, doch der Junge hat ausreichend zu tun. Oft stehen Leute am Wegesrand und wollen mitfahren. Sie winken freundlich und scheinen sich zu freuen, dass ein leeres Taxi kommt und sie jetzt mitnehmen wird. Wir müssen sie enttäuschen, das ist unser Taxi, wir haben dafür bezahlt. Bei einer Frau mit einem kleinen Kind auf dem Rücken werde ich fast weich, der Fahrer ist aber schon längst weitergefahren, bevor ich es mir richtig überlegen kann. Dafür bekommen wir an einem Kontrollposten drei Soldaten auf die Ladefläche gesetzt. Der Offizier fragt den Fahrer, der Fahrer antwortet „Nein" und der Offizier weist die Soldaten an, trotzdem aufzusteigen. Kopfschütteln bei allen und wir erhalten unseren ersten Eindruck von der Armee hier in Nepal.

Die Straße wird immer schmaler, immerhin ist sie noch asphaltiert. Neben der Straße leuchten die Felder gelb vom reifen Reis, dahinter die grünen Bäume und ganz am Horizont die schneebedeckten Berge. Ein friedlicher Anblick, der nur dadurch gestört wird, dass der Platz auf der Straße nur für ein Auto reicht. Kommt uns jemand entgegen, bremst der Fahrer erst ganz knapp vor dem Gegenverkehr. Ausgewichen wird auch nur halbherzig, ganz eng fährt man aneinander vorbei. Warum lerne ich es nicht, dass das kein Grund ist, sich zu erschrecken? Jedes Mal durchfährt mich der Schreck wie ein Blitz, immer wieder. Nur zum Teil führen Brücken über die Flüsse, oftmals wird der Fluss in einer Furt über die Straße geleitet. Mitten in einer solchen Furt bleiben wir stehen. Normalerweise würde ich gern gleich eine Erklärung dafür haben. Der Fahrer spricht entweder kein Englisch oder fühlt sich für jegliche Konversation mit uns nicht zuständig. Wenn er überhaupt etwas sagt, dann nur zu Prem. Von ihm brauchen wir also keine Erklärung zu erwarten. Prem wiederum sieht selber fragend drein. Der Junge steigt aus, hat eine Flasche in der Hand, füllt diese an der Furt mit Wasser, öffnet die Motorhaube und gießt das Wasser hinein. Aha, das Kühlwasser wird aufgefüllt. Dann geht es weiter.
Kurz vor Mittag sind wir in Besisahar. Von Besisahar bis Khundi geht die Straße noch weiter, ist aber nicht asphaltiert. Der Fahrer will auf dieser Schotterstraße nicht weiter, auch nicht für Geld. Wir bezahlen ihm den vereinbarten Preis und er wird noch pünktlich zum Feiern wieder in Dumre sein.
Für meine Uhr brauche ich eine neue Batterie. Als ich gestern Abend den Wecker an der Uhr stellen wollte, ging sie einfach aus. Jetzt geht ein ähnliches Spiel los wie mit dem Hustensaft gestern. Der erste Laden hat zu. Wenig später haben wir Erfolg. Es ist wieder so ein kleiner quadratischer Laden, kleiner als eine Garage. Vorn steht ein Tresen, dahinter ein Tisch und ein Stuhl. An der Wand hängen Regale voller Uhren, Radios und anderen kleinen elektrischen Geräten. Jede der Uhren zeigt eine andere Zeit, es ist nicht herauszubekommen, wie spät es wirklich ist. Der Mann baut die Uhr so auseinander, dass ich besorgt bin, ob er sie auch wieder zusammenbekommen wird. Nach wenigen Minuten erhalte ich gegen einhundertfünfzig Rupien meine Uhr zurück. Sie geht, aber genau 15 Minuten nach. Knurrend stelle ich sie richtig.
Besisahar zur Mittagszeit wirkt verlassen. Kaum ein Mensch ist zu sehen. Quer über der Straße sind viele bunte Wimpelketten und ein großes grünes Banner gespannt: „Happy Dipawali - Willkommen zum Festival“. Die Sonne brennt auf der staubigen Straße. Der Ort ist deutlich sauberer als Dumre. Dafür stehen am Straßenrand im Abstand von weniger als einhundert Metern grüne 20l-Plastikeimer mit der Aufschrift „Use it“. Hier hat jemand nachgedacht und öffentliche Mülleimer eingeführt. Mit Erfolg.

Besisahar - Bhulbhule

Hinter Besisahar bekommen wir einen ersten Eindruck von der Landschaft, die uns die nächsten Tage begleiten wird. Eine breite Ebene liegt vor uns. Viele kleine Felder, hellbraun von der reifen Ernte, dunkelbraun vom gepflügten Boden, grüne Laubbäume vereinzelt dazwischen. Bewaldete Hügel links und rechts, dahinter am Horizont die Schneegigant. Über allem eine kleine weiße Schönwetterwolke. Rechts unter uns gurgelt der Fluss, Marsyangi Khola genannt. Dahinter stehen große Masten mit den Stromleitungen für die nächsten Dörfer. Erleichtert stellen wir fest, dass Nepal nicht nur aus Schmutz und Staub, aus baufälligen Häusern und verschmutzten Menschen besteht.
Die folgenden zwei Stunden müssen wir auf der Straße nach Khundi laufen. Gleich zu Beginn wird mir klar, warum das Taxi hier nicht weiterfahren wollte. Die Straße ist eigentlich nur als Panzer-Fahrstrecke geeignet, bestenfalls für gute Geländewagen. Hier reiht sich ein tiefes Schlagloch an das andere. Die Straße ist ausgewaschen, Löcher und große Steine sind geblieben. Wie als Gegenrede kommt uns ein richtig großer Bus entgegen. Hier fahren sogar Busse lang? Zu meinem grenzenlosen Entsetzen sitzen auf der Gepäckhalterung auf dem Dach des Busses auch noch Menschen. Der Bus schwankt bei jedem Schlagloch, als ob er gleich umkippen wird. Mir wird schon vom Zusehen schlecht. Gegen das Schwanken oben auf dem Bus muss eine Elefantensafari ein Wiegenlied sein. Da laufe ich doch lieber.
Nach dem Bus kommen kaum noch Autos. Uns ist das sehr recht, jedes Fahrzeug wirbelt sehr viel Staub auf. Wir bleiben stehen und gehen erst weiter, wenn der Staub sich wieder gelegt hat. In der trockenen Luft krümelt der Staub in der Nase, unangenehm.
Dafür werden auch hier die Bergbäche nicht unter Brücken durchgeleitet, sie fließen als Furt über die Straße. Für die Fußgänger wurde am Rand der Straße große Steine aufgestellt, auf denen man trockenen Fußes durch die Furt kommen kann. Ich kann mir nicht vorstellen, wie ich mich auf diesen Steinen halten soll. Mit dem großen Rucksack auf dem Rücken habe ich überhaupt kein Gleichgewichtsgefühl. Es wird bestimmt keine drei Schritte dauern und ich werde neben die Steine in den Bach treten. An der ersten Furt kommen uns zwei Trekker entgegen, sie haben einfach die Schuhe ausgezogen und sind durch die Furt gelaufen. Das würde ich jetzt auch gern tun. Aber Mario und Prem laufen zielgerichtet auf die ausgelegten Steine zu. Ich muss hinterher. An der Furt stehen zwei kleine Kinder von etwa acht Jahren, an den Füßen nur die Badelatschen. Lächelnd reicht mir eines seine Hand und führt mich über die Furt. Anderswo wäre es mir peinlich, mir von kleinen Kindern helfen lassen zu müssen. Die Kinder lächeln noch immer, erwarten wohl etwas Geld für ihre Hilfe. Das Geld ist irgendwo tief im Rucksack. Wir lächeln zu-

rück, das muss reichen.
An der nächsten Furt stehen keine Kinder. Dafür fühlt sich Prem jetzt für mich zuständig. Er geht vor mir und gibt mir eine Hand. Als ich ins Straucheln komme, tritt er lieber ins Wasser, als dass ich nasse Schuhe bekomme. Ich habe ein schlechtes Gewissen, weil jetzt sein Schuh nass ist. Prem schüttelt energisch den Kopf. Nein, sein Schuh ist nicht nass. Zumindest würde er es nie nicht zugeben. Hinterher ärgere ich mich über mich selbst. Wir haben extra jeder zwei Teleskop-Wanderstöcke mit. Warum habe ich die nicht genommen, dann hätte ich ohne Angst und Hilfe über die Steine gehen können. Manchmal wäre es zu einfach.
Hinter Khundi ist dann endlich auch die Straße zu Ende. Der Weg geht hinunter zum Fluss und weiter zwischen grünen Sträuchern. Die Berge links und rechts sind grün bewaldet, darüber sieht man schneebedeckte Gipfel. Endlich haben wir die Zivilisation hinter uns gelassen und können das tun, wofür wir eigentlich hier her gekommen sind. Bald kommen an den Hängen die ersten Reisterrassen. Der Reis ist noch nicht geerntet und färbt die Felder gelblich.
Mit dem Reis kommen auch die ersten Hängebrücken. Mich ergreift unbeschreibliche Angst, bevor ich die erste Brücke überhaupt betreten habe. Vorerst ist die Angst objektiv unberechtigt. Die meisten Brücken sind zwar über 50 Meter lang, aber sie sehen recht neu und stabil aus. An den Seiten sind Netze und Seile gespannt. Man kann eigentlich nicht herunterfallen. Doch mit dem Rucksack ist mein sowieso schon schlechter Gleichgewichtssinn wahrscheinlich gänzlich aus den Fugen geraten. Dazu ist diese Brücke hier auch noch älteren Baujahres. Für die Hängebrücke wurden vier Seile zwischen den Ufern gespannt, zwei unten, zwei oben. Auf den unteren Seilen liegt eine Lage Bretter quer drauf, darüber sind längs die eigentlichen Trittbretter geschraubt. Die Bretter sind alle schon alt, an den Verschraubungen ausgebrochen, morsch und lose. Zwischen den oberen und unteren Seilen sind senkrecht Halteseile gespannt. Im unteren Teil dieser senkrechten Seile gab es ein Fangnetz, das verhindern sollte, dass man von der Brücke fällt. Das Netz ist über die Jahre zusammengerutscht und reicht gerade noch bis zum Knie. Mario stürmt gut gelaunt über die Brücke. Den Fotoapparat hat er noch umgehängt, weil er schon ein Bild von ‚Katrin fürchtet sich über die Furt' gemacht hat. Jetzt steht er am anderen Ende der Brücke und freut sich auf das nächste Bild mit einem angstverzerrten Gesicht seiner Frau, das er gleich schießen wird. Ich gebe mir ungern diese Blöße. Ihm zum Possen würde ich lieber mit einem Lächeln über die Brücke laufen. Mutig gehe ich los, aber schon nach wenigen Metern und beim ersten Schwanken ist mein Mut zu Ende. Zwar gehe ich zügig weiter, aber die Angst bleibt mir im Gesicht stehen. Klick, macht der Fotoapparat. Klick, macht er hinter mir noch einmal. Das zweite Foto gilt Prem, der mit der Sonne um die Wette strahlt. Ist der gut gelaunt!
Hinter der Brücke beobachten wir eine Frau beim Fischen. Die Frau hat weder Angel noch Netz. Sie nutzt das natürliche Verhalten der Fische. Die Fische wandern im Herbst zu ihren Laichplätzen vom Fluss in die kleineren Bäche bergauf. Nach dem Laichen schwim-

men sie wieder zum Fluss zurück. Hinter einer Klippe im Bach ist eine Gitterbox aufgebaut. Die Fische springen über die Klippe und direkt in die Box hinein. Die Frau muss sich nur noch die schönsten Fische aussuchen und entlässt die anderen wieder in den Fluss. Es muss nicht immer Hightech sein.

Kurz vor der Hängebrücke in Bhulbhule biegt Prem nach links zu einem Anwesen ab, bei dem sich mehrere Flachbauten hübsch weiß gestrichen aneinander reihen. Hier will Prem mit uns übernachten. Er geht hinein, wir warten am Eingang. Nach kurzer Zeit kommt er zurück, die Lodge ist geschlossen. Es ist Festival. Auf der anderen Seite der Brücke steht das „Hotel Arjun", hier ziehen wir ein. Die Zimmer sind sauber, das Wasser zum Duschen leider kalt. Heute ist das noch kein Problem, wir haben ja gestern ausgiebig geduscht. Nur aus meinen Kompressionsstrumpfhosen und den Bergschuhen muss ich jetzt ganz schnell raus. Also geben wir uns eine kurze, kalte Dusche im schattigen und deshalb auch recht kühlen Hinterhaus.

Das Zimmer selbst ist sehr spartanisch eingerichtet. Es gibt zwei schmale Holzgestelle, die mehr an lange, niedrige Tische erinnern als an Betten. Auf diesen Betten liegt jeweils eine zehn Zentimeter dicke Matratze. Erwartungsgemäß sind die Matratzen in der Mitte schon gut durchgelegen. Dafür machen die Bettlaken auf den Matratzen einen sauberen Eindruck. Angenehm sind auch die schmalen, relativ harten Kopfkissen, die auf jedem Bett liegen. Eine Hakenleiste an der Wand komplettiert das Mobiliar, denn außer hellen Übergardinen gibt es wirklich nichts weiter im Zimmer. Beim Probeliegen im Bett fällt uns auf, dass die Zimmerdecke mit einem dünnen Stoff abgespannt ist. Der Stoff wurde einfach mit kleinen Holzbrettchen oben an den Wänden befestigt. Auf den ersten Blick wird nicht ganz klar, warum die Decke nicht einfach mit Farbe angestrichen wurde. Dann sehen wir, dass die Abspannung nur dazu dient, dass uns der Dreck von der Decke beim Schlafen nicht ins Gesicht fällt. Der Stoff fängt die herabfallenden Krümel auf. Man sieht sie im Stoff liegen.

Es ist erst halb drei und die Sonne scheint wunderschön. Über dem Speiseraum gibt es eine Dachterrasse mit einem Holztisch und richtigen Holzstühlen. Wir machen es uns bequem. Von hier oben hat man einen guten Rundblick über den ganzen Ort und auf die Hängebrücke. Wir sind die einzigen Gäste im Hotel und genießen die Ruhe. Bevor ich mit dem Tagebuch schreiben für heute beginne, nehme ich mir den Fotoapparat und mache noch einen kleinen Rundgang. Den Ort muss man sich als Ansammlung von 5 bis 7 Häusern auf beiden Seiten der Brücke vorstellen, die sich wunderschön in die grüne Landschaft eingebettet haben. Zwei nicht mehr ganz nüchterne einheimische Männer kommen schwatzend über die Brücke geschlendert. Bekleidet mit traditionell weißer Hose und weißem Leinenhemd gehen sie wohl nach Khundi zum Feiern. Ihre Festival-Ketten aus gelben Studentenblumen leuchten goldig in der Nachmittagssonne und verbreiten eine angenehm gute Stimmung.

Von der Terrasse aus kann man am Schatten der Berge genau sehen, wie schnell die Sonne untergehen wird. Halb vier ist sie hinter dem Berg verschwunden und es wird sofort küh-

ler.
Auf der anderen Seite des Weges ist ein großer freier Wiesenplatz. Seit dem Nachmittag kommen dort Träger an und bauen Zelte, Tische, Stühle und Kochstellen auf. So sieht es also aus, wenn man diese Trekkingtour nicht als Lodge-Trekking (Übernachtung in Hütten) sondern als Zelt-Trekking bucht. Spätestens, wenn ich den Träger mit den vier Metall-Campingtischen auf dem Rücken gesehen hätte, wäre ich am nächsten Tag in eine Lodge gegangen. Auf der Strecke gibt es ausreichend Hotels, besser als Teehaus oder Lodge bezeichnet. Deshalb ist es mir unverständlich, warum man den Aufwand eines Zelt-Trekkings betreibt. Dass jemand seine Campingausrüstung selbst trägt und deshalb einen preiswerteren Urlaub macht, das kennen wir. Wir fahren auch gern zelten, unter anderem, weil es billiger ist. Das Zelt-Trekking mit den Trägern ist viel teuerer als die Übernachtung in den Lodges. Dazu sind die Lasten, die den Trägern zugemutet werden, für unser Verständnis unmenschlich. Was wir sicher nicht ausreichend berücksichtigen, ist die Tatsache, dass beim Zelt-Trekking viel mehr Menschen Arbeit und damit Lohn bekommen. Ob die Arbeit für die Menschen unzumutbar schwer ist, sollten wir wohl von unserem Standpunkt aus nicht beurteilen. Trotzdem bleibt ein Kopfschütteln nach der anderen Wegseite.
Kurz nach Sonnenuntergang kommt doch noch eine Gruppe in unsere Lodge. Es sind Deutsche, vielleicht so zwölf Personen. Auch sie sind heute den ersten Tag unterwegs. Jedoch mit mehreren Trägern und einem deutsch sprechenden Nepalesen als Guide. Wir grüßen freundlich, halten aber diskret Abstand.
Zum Abendbrot wird für die Gruppe im Speiseraum ein großer, langer Tisch zusammengestellt, daneben ein weiterer Tisch für die Träger. Für uns bleibt ein kleiner Tisch am Rand. Wir fühlen uns schon etwas beiseite geschoben, aber wie hätte man es anders organisieren wollen in diesem kleinen Raum. Wir probieren den Ingwer-Tee. Ich bestelle Kartoffelbrei mit geriebenem Käse, Mario gebratenen Reis mit Hühnchen. Der gebratene Reis war die bessere Wahl, Kartoffeln mit Käse schmecken nicht wirklich. Nach dem Essen bleiben wir mit unserem Tee im Speiseraum sitzen, schwatzen und beobachten die Deutschen nebenan. Einen Ingwer-Tee muss man einmal gekostet haben, er schmeckt eigenwillig scharf aber nicht unangenehm.
Der Guide der deutschen Gruppe erzählt, dass er schon mehrfach in Deutschland war und dort ein Zusatzstudium absolviert hat. Jetzt laden ihn seine Freunde immer wieder ein, dabei übt er auch die deutsche Sprache. Ich übersetze für Prem, der schaut traurig drein. Ihn hat noch nie jemand irgendwohin eingeladen.
Die Gruppe bestellt das Frühstück für um sieben. Das wäre auch für uns eine gute Zeit gewesen. Bei der kleinen Küche würden wir morgen sicher sehr lange auf unser Essen warten müssen. Also bestellen wir für dreiviertel sieben, so haben wir vorher unser Essen auf dem Tisch.
Zwei Mal fällt kurz der Strom aus, dafür stehen Kerzen auf dem Tisch. Die Deutschen freuen sich über das Candle-light-Dinner und lassen die Kerzen auch dann noch brennen,

als der Strom schon längst wieder da ist. Wissen die denn nicht, dass die Kerzen hier nicht für den romantischen Eindruck sondern ganz unromantisch nur zum Licht machen da sind?

Überhaupt sind die Deutschen noch ganz aufgewühlt, alle plappern durcheinander. Eine Frau fragt, wie viele Brücken es morgen geben wird, die erste heute wäre ja besonders schlimm gewesen. Ich persönlich fand das Überqueren der Bäche auf den Steinen als viel schlimmer. Die Frauen berichten über ihre knapp drei Stunden Wanderung heute, als ob sie riesige Rucksäcke über mehrere Tage geschleppt hätten. Dabei haben sie doch nur kleine Tagesrucksäcke, ihr wirkliches Gepäck wird doch von Trägern getragen. Man diskutiert über Bekleidung, Bergschuhe, Socken und Schlafsäcke. Keiner von denen war wohl jemals auf einem Berg höher als dreitausend Meter oder auf einer Berghütte in den Alpen. Mancher Satz wäre sonst unausgesprochen geblieben. Hoffentlich reden wir nicht auch so laut und viel von Dingen, von denen wir eigentlich gar keine Ahnung haben. Im Moment kann ich sowieso nicht laut reden. Vom Husten ist mein Hals ganz rot und brennt, ich bin heiser und kann kaum noch sprechen. Da ich alles übersetzen muss, habe ich dreimal so viel zu sprechen wie Mario und Prem. Flüstern geht noch, also wird geflüstert.

Wir wollen etwas mehr über Prem selbst wissen, wollen uns mit ihm unterhalten. Er will gar nicht bei uns am Tisch sitzen bleiben. Wir laden ihn zu einer Tasse Tee ein, da kann er nicht nein sagen. Von allein erzählt er zuerst fast nichts, wir müssen ihn fragen. Er hat eine Frau und einen achtjährigen Sohn. Seine Frau hat ein kleines Massagestudio in Pokhara, der Junge geht in die erste Klasse einer kostenpflichtigen Privatschule. Seine Frau und er kommen aus einem winzigen Bergdorf im südlichen Teil des Everest-Gebietes, ganz im Osten Nepals. Seine Eltern hat er seit drei Jahren nicht gesehen, denn die Reise dort hin dauert mehrere Tage mit dem Bus. Mit dem lokalen Bus, versteht sich. Von der letzten Busstation sind es dann noch vier Tagesmärsche zu Fuß. Seine Eltern haben weder Telefon noch Internet, ein Brief braucht knapp einen Monat. Solche Verhältnisse sind für uns unvorstellbar. Dieses Jahr zu Weihnachen will Prem mit seiner Familie wieder einmal nach Hause fahren.

Jetzt üben sie am Nachbartisch ein bisschen Nepalesisch. Das wäre für uns auch nicht schlecht. ‚Namaste' wird wie unser ‚Guten Tag' verwendet. Mehr kennen wir nicht. Aber die nepalesischen Worte klingen alle so kompliziert und wollen in meinem Kopf nicht kleben bleiben. Der Guide wird aus der Gruppe gefragt, wie man ‚Bitte' auf Nepalesisch ausspricht, und antwortet: „anurodh". Der Frager aus der Gruppe stellt fest: „Das ist aber schwer zu merken.". Prompte Antwort des Guides: „Du brauchst dieses Wort sowieso nicht." Die ganze Gruppe lacht. Nur uns ist es peinlich. Ich übersetze Prem den Wortwechsel, auch er schaut verständnislos auf die Deutschen. Wie oberflächlich sind diese Menschen. Ihnen will nicht auffallen, dass der Guide damit viel mehr sagt. Zum einen will er den Mann darauf hinweisen, dass er schon an den ersten Tagen das Bitte und Danke wohl vergessen hat. Zum anderen meint er die Touristen insgesamt, die denken, wenn

sie für eine Dienstleistung bezahlen, dann brauchen sie sich nicht noch mit Bitte und Danke erkenntlich zu zeigen. Der Tourist wird hier in Nepal wie ein König verehrt und hofiert, weil er Arbeit und Geld bringt. Muss man sich deshalb benehmen wie ein König im fremden Reich?
Draußen feiern die Einheimischen ihr Festival. Sie ziehen in Gruppen von Haus zu Haus, singen, tanzen, trinken sicherlich und sind vor allem bestens gelaunt. Auch vor unserem Haus wird gesungen und getanzt. Die Deutschen bewundern das Kulturprogramm und klatschen, auch wenn es gar nicht für sie gedacht war. Gegen neun Uhr abends ist dann endlich Ruhe vor dem Haus, später hört man die Musik immer weiter weg im Ort.
Das aufgeregt prahlende Gerede der Gruppe hat auch am späten Abend kein Ende. Durch die hellhörigen Wände kann Mario den Gesprächen folgen, runzelt abwechselnd die Stirn oder schmunzelt in sich hinein. Mir wird mein schlechtes Gehör auf dieser Tour wohl noch öfter einen geruhsamen Schlaf verschaffen. Ich empfinde das als gerechten Ausgleich für die Probleme, die ich so oft habe, wenn ich nicht alles verstehe. Kurz nach neun heißt es für uns gute Nacht.

04.11.2005, Freitag - Bhulbhule – Jaghat (1.150m)

Es war gut, das Frühstück schon etwas eher bestellt zu haben. Die Deutschen stehen zeitig auf und poltern mit ihren Bergschuhen derart, dass wir halb sieben sowieso putzmunter sind. Was machen die so lange bis zum Frühstück? Unsere Sachen haben wir schnell zusammengepackt. Einschließlich anziehen und Zähne putzen brauchen wir kaum mehr als fünfzehn Minuten. Obwohl wir zum Frühstück pünktlich sind, sind wir viel zu zeitig. Prem lacht: „Ich habe Euch doch gesagt, dass Eure Uhr vorgeht." Kopfschüttelnd akzeptieren wir, dass es wohl keinen Sinn hat, sich um die richtige Uhrzeit zu streiten. Nirgendwo gibt es eine Funkuhr zum Vergleich. Wir werden fortan immer etwas später kommen, damit wir pünktlich sind.
Bis das Essen kommt, läuft Prem in die Küche und holt uns unseren Tee. Ist ein Guide auch dazu da, seine Touristen zu bedienen? Es ist uns wieder einmal peinlich. Der warme Tee vertreibt die Gedanken schnell. Mario hat sich zum Frühstück eine Nudelsuppe bestellt, dazu ein Reisbrot. Die Nudelsuppe wird aus genau den asiatischen Tütensuppen zubereitet, die es bei uns zu Hause auch gibt. Selbst die Verpackung kommt uns bekannt vor. Zu Hause isst Mario sogar Ölsardinen zum Frühstück. Ich kann das nicht, ich brauche zum Frühstück etwas Süßes, Marmelade, Honig, Nutella, Butter und weiße Brötchen. Wie werde ich die nächsten Tage ohne meine schwarze Schmiere, so nennt Mario gar nicht liebevoll meine Nuss-Nougat-Creme, auskommen? Heute versuche ich es mit tibetischem Brot und Marmelade und stelle zufrieden fest, dass es zwar ungewöhnlich aber

sehr gut schmeckt. Etwas Butter dazu wäre noch schmackhafter gewesen. Butter gibt es aber nicht. Ein tibetisches Brot ist ein süßer Backpulverteig, der in der Pfanne gebraten wird. Dabei geht er auf und unterscheidet sich von einem gebackenen Teig nur dadurch, dass er sehr fettig ist. Das Brot ist dann etwa so groß wie ein normaler Abendbrotteller. Marios Reisbrot ist zwar genau so groß, aber wahrscheinlich ohne Backpulver, denn es ist ganz flach und bricht schnell. Dazu ist es nicht süß sondern herzhaft gewürzt. Damit hat jeder von uns beiden sein ganz persönliches Essen bekommen. Der Tag beginnt gut, es kann losgehen.
Dreiviertel acht starten wir mit Prems deutschem „Auf geht´s". Es klingt niedlich, wie er die deutschen Worte ausspricht. Heute Morgen habe ich die Kompressionsstrumpfhose nicht angezogen. Wenn wir den ganzen Tag wandern, wird die Durchblutung so gut angeregt, dass ich keine Probleme haben sollte. Zumindest hoffe ich das, denn in den engen Strumpfhosen läuft es sich wirklich nicht angenehm.
Der Weg führt in leichtem Auf und Ab nach Ngadi. Die Landschaft scheint uns für die negativen Eindrücke der letzten Tage entschädigen zu wollen. Die Berge sind grün, darunter leuchten die terrassierten Reisfelder gelbgrün und hellbraun. Der Fluss fließt ganz unten im Tal, oben rauscht ein leichter Wind in den Bäumen und überall zwitschern die Vögel. Immer wieder kommen Seitentäler mit kleinen Bächen und Wasserfällen hinzu. Am Fuße eines großen Wasserfalls führt eine wackelige Holzbrücke über den Bach. Zwei Balken wurden über die Steine am Ufer gelegt. Auf die Balken hat man schmale Holzstämme als Tritte festgeschraubt. Das Ganze sieht aus wie eine breite Leiter. Noch bevor wieder richtige Angst in mir aufkommt, sehe ich, dass man die Brücke umgehen kann. Bei dem derzeit niedrigen Wasserstand reichen zwei lange Schritte über große Steine und ich bin am anderen Ufer. So kann es weiter gehen.
Der breite Weg schlängelt sich ohne große Höhenunterschiede am Fluss entlang, wir kommen gut vorwärts. Rechts über uns entdecken wir eines der wenigen, original erhaltenen, zweistöckigen Bauernhäuser. Baumstämme werden als Pfähle aufgestellt und bilden die untere Etage. Statt Wänden gibt es große Reisstrohmatten zwischen den Pfählen. Die obere Etage ist viel kleiner, aus Stein gemauert und weiß verputzt. Das Dach und der überstehende Teil der unteren Etage sind mit Reisstroh gedeckt. Im obersten Dach gibt es eine kleine Luke als Rauchabzug. Um das Rauchloch ist das Stroh schon auffallend dunkel. Nach unserer Vorstellung wäre es nur eine Frage der Zeit, dass das Strohdach brennt. Es scheint aber nicht zu brennen, sonst würden die Nepalesen auch Schornsteine erfinden. Im Hof steht ein hoher, vierbeiniger Ständer, auf dem im Kreis die Maiskolben zum Trocknen aufgesteckt sind. So werden die Kolben vor den Nagetieren geschützt. Weiter hinten im Garten wachsen Bananenpflanzen.
Ganz im Gegensatz zu dem aufwendig errichteten Bauernhaus kommt auf der anderen Wegseite eine Teestation. Eigentlich ist es nur eine ebenerdige Bretterbude. Die Holzbalken sind blau gestrichen, das Dach ist aus Wellblech. Immerhin hat man den Versuch unternommen, den Vorplatz mit kleinen Blumenbeeten zu umranden. An so einer Teestati-

on möchte ich keine Pause einlegen.
Ein paar Kurven weiter wartet wieder eine schmale, kippelige Holzbrücke auf mich. Diesmal gibt es kein Ausweichen, kein Weg führt auf Steinen über den Bach. Dafür besitzt die Brücke eine Art Geländer, einen Handlauf. Prem hat noch nicht erkannt, dass meine Angst vor allen Dingen, die sich unter mir bewegen oder von denen ich herunter fallen kann, echt ist. Er läuft wie selbstverständlich über die Brücke, ohne sich umzusehen. Mario kennt mich. Er stockt und schaut sich sorgenvoll nach mir um. „Das Geländer ist fest. Das schaffst Du. Soll ich Dir eine Hand geben?" Ich schaffe es ohne Hand. Trotzdem Danke.
Das Tal wird mal enger, mal breiter. Immer wieder sieht man zwischen den grünen Wäldern die gelben Streifen der Reisfelder. Die warmen Farben sind ein angenehmer Kontrast für die Augen. Wieder gurgelt ein Bach in kleinen Wasserfällen neben uns ins Tal. Wir machen eine kurze Teepause unter einem riesigen, ausladenden Mango-Baum. Ein großes Spinnennetz mit einer prächtigen Spinne fordert meine ganze Aufmerksamkeit. Es dauert eine Weile, bis ich den Fotoapparat davon überzeugt habe, die Spinne scharf einzustellen. Hier haben wir die Zeit dafür.
Ein paar Schritte weiter reißt mir Mario den Fotoapparat fast aus der Hand. Wie kann es anders sein, er hat einen Schmetterling entdeckt. Das ist aber auch ein Farbenspiel. Da sitzt ein oranger Schmetterling auf einer orangen Studentenblume. Den Schmetterling erkennt man nur, weil er weiß-schwarze Flügelspitzen und schwarze Punkte hat. Ganz still bleibt der Schmetterling sitzen, damit Mario ihn fotografieren kann. Heute sind alle so freundlich zu uns, selbst die Schmetterlinge.
Danach wird es zum ersten Mal anstrengend. Gut fünfhundert Höhenmeter geht es steil bergauf nach Bahundana. Mit Bestürzen stelle ich fest, dass es um meine Sportlichkeit doch nicht so gut bestellt ist, wie ich mir das einbilden wollte. Der Anstieg bereitet mir anständig Mühe, ich komme ins Schwitzen und der schwere Rucksack drückt schmerzend auf meine Schultern. Bahundana liegt auf einem Sattel, von dem man eine gute Aussicht auf die grünen Berge um uns hat. Genau am Scheitelpunkt des Weges steht ein riesiger, uralter Baum. Er ist der zentrale Platz des Ortes. Die großen Bäume hier haben keinen dicken, hohen Stamm mit einer breite Krone sondern sind unten sehr dick und verzweigen kurz darüber in zehn und mehr Einzelstämme, die weit nach allen Seiten ausladen. Die Kronen der Bäume sind dadurch sehr breit aber nicht so dicht. Die Häuser um uns herum sind aus Stein gebaut. Nur die Dächer sind aus Wellblech.
Links neben diesem großen Baum führt eine Treppe in vielen, steilen Stufen nach oben zu einem Restaurant „Top of Bahundana". „Auf geht´s". Will Prem hier wirklich noch hoch? Zähneknirschend schnaufe ich die Stufen hinauf, jede Stufe einzeln scheint mir Widerstand zu leisten. Muss das denn sein?! Dreiviertel elf stehen wir auf der Terrasse des Restaurants. Sofort habe ich meine Qualen vergessen. Das Restaurant liegt auf einem vorgeschobenen Bergrücken wie ein Adlerhorst über dem Tal. Die Aussicht von hier oben ist endlos. Wie konnte ich nur daran zweifeln, dass es gut ist, hier hoch zu gehen. Es ist nicht

nur gut, es ist wunderschön hier oben. Wir sitzen im Schatten eines dieser großen Bäume und lassen die großartige Sicht auf uns wirken. Prem wechselt sein nass geschwitztes Shirt und legt es zum Trocknen auf die Wiese in die Sonne. Es gibt Tee zu trinken. Ich brauche auf die Anstrengung etwas Süßes und finde in meinem Rucksack noch ein Stück Apfelkuchen aus Pokhara. Mario bestellt sich natürlich wieder eine Nudelsuppe. Als Prem sein Essen bekommt, bezweifle ich, dass er das je aufessen wird. Auf einem riesengroßen Teller liegt ein riesengroßer Berg gekochter Reis, in der Mitte steht ein kleiner Topf mit Brühe, dazu gibt es gedünstetes Gemüse und gebratene Kartoffeln als Beilage. DhalBat sagt der Nepali dazu. Es dauert nicht lange und Prem hat aufgegessen. Der junge Mann aus der Küche kommt und bietet Prem Nachschlag an. Prem schlägt tatsächlich noch einmal zu. Schmunzelnd erklärt er uns, dass DhalBat die häufigste Speise in Nepal ist. Oftmals isst man es morgens, mittags und abends. Es ist auch das einzige Essen in den Restaurants, bei dem man so lange Nachschlag bekommt, bis man auch wirklich satt ist. Allerdings betont Prem sofort, dass das hier nur ein Trekking-DhalBhat wäre. Wenn er zu Hause kocht, dann gibt es viel mehr Beilagen und viel besseren Reis. Auf diese Weise erfahren wir auch, dass Prem ein leidenschaftlicher Hobby-Koch ist und auch schon auf mancher Tour eine ganze Reisegruppe bekocht hat.
Für die Mittagspause haben wir uns mehr als eine Stunde Zeit genommen. Diesen idyllischen Platz müssen wir länger auskosten. Als wir wieder aufbrechen, kommt auf den Stufen zum Restaurant gerade die deutsche Reisegruppe hochgeschnauft. Ihnen geht es auch nicht besser als mir, nur noch langsamer.
Hinter Bahundana laufen wir fast den gesamten Anstieg wieder hinunter. Der Weg besteht fast nur noch aus großen Steinen, die zu Stufen aufgelegt sind. Unter einem Bambusdach hobeln zwei Männer grobe Bretter. Das Dach steht auf sechs Bambusrohren als Pfosten, an den Seiten ist es offen. Die Männer schieben den großen Hobel zu zweit mit den Händen. Elektrische Geräte gibt es hier keine. Wir vermuten, dass diese Geräte einerseits wohl zu teuer sind, andererseits nicht immer Strom da ist. Dann sehen wir einen Bauern, der sein Feld pflügt, mit einem Holzpflug und zwei Kühen davor. Das sei ein reicher Bauer, sagt Prem, denn er hat einen Pflug und sogar zwei Kühe. Meist werden die Felder von den Frauen nur mit einer Grabhacke gehackt. Über diese mittelalterlichen Lebensverhältnisse wollen wir uns lieber keine Gedanken machen müssen. Wir sind hier, um die Natur zu erleben. Auf der anderen Talseite kommt ein großer Wasserfall über drei Kaskaden gut vierhundert Meter ins Tal gestürzt. Solche Bilder wollen wir sehen!
Weiter unten kommt uns eine nepalesische Familie entgegen. Die Frau hat ein Baby im Tuch auf dem Rücken und eine Tasche in der Hand. Daran wäre nichts Verwunderliches, wenn nicht hinter ihr der Mann mit der zehnjährigen Tochter auf dem Rücken laufen würde. Das Mädchen sieht sehr krank aus. Prem erzählt, dass es hier nirgends einen Arzt gibt und dass die Familie nach Besisahar läuft, um dann nach Kathmandu zum Arzt zu fahren. Gelesen haben wir schon von diesen Problemen. Doch glauben können wir es auch jetzt noch nicht, wo wir es wahrhaftig sehen.

Noch immer geht es recht kräftig hoch und runter. Jeden Höhenmeter, den wir uns bergauf erlaufen haben, gehen wir hinter dem nächsten Hügel wieder bergab. Wenig später kommt uns ein etwa dreizehnjähriger Junge mit seinem kleinen Bruder auf dem Rücken entgegen. Der Kleine hat Zahnschmerzen und weint jämmerlich. Uns bleibt nur der Wunsch an unsere eigene Gesundheit. Hier würde so eine medizinische Selbstverständlichkeit wie ein entzündeter Blinddarm sofort lebensgefährlich werden.
Rechts neben dem Weg entdecken wir einen kleinen Wasserfall und darunter eine wassergetriebene Mühle. Mais, Reis und Hirse werden in Nepals Dörfern noch auf traditionelle Weise gemahlen. Bei uns würden diese Geräte schon im Museum stehen, hier sind sie lebensnotwendig und werden genutzt.
Hinter jedem Ortsausgang befinden sich kleine Wasserläufe, die in der Nähe des Weges in ein Rohr kanalisiert werden und dann wie eine Wasserleitung auf den Weg laufen. An diesen Wasserstellen treffen wir oft auf Einheimische. Mal waschen sie ihr Geschirr, mal ihre Haare, mal die Wäsche. Alles mit diesem eiskalten Wasser direkt am Weg, selten mit Geschirrspülmittel oder Waschpulver, höchstens mit einer Seife für die Wäsche. Niemals haben wir auf dieser Seite des Passes jemanden gesehen, der Wasser zum Waschen ins Haus geholt und warm gemacht hätte. Wir können uns nicht vorstellen, dass das alles sauber wird.
Auf einer Terrasse neben dem Weg schauen wir einer älteren Frau bei der Reisernte zu. Mit der Sichel schneidet sie die Halme kurz über dem Boden ab und legt sie in Büscheln über die Kanten der Terrassen zum Trocknen auf. In ein paar Tagen wird sie die Ähren abschneiden und das Stroh weiter trocknen. Ganz ärgerlich und wütend reagiert die Frau, als ich sie fotografieren will. Viele Frauen hier mögen es nicht, bei der persönlichen Dingen fotografiert zu werden. Man kann sie vorher fragen, muss dann aber auch die Ablehnung akzeptieren. Ich bin nicht ganz so freundlich, schraube mein Teleobjektiv auf die Kamera, schleiche mich an und drücke ab, bevor die Frau sich verstecken kann. Die darauf folgenden nepalesischen Schimpfworte verstehe ich zum Glück nicht. Prem lächelt und fragt, ob ich das Foto geschafft habe. So schlimm kann mein Vergehen also nicht gewesen sein.
Halb zwei sind wir in Gherum und entscheiden, dass wir heute noch ein Stückchen weiter gehen wollen. Am Wegrand sitzen zwei nepalesische Träger auf der gemauerten Bank neben ihrer Last. Die hageren Männer sehen nicht gesund aus, blass und ausgemergelt. Einer spricht Prem an, sie reden lange miteinander. Dann kramt Prem in seinem Rucksack, holt kleine Tüten mit weißem Pulver heraus und redet wieder auf die Männer ein. Es klingt, als will er ihnen die Verwendung des Pulvers erklären. In einer kleinen Denkpause bekommen wir endlich erklärt, dass die Männer schon seit Tagen schwer an Durchfall erkrankt sind. Prem erklärt noch mehrfach die dosierte Verwendung des Pulvers. Die Männer hören ihm zwar geduldig zu, aber sie sehen nicht so aus, als ob sie es verstehen würden. Wir haben einfach zu verwendende Durchfalltabletten im Gepäck. Kurzzeitig denke ich darüber nach, davon abzugeben. Gleichzeitig überkommt mich die Angst, die

Tabletten selbst noch zu brauchen. Eigennützig bleibe ich still stehen und warte, bis Prem seine Erklärungen beendet hat.
Prem kauft an einem kleinen Stand eine Hand voll Mandarinen und bietet uns davon an. Uns ist es peinlich, von Prem etwas anzunehmen. Wir hätten bezahlen wollen. Noch dazu sehen die kleinen und noch leicht grünen Dinger nicht so aus, wie wir Mandarinen kennen. Wir nehmen trotzdem an und kosten. Die Früchte sind weich aber nicht matschig und lassen sich sehr leicht schälen. Zu unserer größten Freude aber sind sie angenehm süß, fast kernlos und sehr, sehr schmackhaft. Von nun an wird es öfter Mandarinen geben, allerdings auf unsere Kosten.
Das Tal wird enger, bald reicht der Platz nur noch für den Fluss in der Mitte. Der Weg schlängelt sich am Berghang vorwärts. Eine Stunde später, auf halber Strecke zwischen Syanje und Jagat, stehen wir auf einer Anhöhe. Vor uns weitet sich das Tal für ein kurzes Stück. Der Fluss fließt auf der linken Bergseite, zwischen Berg und Fluss schmiegt sich eine schmale Reihe bunter Häuser an den Hang. Kaum, dass sie zu erkennen sind, denn der Berg wirft schon seinen Schatten auf diese linke Seite. Auf der rechten Talseite hat der Fluss ein breites, weißes Kiesbett abgelegt. Graue Steinmauern formen unregelmäßige, grüne und gelbe Felder. Der Weg windet sich an den Feldern entlang, die kleinen Häuser auf dieser Seite stehen noch in der vollen Sonne. Gern würde ich den Anblick genießen, wäre da nicht die Hängebrücke am Ende des Tales, über die wir bestimmt gehen müssen. Ich fühle schon, wie sie unter mir schwanken wird. Prem zeigt auf eine bunte Lodge auf der linken Talseite. Dort werden wir übernachten. Für heute sind wir genug gelaufen. Mit dieser Erwartung ist das Problem Hängebrücke schon viel kleiner und ich bleibe noch ein paar Sekunden vor dem schönen Tal stehen. Wir wechseln mit der Hängebrücke die Talseite und erreichen das „Asia Guest House“. Es reicht wirklich.
Die Lodge wirbt mit ihrer solarbeheizten Dusche. Die Solar-Duschen-Konstruktion darf man sich nur nicht zu genau ansehen. Die Duschen sind in einem Anbau aus Stein untergebracht, das Dach aus Wellblech wurde schräg auf hölzerne Dachbalken geschraubt. Zwischen Stein und Holz ist ein breiter Spalt, damit die Duschen trocknen können. Auf dem Dach ist an diversen Stahlverstrebungen ein großes Fass aufgestellt und schwarz gestrichen. Die Sonne möge das Wasser in diesem Fass aufheizen. Zuerst muss man das Wasser eine Weile laufen lassen, bis es wärmer wird. Wir steigen zu zweit unter die warme Dusche, die wohl bestenfalls lauwarm ist. Dazu zieht es zum Eingang rein und zur Dachbelüftung wieder raus. Man sollte gut abgehärtet in so einen Urlaub fahren. Mario wäscht sich noch sein Shirt und die Unterwäsche durch, im Wind am Balkon trocknen die Sachen ganz schnell.
Wir gönnen uns einen Tee zum Vesper und beobachten das Treiben auf dem Weg direkt vor der Terrasse. Mulikarawanen ziehen bergauf und bergab. Träger kommen vorbei, solche für Trekkinggruppen und solche für die Versorgung der Hütten. Letztere haben zumindest bergab weniger Gepäck. Dazwischen kleine und größere Touristengruppen, auch einzelne Wanderer mit großen Rucksäcken. Alle gehen weiter, uns soll es recht sein.

An der Lodge ist ein Pfeil in Richtung Fluss mit der Aufschrift „Heiße Quelle". Wir suchen eine ganze Weile, gehen den Weg noch etwas weiter, aber eine heiße Quelle finden wir nicht. Auf dem Rückweg dann sehen wir genauer hin. Über den großen Steinen am Flussbett liegt eine schwarze PVC-Wasserleitung auf den Steinen, aus der ein dünner Wasserstrahl läuft. Die Wasserleitung führt hängend über den Fluss bis auf die andere Flussseite. Wir staunen über den Aufwand. Jemand hat die heiße Quelle auf der anderen Flussseite entdeckt und angestaut. Wie man die Wasserleitung über den reißenden Fluss bekommen hat, bleibt uns ein Rätsel. Wenn man das angenehm warme Wasser aus dieser Leitung nutzen will, benötigt man einen Eimer und sicher Geduld. Zum Duschen hätte das kleine Rinnsal warmes Wasser, das aus der Leitung kommt, wahrscheinlich nicht gereicht.

Die Sonne ist auf dieser Talseite schon lange hinter dem Berg verschwunden. Wir ziehen uns wärmer an, setzen uns wieder vor die Lodge und genießen noch einen Tee. Am Geländer wird ein Muli angebunden, das von dem Riemen für die Lasten eine aufgeriebene Stelle hat. Der Chef unserer Lodge scheint sich auf die Behandlung solcher Wunden zu verstehen. Er rasiert die Haare um die Wunde und entfernt allen Schmutz. Das Muli kann den Schmerz kaum ertragen. Damit es als Reaktion auf den Schmerz nicht mit den Hinterbeinen ausschlägt, bekommt es einen Knebel ins Maul. Der Knebel wird verdreht und lenkt das Muli vom Schmerz der aufgeriebenen Stelle ab. Zuletzt reibt der Mann die Stelle mit einer schwarzen Paste ein. Prem hat sich die Prozedur mit uns angesehen und lobt den Mann, er hätte die Wunde sehr gut versorgt. Ob das ein deutscher Tierarzt auch so sehen würde, weiß ich nicht. Hier in den Bergen sind Muli-Besitzer auf solche Helfer angewiesen. Wir freuen uns lieber an den schönen Dingen und bewundern die Weihnachtssterne, die am Wegrand auffällig rot blühen.

Am Abend kommen sechs schnatternde Schulmädchen in die Lodge, jede mit einem kleinen Rucksack. Wir rätseln, ob sich Freundinnen besuchen kommen oder Kindergeburtstag gefeiert wird. An Prems fragendem Gesicht sehen wir, dass wir wohl weit daneben liegen. Die Kinder waren zum Festival zu Hause bei ihren Eltern. Jetzt sammeln sie sich wieder und gehen morgen gemeinsam zurück nach Kathmandu zur Schule. Die Größeren kümmern sich um die Kleineren, Eltern gehen nicht mit. Wieder stehen wir vor einer Situation, die wir uns nicht vorstellen können. Unsere Tochter ist mit dreizehn Jahren auf ein Sportinternat gegangen. Wir hatten schon ein ungutes Gefühl, sie mit dem Zug allein loszuschicken. Hier wird von den Kindern in viel jüngeren Jahren viel mehr Selbständigkeit abverlangt. Anders könnten sie nicht zur Schule gehen.

Nach dem Abendbrot sprechen wir Prem noch einmal auf die ärztliche Versorgung in den Dörfern an. Gibt es hier wirklich keine Ärzte? Prem will nicht „Nein" sagen. „Die Menschen werden nicht so oft krank, sie leben doch sehr gesund. Bei vielen kleinen Problemen können sie sich mit traditioneller Medizin selbst helfen.", rettet er sich aus der Situation. Dann erzählt er von der Geburt seines Sohnes. Prem und seine Frau Maina wohnten damals noch in dem entlegenen Dorf in der Everest-Region. Als ihr Sohn Shyam geboren

wurde, hat Maina drei Tage in den Wehen gelegen. „Dann habe ich ihn zur Welt gebracht.“, berichtet er stolz. Ich erspare mir die Frage nach einer Hebamme. Prem war die Hebamme. Wo er das gelernt hat? So etwas muss man wahrscheinlich einfach können, wenn man in den Bergen überleben will. Keiner will sich vorstellen, wie es Maina ohne ihren intelligenten und engagierten Mann ergangen wäre. Wir schweigen betreten.
Die Gästezimmer in der ersten Etage sind nichts anderes als Bretterbuden. Lediglich die Außenwand ist aus Stein, sogar verputzt, dafür sehr eigenwillig mit leuchtend blauer Farbe gestrichen. Nach oben ist alles offen. Man sieht direkt auf den Dachstuhl. Statt Wänden zwischen den Zimmern stehen nur senkrechte Bretter, durch deren Schlitze man in die Zimmer hineinsehen kann. Die Türen haben keine richtigen Türschlösser sondern Riegel mit Vorhängeschlössern wie bei einem alten Schuppen. Genau unter uns befindet sich die Küche. Die Decke der Küche ist gleichzeitig unser Fußboden. Der traditionelle Ofen in der Küche hat kein Rauchrohr, die Decke besteht lediglich aus gehobelten Brettern. So zieht der Rauch direkt in unser Zimmer. Alles stinkt wie Räucherkammer und schlafen kann man erst nach zehn, wenn in der Küche kein Feuer mehr gemacht wird.
Wir schieben die beiden Liegen an einer Wand zusammen und lassen so wenigstens ein bisschen das Gefühl von Ehebett entstehen. In der Nacht schlagen immer wieder die Hunde im Ort an und bellen vor allem Mario wach. Früh weckt uns der Rauch aus der Küche und der Lärm der Mädchen im Haus.

05.11.2005, Samstag Jaghat – Tal (1.700m)

Von nun an stehen wir jeden Morgen dreiviertel sieben auf und frühstücken. Mal mehr und mal weniger pünktlich, mal nach Prems und mal nach unserer Uhr. Gegen acht heißt es dann immer „Auf geht´s“. Heute Morgen lächelt Prem nicht. Zum ersten Mal sieht er müde aus, als hätte er schlecht geschlafen. „Was ist los, Prem?“ Wir machen uns Sorgen um ihn. „Meine Decke war zu kurz. Und dann waren da diese Tiere.“ Er kratzt sich am ganzen Körper. Die Zeichensprache versteht jeder, der schon einmal Flöhe erlebt hat. Ich kann mir schon kaum vorstellen, wie kurz eine Decke sein muss, damit sie dem kleinen Prem zu kurz ist. Aber Flöhe sind wirklich das Allerletzte. Uns ist sofort klar, dass Prem bestimmt sehr schlecht geschlafen hat. Hoffentlich bleibt diese Nacht eine Ausnahme.
In Anbetracht des Weges heute bin ich doppelt froh, dass wir gestern hier Halt gemacht haben und nicht noch weiter gelaufen sind. Nach Jaghat geht es eine ganze Stunde lang stetig und anstrengend bergauf. Noch liegt unser Weg im Schatten, umrahmt von Bananenstauden und Bambus. Weit hinten im Tal scheint schon die Sonne. An den Berghängen dort hinten ist gut zu erkennen, dass sich die Vegetation in Kürze ändern wird. Dazwi-

schen liegen nur wenige Höhenmeter, trotzdem wird es deutlich trockener. Die anderen Baumarten, die dort wachsen, sind schon aus der Ferne zu erkennen. Die Laubbäume werden weniger, kleine Nadelbäume gewinnen die Vorherrschaft. Wir machen Rast unter einem großen Baum auf einem warmen Stein. Die steile Sonnenseite der Felsen ist schon baumlos und trocken. Nur karger Rasen und Gebüsch wachsen dort. Auch hinter Jaghat wird es nicht leichter. Auf einhundert Höhenmeter bergauf folgen fünfundsiebzig Höhenmeter bergab. So geht es weiter bis Chamje.

In Chamje legt Prem fest, dass wir jetzt schon Mittagspause machen. Danach kommen keine schönen Lodges mehr. Jede Lodge wirbt in mehr oder weniger eigenwilligem Englisch für sich. Das ist Normalität. An einer Lodge jedoch haben lustige Menschen vor uns in Tschechisch an die Hauswand geschrieben, dass das Essen sehr gut ist, dass die Menschen nett sind und dass es sich hier gut leben lässt. Wir kennen die Tschechen als ein heiteres, reiselustiges Völkchen. Bis hier her haben sie es also auch schon geschafft. So einer netten Einladung wollen wir folgen. In der Mittagssonne auf der Dachterrasse werden wir von einer angenehmen Schläfrigkeit befallen. Ich bestelle mir eine Tomatensuppe, Mario freut sich über gebratene Nudeln mit Thunfisch. Den restlichen Tee füllen wir in unsere Thermoskanne und nehmen ihn mit. Das Lob der tschechischen Gäste ist berechtigt, auch uns geht es hier sehr gut. Bevor wir aber gänzlich einschlafen, gehen wir lieber weiter.

Die Last der nepalesischen Träger erstaunt und belustigt uns immer wieder. Einer hat drei große rote Gasflaschen geladen. Noch sind sie sicherlich leer, denn der Träger läuft bergab. Aufwärts unterwegs ist ein Träger mit einem dreistöckigen Metallgatter ähnlich einem kleinen Kaninchenstall. In jeder der drei Etagen liegen zwei rosa Ferkel, obenauf ein kleiner Rucksack. Ein Schweinetransport!

Prem versucht, uns darauf vorzubereiten, dass wir jetzt in Maoisten-Gebiet kommen. Er spricht das Wort Maos allerdings so ungewohnt aus, dass ich mich lange frage, was wir jetzt mit Mäusen zu tun haben werden. Die Worte Maos und Maus klingen auf Englisch sehr ähnlich. Wir sollen nichts sagen und vor allem nicht diskutieren. Als ob Prem es vorausgeahnt hätte, hält uns an der letzten Lodge in Chamje ein Uniformierter auf. Ganz öffentlich und ohne sichtliche Angst vor irgendwelchen Polizisten gibt er sich als Maoist zu erkennen und bittet uns freundlich, unsere Gebühr zu entrichten. Wir bezahlen einhundert Rupien pro Person und Trekkingtag. Da Prem für uns sechzehn Trekkingtage angegeben hat, zahlen wir dreitausendzweihundert Rupien insgesamt. Fast noch einmal so viel wie für die offizielle Permit. Schon vor unserer Reise hatte uns Prem gesagt, dass wir diesen Betrag mit einkalkulieren sollen. Der Maoist versucht noch, uns ein Gespräch aufzudrängen und uns von der Richtigkeit seines Handelns zu überzeugen. Er fragt Prem, was ich von der offiziellen Permit und von dem Obolus hier halte. Prem übersetzt. Ich suche nach einer salomonischen Antwort: "Wenn wir in den Alpen wandern gehen, brauchen wir nie und an keiner Stelle eine Genehmigung zu bezahlen. Keine Trekking-Permit und keine Maoisten-Abgabe." Dann gehen wir endlich weiter.

Chamje verabschiedet sich mit einer Hängebrücke. Mario stapft vergnügt hinter mir her.

Die Brücke schaukelt sich auf. Mir wird so schwindlig, dass ich hinter der Brücke Halt machen muss und meine Mühe habe, gerade stehen zu bleiben. Ich knurre Mario an, warum er mit solch kindlicher Freude die Brücke zum Schaukeln bringt und mich so fürchterlich ärgert. Er sieht mich völlig verständnislos an. „Ich habe die Brücke nicht mutwillig aufgeschaukelt." Ich schaue in sein ehrliches Gesicht und möchte mich am liebsten für meine Vorwürfe entschuldigen. Er wollte es wirklich nicht. Es war einfach nur Gedankenlosigkeit. Ihm macht es sicherlich Freude, wenn die Brücke so schaukelt. Wie soll er verstehen, dass mir davon ganz schlecht wird? Von nun an lässt Mario sehr viel Abstand, wenn wir über eine Brücke laufen. Danke.

Hinter der Brücke packe ich meine Wanderstöcke aus. Der Weg ist sehr steinig und gibt mir ausreichend Möglichkeiten zum Straucheln. Meist sind große, flache Platten ausgelegt oder nur große, runde Steine aneinandergereiht. Ganz selten bekommen wir festgetretenen weichen Boden. Während Mario leichtfüßig über die Steine läuft, muss ich bei jedem Schritt aufpassen. Kaum schaue ich mir während des Laufens die Gegend an, schon stolpere ich. Wenn jemand zu mir sagt: „Sieh mal dort drüben!", dann muss ich stehen bleiben, um mir das Sehenswerte auch anzusehen. Mit den beiden Stöcken geht es viel sicherer.

Wenig später sehen wir rechterhand einen altrosa gestrichenen Gebäudekomplex mit einer Art Schulhof davor. Wir halten es für eine Schule, bis wir an der Seite die Losung lesen können: „Lang lebe der Marxismus, Leninismus und Maoismus!". Es ist eine Trainingsstätte der Maoisten. Wir hätten nie gedacht, dass die Maoisten hier so öffentlich auftreten können. Da hätte die Armee doch eigentlich ein leichtes Spiel, die Maoisten dingfest zu machen. Prem zieht ein bedientes Gesicht und meint nur, das hier wäre Maoistengebiet, da kommt kein Soldat hin. Verstehen müssen wir das nicht.

In Lower Tal sehen wir ganz deutlich die lila angestrichenen Häuser, wie sie Birgit Wenzel schon vor Jahren in ihrem Buch beschrieben hat. Es gibt sie also immer noch. Wenn ich mir die Menschen so ansehe, dann war die Farbe Lila wohl einmal ganz groß in Mode hier im Annapurna-Gebiet. Denn nicht nur die Häuser wurden lila bemalt. Viele Frauen tragen noch heute lila Badelatschen. Und Prems Lieblings-Shirt ist ein lila Polohemd. Inzwischen hat sich die Mode ein wenig geändert. Was bei Häuserfarben modern ist, können wir noch nicht ausmachen. Dafür zeigen sich die Männer hier ganz modern wie die Jungs in Europa. Sie tragen die Hosen nur halb hochgezogen und fühlen sich total europäisch. Auch die roten Strähnchen in den Haaren haben sie übernommen. Beachte: die Männer.

Bis zum nächsten Ort namens Tal sind es noch einmal dreißig Minuten besonders steil bergauf, dann stehen wir unter einem Chorten[1] und blicken auf den idyllisch in einer kleinen Ebene vor uns liegenden Ort. Links steigen die Berge steil an, davor fließt der Fluss, der nur den äußersten linken Teil des breiten Flussbettes nutzt. Rechts vom trockenen Kiesbett sind Felder kultiviert, daneben der Weg und eine Ansammlung von Häu-

[1] Tor, Durchgang, meist eckig und mit drei kleinen Stupas oben aufgesetzt, mal aus Holz, mal aus Naturstein, mal aus Beton, teilweise mit Gebetsmühlen in den Seitenwänden, sprich ch wie ich.

sern. Hinter den Häusern noch eine Wiese, dann ragen wieder die Berge grün und steil empor. Als ob es noch nicht schön genug wäre, steht auf der Wiese ein kleines Kloster und dahinter fällt ein zweistrahliger Wasserfall an der Wand hinunter. Ein Ort zum Träumen. So etwas Schönes mitten in Nepals rauen Bergen. Wir bleiben beeindruckt und wie angewurzelt stehen.

Prem erklärt uns, dass der Name Tal nepalesisch ist und See bedeutet. Nach einem Erdbeben vor langer Zeit wurde der Abfluss versperrt und es bildete sich ein See. Als sich der Fluss dann wieder seinen Weg bahnte und diese aufgeschwemmte Ebene hinterließ, nannte man den Ort See. Wir belustigen ihn mit der deutschen Bedeutung von Tal und lachen gemeinsam, weil die Bezeichnungen ganz unwissentlich so passend getroffen wurden.

Der heutige Weg sah auf der Karte so kurz aus. Jetzt ist es erst um zwei und es reicht uns trotzdem schon. Im „Potala Guest House" beziehen wir das Eckzimmer mit Aussicht auf das kleine Kloster und den Wasserfall. Bemerkenswert ist auch, dass das Zimmer eine richtige Holzbalkendecke hat, die sehr sauber gearbeitet ist. Unsere Lodge erweist sich rundherum als eine Luxusherberge. Alles ist hier sehr sauber und modern eingerichtet. Die Fassade leuchtet in frisch gestrichenem Orange und Weiß, der kleine grüne Vorgarten lädt zum Vesper ein. Das Wichtigste aber ist die wirklich ganz heiße Dusche. Wir genießen diese Wohltat ausgiebig und nutzen das heiße Wasser der Dusche auch noch für eine kleine Wäsche, vor allem für T-Shirts und Unterwäsche. Mario meint beim Wäschewaschen schmunzelnd, mein Pulli würde sich viel besser rubbeln lassen, wenn ich ihn angelassen hätte. Spaß muss sein.

An den Tischen im Vorgarten haben wir uns so hingesetzt, dass wir den Weg durch den Ort und die Berge darüber im Blick haben. Es ist ein friedliche Anblick, wenn nicht gerade eine Muliherde laut durch den Ort getrieben wird. Schulkinder kommen heimgeschlendert, an den Häusern aus Stein und dunklem Holz hängen leuchtend gelbe Maiskolben zum Trocknen aufgefädelt und ganz oben am Berg glänzt ein rosa blühender Baum. Moment mal. Rosa Blüten an einem Baum mitten im November? Was ist das für ein Baum? Prem ist nicht da, wir können nicht fragen. Später vielleicht, wenn wir es nicht vergessen.

Bevor die Sonne viertel vier hinter den Bergen verschwindet machen wir noch einen Spaziergang durch den Ort. Es gibt sogar einen kleinen Laden mit Trekking-Ausrüstung. Leider können wir ihn nicht testen, wir brauchen einfach nichts. Im eingezäunten Hof gegenüber wühlen sechs Ferkel im Dreck. Der Schweinetransport hat also auch in Tal Station gemacht, wir werden ihn an den nächsten Tagen noch mehrfach überholen.

Auf dem Weg zum Wasserfall entdecken wir verschiedene Wasserläufe und Wasserverteiler. Das Wasser des Wasserfalls benützen die Menschen im Ort, um ihre Grundstücke, Häuser und Felder mit Wasser zu versorgen. Und damit es gerecht zugeht, gibt es Verteilerstellen für das Wasser. Die kleine Maismühle, die an einem der Wasserläufe gleich hinter dem Kloster steht, ist leider verschlossen. Dafür kommt eine junge Kuh und schmust ganz liebevoll mit Mario.

Das Verhalten eines kleinen Jungens passt dann doch nicht so richtig in dieses verträumte Bild. Der Junge steht an einer abgelegenen Hauswand mitten in grünem Gestrüpp, das ihm bis zum Bauchnabel reicht. Ängstlich schaut er sich immer wieder nach allen Seiten um, reißt wahllos Blätter von dem Unkraut und stopft sie in seine Hosentaschen. Was ist das für ein Unkraut? Marihuana? Der Junge sammelt Marihuana? Wir wollen hoffen, dass er es nicht für sich verwenden will.

Wieder in der Lodge setzen wir uns mit Prem zusammen. Er skizziert seinen Plan für die nächsten Tage. Die Etappen scheinen mir immer kürzer zu werden. Bevor ich mich vehement über diese Langsamkeit beschweren kann, setzt Prem ein vorwurfsvolles Gesicht auf. Wird er mir jetzt eine Grundsatzpredigt halten? Prem erklärt, dass wir bis zum Pass alles zu tun haben, was für unsere Gesundheit nötig ist. Vor allem müssen wir viel mehr trinken und Knoblauchsuppe essen. Mindestens zwei Liter am Tag soll ich trinken. Mir wird das schwer fallen. Prem feixt: "Nach dem Pass kannst Du dann tun, was Du willst." Ich denke mir den zweiten Teil des Satzes und akzeptiere, dass ich bis dahin seine Regeln einzuhalten habe. Dann kritisiert er mich energisch, weil ich zu wenig esse. Dabei esse ich zu jeder Mahlzeit etwas. Zugegeben, ich esse nicht sehr viel. Prem wird doch nicht von mir verlangen, dass ich solche Doppelportionen DhalBat vertilge wie er. Das nicht, antwortet er, aber ich muss jetzt schon meinen Magen trainieren, richtig zu essen und zu trinken. Kurz vor dem Pass lernt es der Magen nicht mehr, aber dort brauche ich es. Ich verspreche ihm, mir große Mühe zu geben.

Prem beruhigt uns. Er glaubt nicht, dass wir echte Höhenprobleme bekommen werden. Manche seiner Touristen schnauften schon beim ersten Anstieg ganz schlimm. Bei denen wäre das Risiko viel größer.

Für die folgenden Etappen plant Prem erst Danagyu dann Chame und Lower Pisang. Lower Pisang ist ihm ganz wichtig, weil da die Lodges schöner sind als in Upper Pisang. Dann erklärt er uns aufwendig, dass wir von Lower Pisang nach Braga den oberen Weg nehmen werden. Der obere Weg ist mit sechshundert zusätzlichen Höhenmetern hoch und runter verbunden. Doch nur von dort oben sind die prächtigen Berge richtig zu sehen. Warum gibt er sich solche Mühe? Wir wollen doch gar nicht unten lang laufen.

Weiter plant Prem dann: An einem Tag von Lower Pisang nach Ghyaru oder Ngawal, am nächsten Tag nach Braga oder Manang. Dort werden wir einen Ruhetag einlegen. Jetzt nöle ich richtig laut. Die Tagesetappen sind mir deutlich zu kurz. Wir wollen vorwärts kommen, nicht irgendwo in einer Lodge herum sitzen. In Gedanken zähle ich die Tage. In Prems Bummeltempo würden wir unsere Tour gerade so schaffen, aber da darf nichts dazwischen kommen. Prem lässt nicht mit sich reden, stattdessen wird sein Gesicht finster. Diese Art Kritik verträgt er sichtlich überhaupt nicht. Er ist für das Tempo und den Weg zuständig, da habe ich mich nicht einzumischen. Mir fällt der Eissee über Braga ein, von ihm hatte ich beiläufig gelesen. Jetzt lächelt Prem wieder. Statt dem Ruhetag werden wir zum Eissee gehen. So schnell sind wir uns einig geworden. Wo liegt eigentlich der Eissee genau? Ich weiß es nicht.

Nach dem Abendbrot erzählt uns Prem, dass die Menschen hier im oberen Teil des Tales glauben, dass es ihnen viel besser gehen würde, wenn auch sie wie Tibet von China annektiert werden würden. Ich habe das Gefühl, dass auch Prem ein wenig so denkt. Was wissen denn die Menschen hier vom Marxismus, vom Sozialismus und vom Maoismus? Vermutlich sehr wenig. Das alles in wenigen Worten zu erklären, fällt wahrscheinlich jedem schon auf Deutsch schwer. Ich will es Prem aber erklären. Dazu muss ich mir eine Antwort auf Deutsch überlegen und dazu nach den richtigen englischen Worten suchen. Ich bemühe mich und Prem bekommt eine Schnellbesohlung in Marxismus:

Die Idee von Marx war, dass jeder Mensch so viel arbeiten soll, wie er zu leisten imstande ist. Dafür erhält er seinen Lohn. Wer viel leistet, bekommt auch mehr. Wer nicht imstande ist zu arbeiten, der erhält auch ohne Leistung einen gewissen Lebensstandard. Das ist das Grundprinzip des Sozialismus. Später sollte das Prinzip noch gesteigert werden. Jeder sollte weiterhin so viel arbeiten, wie er kann. Dafür erhält er so viel Geld, wie er zum Leben benötigt. Das wäre dann Kommunismus. Beide Prinzipien scheitern aber an der Trägheit des Menschen. Wenn der Mensch sein Geld bekommt, ohne etwas dafür zu tun, dann wird er nicht weiter schwer arbeiten. In allen Staaten, die es mit dem Sozialismus versucht haben, gab und gibt es bei den Funktionären das Bestreben, ohne eigene Arbeit viel Geld zu verdienen, indem die Untergebenen mehr arbeiten müssen und weniger Lohn bekommen. In späteren Jahren hat Marx das erkannt, ohne eine Lösung aufgezeigt zu haben. Bis heute gibt es niemanden auf der Welt, der dafür eine immer gültige Antwort hat. In China wurde unter Mao das Kommunismusprinzip auf böse Weise zur Qual der Menschen abgewandelt. Jeder musste so viel arbeiten, wie er zu leisten imstande war. Dafür erhielt er so viel, wie er gerade zum Überleben benötigt. Prem schüttelt den Kopf. Er hat es verstanden. Genug für heute, wir gehen ins Bett.

Im Zimmer schieben wir wieder die Betten zusammen, krauchen in unsere Schlafsäcke und kuscheln noch ein bisschen. Ich bin jetzt schon den zweiten Tag ohne Kompressionsstrumpfhosen unterwegs. Zu meiner größten Freude habe ich keine Beschwerden, keine geschwollenen Fußgelenke, kein Wasser in den Beinen, keine hervorquellenden Krampfadern, kein Tuckern nachts in den Venen. Es geht mir sogar viel besser als zu Hause mit den Strumpfhosen. Die vergrabe ich nach ganz unten in den Rucksack.

06.11.2005, Sonntag Tal – Timang (ca. 2.700m)

Ich kann schon wieder reden, meine Halsschmerzen sind deutlich besser geworden. Nur nachts muss ich von der trockenen Luft noch husten.

Gleich nach dem Losgehen begrüßt uns die erste Hängebrücke. Wieder schaukelt sie sich auf, wieder wird mir ganz

schwindlig. Ich bleibe kurz stehen, balanciere meinen Rucksack aus und kann schon nach kurzer Zeit weiter gehen.
Der Weg zwischen Tal und Karte verläuft auf der anderen Flussseite. Einige Abschnitte des Weges sind in den Fels gehauen, auf dem glatten Stein läuft es sich recht gut. Die Stein-Stufen dazwischen lassen sich auch noch gehen. Weite Teile des Weges sind mir zum Possen mit fußballgroßen losen Steinen übersäht. „Rolling Stones" wäre der passende Ausdruck. Immer wieder kippeln die Steine unter mir oder rollen einfach zur Seite. Jeden Schritt muss ich mit Bedacht tun. Unablässig muss ich auf den Boden schauen, Blicke nach oben sind während des Laufens nicht möglich. Die Landschaft gleitet ohne mich an mir vorbei.
Der Ort Karte selbst ist touristisch nicht erschlossen. Hier stehen nur alte Häuser, es gibt keine Lodges. Angenehm anzusehen ist er trotzdem, denn er ist sehr sauber. In Dharapani bewundern wir am Ortseingang und noch einmal am Ortsausgang die großen Chorten mit den Gebetsmühlen an den Innenseiten der Seitenwände. Mario dreht sich zum Foto um und hat die linke Hand an der Gebetsmühle. Prem winkt aufgeregt, ich soll nicht fotografieren. Man dreht die Gebetsmühlen immer mit der rechten Hand, sonst bringt es Unglück. Das wollen wir natürlich nicht. Mario von hinten wäre auch kein schönes Bild. Also wechselt er auf die andere Seite des Chortens, legt die rechte Hand an die Gebetsmühle und strahlt mit der Sonne um die Wette.
Von Dharapani aus sieht man zum ersten mal seit Tagen wieder schneebedeckte Berge. Ein erster Blick auf die Annapurna II beeindruckt uns alle drei. Das Kloster Thonje auf der anderen Talseite ist größer als mancher Ort hier im Tal. Dem Flussbett wurden fruchtbare Felder abgerungen und mit Mauern geschützt. Es ist sicherlich ein reiches Kloster. Wer hier seinen Tag beenden möchte, kann einen schönen Spaziergang zum Kloster unternehmen.
Wir gehen weiter leicht bergauf und überholen ein junges Pärchen. Der Mann sieht schon sehr geschafft aus, aber er läuft noch vorwärts. Die junge Frau dagegen hat sich auf die Stufen auf dem Weg gesetzt und muss wohl wiederholt eine Pause machen. So möchte ich nicht gequält werden.
In Bagarchap will Prem mit uns in einem Restaurant die Mittagspause einlegen. Der Vorgarten ist groß und auf viele Gäste eingerichtet. Die meisten Tische sind besetzt, von Soldaten. Mir ist es unangenehm, unter den Augen der Armee mein Essen einzunehmen. Die nepalesische Armee hat bei mir bis jetzt noch nicht das Gefühl eines Beschützers erwecken können. Mehr sind es unangenehme Gefühle, die in mir aufschleichen. Ich bitte Prem, doch noch etwas weiter zu gehen.
Eine halbe Stunden später sind wir in Danaguy. Die letzte Lodge im Ort rechts hat einen verträumten, kleinen Vorgarten mit Sonnenschirmen, unter denen wir Rast machen. Von zwölf bis dreiviertel zwei dösen wir in der Sonne, essen Mittag und trinken Tee. Im Hof sitzt ein alter Mann auf den Platten, neben ihm liegen unbekannte Wurzeln zum Trocknen. Er hat die Teile für einen hölzernen Rechen geschnitzt. Jetzt steht eine weiße Dose

Holzkaltleim da und er versucht, die Zinken in den Rechen einzuleimen. Eine knappe Stunde dauert es, bis er für jedes Teil seinen Platz gefunden hat. In diesem Moment tritt seine Frau zur Türe hinaus. Ihr entrüstetes Gesicht und die beleidigend schimpfenden Worte brauchen keine Übersetzung. „Was soll denn dieser Unsinn. Damit kann doch keiner arbeiten. Alles falsch herum. Mach das gefälligst noch einmal richtig.", sagt sie vermutlich auf Nepali und verschwindet wieder im Haus. Der alte Mann nimmt ohne Widerrede und mit gleichbleibender Geduld den Rechen wieder auseinander und setzt die Zinken in anderer Reihenfolge noch einmal ein.
Das vorhin überholte, völlig überforderte, israelische Pärchen kommt auch in dieses Restaurant. Beide sind völlig geschafft, trotzdem bringt es die Frau noch fertig, überheblich und arrogant mit ihrem Guide und dem Wirt über die Zubereitung der Speisen zu diskutieren. Beim Weitergehen vergessen sie ihre Wanderstöcke. Mario bemerkt es, aber die beiden verstehen Marios holprige, englische Rufe nicht. Also springt er auf und rennt hinterher. Mühevoll bringt der Mann ein Danke und ein kleines Lächeln heraus. Warum können diese Israelis nicht freundlich sein? Es ist doch so schön hier.
Gleich nach der Lodge auf der anderen Wegseite steht eine lange Mani-Mauer[1] und eine riesige neue Gompa[2]. In der Gompa befindet sich eine einzige, überdimensionale Gebetsmühle. Der Körper der Gebetsmühle ist bestimmt knapp zwei Meter groß. Ich versuche, die Gebetsmühle zu drehen. Bei der Größe erwarte ich, dass sie sich nur sehr schwer bewegen wird. Ich drücke kräftig ab, die Gebetsmühle saust los und schafft reichlich drei Runden mit einem Abschieben. Es wird uns leicht gemacht, den Göttern der Berge zu huldigen.
Apropos Berge, die um Danagyu sind so hoch und das Tal ist so eng, dass die Sonne schon kurz nach Mittag kaum noch bis ins Tal leuchtet. Eigentlich wollte Prem hier übernachten. Es ist erst Mittag und wir sind noch gut drauf. Wir entscheiden einstimmig, weiter zu gehen. In Richtung Chame gibt es zwei Wege. Der untere Weg verläuft parallel zum Fluss im Tal entlang und durch Lata Marang. Dieser Weg ist bequem zu laufen, ohne anstrengende Anstiege. Leider auch ohne jegliche Sicht auf die Berge. Der obere Weg führt steil hinauf nach Timang und dann flach bis nach Chame. Dieser obere Weg ist auf keiner Karte eingezeichnet. Doch gerade von oben soll man die Berge sehr schön sehen. Hinter uns glänzt der Manaslu in der Mittagssonne. Der schneebedeckte Berg wirkt so nah, dabei ist er über sechstausend Meter höher als wir. Wir entscheiden uns für den oberen Weg. Schon beim Loslaufen drehen wir uns immer wieder für einen Blick auf den Manaslu um.
Prem kalkuliert für den Weg bis Timang etwa zwei Stunden. Gleich hinter Danagyu geht es steil bergauf, erst in Serpentinen, dann ist der Weg in Stufen in den Fels gehauen. Wieder fällt mir das Laufen sofort sehr schwer. Ich gehe als letzte und falle zurück. Der Ruck-

---

[1] buddhistische Gebetsmauer mit Gebetsmühlen oder aufgestapelt aus Gebetssteinen. Gebetssteine sind flache Steine, in die Schriftzeichen oder Symbole gemeißelt wurden, teilweise sogar bunt bemalt.
[2] Buddhistischer Tempel mit Innenraum, in dem oftmals Mönche beten oder eine Gebetsmühle steht.

sack drückt mich am Nacken und schmerzt. Mühsam halte ich Anschluss und lächle, wenn sich die Männer besorgt nach mir umdrehen.
Am Ende der Stufen blicken wir zum ersten Mal von oben in das Tal hinunter. Die steingrauen Häuser sind von den Felsen kaum zu unterscheiden, nur den Weg sieht man deutlich, wie er sich durch die Felder schlängelt. Der Wald um uns herum verdichtet sich, die großen Laubbäume bilden mit ihren Kronen ein undurchlässiges Dach. Prem nennt es einen Dschungel und hat sicher nicht Unrecht.
Auf ein Mal geht der schmale Pfad in einen breiten, flachen Weg über, der erst ganz neu gebaut sein muss. Prem erklärt uns, dass hier eine Straße gebaut wird. Diesmal haben wir die fragenden Gesichter. Wenige Meter weiter sehen wir die Straßenbauarbeiter. Einige Arbeiter flechten Gitterkörbe aus Draht, die später zu Stützmauern aufgestellt und mit Steinen gefüllt werden. Andere versuchen, die großen Felsbrocken von der zukünftigen Straße zu räumen. Alle arbeiten sie wie im Mittelalter. Es gibt keine motorgetriebenen Geräte, keinen Bulldozer, keinen Bagger, keinen Schlagbohrer, nichts. Ein Arbeiter hält mit beiden Händen einen Meißel, siebzig Zentimeter lang und 3 cm dick. Ein zweiter haut mit einem großen Vorschlaghammer auf den Meißel, damit sich im Felsbrocken ein Loch bildet. Der erste muss ein Gottvertrauen haben, dass der zweite wirklich den Meißel trifft. Wenn die Sprenglöcher fertig sind, wird die Armee kommen und die ganz großen Felsbrocken sprengen.
Am Wegrand stehen kleine Zelte aus blauen Plastikplanen. Übernachten die Arbeiter hier? Sicher. Mittags kommen Frauen aus dem Ort und bringen den Männern das Essen. Manche bleiben auch hier oben und kochen den ganzen Tag.
Warum baut man hier mitten im Dschungel eine Straße? Warum fängt man nicht im Tal an? Warum bringt man keine Baumaschinen dazu her? Prem erklärt es uns geduldig. Die Straße wird dort gebaut, wo der Trassenverlauf klar ist. Weiter unten weiß man noch nicht, wie man die Straße durch das enge Tal führen soll. Jeder Ort baut seinen Teil der Straße selbst, denn Straßenbau bedeutet vor allem Arbeit und Lohn. So bekommt jeder einmal Arbeit. Die Arbeiter hier zu bezahlen ist billiger als teure Baumaschinen her zu bringen. Solange es Menschen gibt, um die Arbeit zu erledigen, wird niemand darüber nachdenken, eine teure Maschine zu kaufen. Hier arbeitet man nicht nur wie im Mittelalter, hier lebt und denkt man auch noch so wie vor fünfhundert Jahren.
Ein riesengroßer Nadelbaum beendet unser Thema. Wahrscheinlich ist es eine Art Kiefer, die mit einem Stamm von über einhundert Metern Höhe senkrecht in den Himmel ragt. Nur ganz oben sind Äste mit Nadeln dran, der restliche Stamm ist kahl. Wenn man sich genau darunter stellt, hat man ein endloses Gefühl, alles dreht sich. Weiter weg sehen wir noch einzelne solcher hohen Bäume aus dem Wald herausragen. Früher hat es davon sicherlich mehr gegeben, danach wurden sie als Bauholz sehr begehrt.
Schräg hinter uns hören wir lautes Hämmern und Klopfen. Wir drehen uns um und sehen an einem schmalen Felsvorsprung über einer steilen Wand mehrere Arbeiter mit Meißeln und Vorschlaghammern. Die Männer klemmen dort oben wie Schwalbennester an der

Wand und brechen den Fels heraus, damit die Straße gebaut werden kann. Tritt einer daneben, fällt er den Abgrund hinunter. Wir beobachten sie noch eine Weile. Als sie dann endlich einen Felsen herausgebrochen haben, lassen sie ihn ins Tal hinunterfallen. Entsetzt schauen wir hinterher, wie der Brocken ins Tal hinunterrumpelt. Unter uns geht doch der andere Weg lang? Da unten laufen Wanderer, Einheimische, Muli-Karawanen. Weiter denken wir lieber nicht nach. Wir sind nur froh, hier oben lang gegangen zu sein.
Noch ein anstrengender, steiler Anstieg ist zu bewältigen. Mehrfach queren wir die neu entstehende Straße. Dann stehen wir auf einem Hochplateau. Vor uns liegt Timang. Der kleine Flecken besteht nur aus zwei Lodges und fünf weiteren Häusern. Wir ziehen auf der rechten Seite in das „Royal Garden Hotel" ein. Im Vergleich zu den anderen Häusern ringsherum ist unser Hotel ein imposanter, zweistöckiger Bau, der einen frisch renovierten Eindruck macht. Als erstes stellen wir im Zimmer wieder die Betten zusammen. Beim Probeliegen haben wir aus unserem Bett einen schon fast sentimentalen Blick auf die schneebedeckten Berge draußen. Diese Ansichten sind es, die beeindrucken. Völlig befreit und entspannt gönnen wir uns ein paar Minuten aus dem Bett heraus das friedliche Bild. Jetzt ist auch der letzte Gedanke an den Alltag und seine Hektik zu Hause weit hinter uns. Hier ist Ruhe und Frieden und Freude und Wandern. Hier ist alles wunderschön, wenn man es will.
Ein kleiner Hund hat sich zu uns gesellt. Er spielt mit Mario, beißt ihn in die Schuhe. Als der Kleine dann auch noch mit in die Dusche will, wird er mit einem großen Schwapp kaltem Wasser wirkungsvoll verscheucht.
Die Soldaten aus dem Restaurant in Bagarchap ziehen durch Timang in Richtung Garnison in Chame. Sie haben keine Maoisten gefangen. Der Offizier erkennt mich wieder. Mir ist es, als ob er mich wegen meiner Reaktion heute Mittag auslacht. Dann erklärt er Prem ganz ausführlich, dass die Soldaten keine Gefahr für uns sind. Ich weiß nicht warum, aber mein Gefühl sagt mir da etwas anderes. Die Soldaten ziehen weiter, wir bleiben die einzigen Gäste in der Lodge.
Zum Sonnenuntergang baue ich auf der talseitigen Terrasse mein Stativ auf und warte auf das Abendrot am Manaslu. Die Menschen hier haben vermutlich lange niemandem mit einem großen Stativ und einem Fotoapparat mit Teleobjektiv gesehen. Alle kommen sie und schauen neugierig. Zum Glück ist ihr Respekt groß genug, dass sie Abstand halten. Das Stativ ist sehr leicht, damit man es überhaupt durch die Berge tragen kann. Als Folge dieses Kompromisses es ist auch dementsprechend instabil. Endlich färbt sich der Manaslu in allen Nuancen eines Alpenglühens. Jede Farbe möchte ich einzeln fotografieren. Mal das ganze Massiv in breiter Front, mal mit dem Teleobjektiv nur Details eines Gipfels. Viele Minuten lang zieht uns dieser rot glühende Felsen in seinen Bann. Schweigend bleiben wir stehen, beeindruckt von dem seltenen Farbenspiel, von der Kälte und der Wärme dieses Lichtes. Erst nachdem auch der letzte fahle, blassrote Schimmer an den verschneiten Spitzen vergangen ist, gehen wir wieder in die Lodge hinein.
Zum ersten Mal wird es nach dem Sonnenuntergang sofort bitterkalt. Auch Daunenjacken

und die Fleece-Leggings unter den Berghosen helfen kaum noch. Wir frieren jämmerlich. Vor dem Abendbrot machen wir deshalb noch einen kleinen Streifzug durch den Ort. Hoffentlich werden durch das Laufen wenigstens die Füße wieder warm. Die Leute schauen uns an wie Ausstellungsstücke. Hier oben geht vermutlich nicht so oft jemand abends noch spazieren. Fast alle Häuser des Ortes sind schon sehr alt und machen einen baufälligen Eindruck. Nur ein neu gebautes, noch nicht bezogenes Holzhaus leuchtet mit seinem hellen Holz in der Dunkelheit. Während wir frieren und uns gern an einen warmen Ofen setzen würden, hat sich eine nepalesische Familie vor ihrem Haus am offenen Feuer versammelt. Das sieht nicht aus wie Lagerfeuerromantik, eher wir Normalität.

Wieder in unserer Lodge zurück frieren wir den ganzen Abend im ungeheizten Aufenthaltsraum weiter. Ständig geht die Tür auf. Mal kommt ein Hund rein, mal muss der Koch raus. Dann will der Hund wieder raus und der Koch muss wieder rein. Immer bleibt die Tür offen stehen, immer zieht es kalt rein. Jedes Mal steht einer von uns auf und macht die Tür richtig zu. Langsam rege ich mich auf. Mir ist kalt und niemand kümmert sich darum, dass es wenigstens nicht noch kälter wird. Mühsam rede ich mir selbst gut zu, dass die Menschen ihre Lebensgewohnheiten nicht für mich ändern werden. Ich muss es hinnehmen, auch wenn mir dabei unsäglich kalt ist.

Zum Abendbrot bestelle ich mir eine Pizza Margherita. Da kann man nicht viel falsch machen, denke ich. Was dann kommt, hat mit einer Pizza sehr wenig zu tun. Am ehesten lässt es sich wohl mit einem zwei Zentimeter hohen Gemüsekuchen vergleichen. Untendrunter ist ein süßes tibetisches Brot, also eine Art breitgedrückter, süßer Pfannkuchen. Darauf liegt verschiedenes gedünstetes Gemüse, das süßlich nach Fenchel und etwas Unbekanntem schmeckt. Obendrauf gibt es Ketchup und geriebenen Käse. Diese Kombination ist einfach ungenießbar. Ich quäle mir eine halbe Pizza rein, dann muss Mario den Rest essen.

Die ganze Nacht schlafe ich nicht gut, weil die Pizza in meinem Magen unangenehm rumort und aufstößt. Am Morgen meint Mario zu meinem Magenproblem: „Eine halbe Pizza ist nicht rund und eckt immer an, du hättest die ganze essen sollen." Der einzige, der richtig lachen kann, ist Prem. Und zwar über Marios tolle Ideen.

07.11.2005, Montag Timang – Chame (2.670m)

Heute wird bis um acht ausgeschlafen. Die Sonne scheint schon auf den Frühstückstisch und will sich für die kalte Nacht entschuldigen. Heute gehen wir nur bis Chame. Bis dahin sind es bei unserem Schritt keine vier Stunden, nach der schlechten Nacht freue ich mich auf die kurze Etappe.

Große Teile des Weges führen schon auf der neuen Straße entlang. Solange sie sich landschaftlich akzeptabel einfügt, ist auf der Straße ein schnelleres und angenehmes Laufen. Zwischen den fertig gestellten Straßenabschnitten geht es immer wieder steil hinunter und wieder herauf. Heute ist irgendwie nicht mein Tag. Ich schleiche vor mich hin, der Rucksack drückt und erscheint mir besonders schwer. Bei jeder noch so kleinen Anstrengung wird mir heiß und schwindelig. Werde ich krank? Das kann doch nicht von der komischen Pizza und der halbdurchwachten Nacht sein.

Am besten geht es mir, wenn sich der Weg zwischen den Feldern auf den Hochebenen hindurchschlängelt. Die Felder sind vom Weg durch knapp mannshohe Mauern getrennt. Solche Mauern sind nötig, weil die Mulis sonst immer wieder vom Weg abbiegen und das Gemüse und die Hirse auf den Feldern fressen würden. Jetzt sind die Felder fast alle abgeerntet. Auch Reis gibt es hier oben keinen mehr, dem wäre es zu kalt Wie uns letzte Nacht. An schattigen Stellen sieht man noch den Raureif, der sich in der Nacht gebildet hat. Der Boden ist teilweise gefroren. Meine dünne Fleecejacke bleibt den ganzen Tag an, im Schatten wird es nicht mehr warm.

Die Felder sind sehr steinig, niemand liest die Steine ab. Es würde auch nicht viel Ackerboden übrig bleiben, nur ein großer Steinhaufen. Wieder beobachten wir die Menschen bei der Feldarbeit. Da zieht eine Kuh einen Holz-Pflug. Nach Prems Meinung ist auch dieser Bauer reich, weil der Pflug eine Metallspitze hat. Ob bei uns noch jemand mit einem hölzernen Pflug pflügen könnte? Hier ist es keine Museumsführung, hier ist es Alltagsarbeit.

Als wir wieder von einer Anhöhe in eine Hochebene schauen, trauen wir unseren Augen kaum. Über eine Stunde weit von jedem Ort entfernt wird dort auf einem ebenen, abgeernteten Feld Fußball gespielt. Das Spiel macht einen richtig professionellen Eindruck. Die Steine sind vom Feld abgelesen, zwei Tore sind aufgestellt, ein richtiger Fußball rollt, die Spieler haben einheitliche Dresse an. „Nepalesische Distriktmeisterschaften?“, fragt Mario schelmisch und erntet Prems Lächeln.

Bei einer kurzen Rast gesellt sich ein Schweitzer Einzelgänger zu uns. Der Mann ist sichtlich froh, endlich jemanden gefunden zu haben. Leider redet er fast ununterbrochen und über Dinge, die uns alle nicht interessieren. Er geht uns sozusagen auf die Nerven. Wir machen noch eine zusätzliche Pause, um ihn wieder los zu werden. Auch nach der Pause wird mir bei jeder kleinen Steigung schwindlig, nur mit Mühe halte ich das Tempo der Männer mit.

Hinter einem kleinen Bergsattel bleibt Prem stehen und hält sich mit dem Zeigefinger den Mund zu. Wir sollen ganz leise sein. Drüben in den Bäumen springen Weißkopf-Affen herum. Sie spielen unbeschwert und haben uns noch nicht entdeckt. Zum ersten Mal ist mir der Zoom an meinem kleinen Teleobjektiv zu kurz. Hier würde nur das ganz große Objektiv helfen, das wegen seines Übergewichts in Pokhara in der Reisetasche bleiben musste. Schade. Wir schauen den Affen noch eine Weile zu. Näher heran kommen wir leider nicht, weil durch den Urwald und die großen Gesteinsbrocken unter den Bäumen kein möglich Annähern ist. Der Weg biegt ab, wir auch.

In Koto ist der erste Kontrollpunkt des ACAP. Wir müssen unsere Permit vorzeigen und bekommen aufwendig einen Stempel und diverse Eintragungen. Kurz vor Chame hat man wieder einen wunderbaren Blick auf die Annapurna II. Doch noch bevor wir den Anblick richtig genießen können, kommen wir in eine Polizeikontrolle. Auf einem eigentlich für die Lastenträger gedachten Abstelltisch haben die Polizisten zwei verschiedene Bücher ausgelegt, in die wir uns nacheinander eintragen müssen. Dazu verlangen sie von uns, dass wir noch einmal unsere Permit vorzeigen, obwohl die doch gerade kontrolliert wurde. An dieser Stelle ist das Tal recht eng, der Fluss fließt gleich hinter der Kontrollstelle. Deshalb ist es windig und kühl und unangenehm. Die Polizisten sind barsch und unfreundlich. Das alles zusammen bereitet mir ein ungutes, unsicheres Gefühl. Ich will hier schnell weg.

Wir gehen erst einmal durch Chame. Chame ist Hauptstadt des Distriktes Manang. Der Verwaltungsbezirk mit den staatlichen Institutionen, Schulen und einer Kaserne liegt links etwas abseits und es ist nicht gewünscht, dass dort Touristen hineingehen. Die zweistöckigen Häuser im Ort stehen in Zeilen aneinander. Der Weg vor den Häusern ist gepflastert, die Häuser selbst sehen schon alt aus. Unbewohnt sind sie nicht, denn es stehen Blumenkästen auf den Balkonen und Wäsche hängt zum Trocknen unter den Vordächern. An einem Haus steht "Hotel" angeschrieben. Übernachten möchte ich darin nicht, zum Glück gibt es modernere Lodges am Ortsrand. Noch einmal geht es über eine große Hängebrücke, dann biegen wir nach rechts zum „New Tibetan Hotel" ab. Die Lodge liegt direkt am Fluss, drei Minuten weiter auf dem Weg hinter dem Hotel ist eine heiße Quelle. Diesmal sprudelt die Quelle direkt am Wasser. Viele einheimische Frauen nutzen das warme Wasser, um sich zu waschen. Sie ziehen sich zu unserer Verwunderung nicht aus sonder behalten ihr weites, langes Kleid an und waschen sich nur darunter. Wir wollen sie nicht beleidigen, indem wir uns ausziehen und im warmen Wasser richtig baden. Die Dusche in der Lodge ist auch warm, also duschen wir lieber. Vorher gibt es Mittagessen. Mario bekommt eine Riesenportion gebratenen Reis, meine Portion gebratene Nudeln ist auch nicht kleiner. Ohne, dass ich mich anstrengen muss, esse ich den ganzen Teller leer. Jetzt bin ich satt. Minuten später geht es mir schon besser.

Am Nachmittag machen wir einen Bummel durch den Ort. Es gibt sogar eine Bank. Nur würde ich in diesem Gebäude nie eine Bank vermuten. Es ist ein alten Wohnhaus, unten ein Mauerwerk und oben ein Bretterverschlag mit einem überdachten Balkon, wie fast alle Häuser hier. Die Bank wird strengstens bewacht. Die beiden Polizisten haben sowohl eine Pistole als auch ein großes Ghorka-Messer[1] am Gürtel.

In mehreren Läden gibt es bunte, selbst gestrickte Wollsocken zu kaufen. Die haben es Mario angetan, denn noch einmal will er nicht so frieren am Abend. Rot-blau-gelb-orange geringelte Socken werden die Füße meines Mannes an den nun folgenden Abenden wärmen. Hier stört das zum Glück niemanden. Außerdem gibt es ganz preiswerte Fleece-

---

[1] geschmiedetes Stichmesser der berühmten, siegreichen Ghorka-Soldaten

Unterhosen. Ich habe meine Fleece-Leggings eingepackt, Mario nicht. Wir werden Mario neue Fleece-Leggings kaufen, dann friert er bestimmt nicht mehr. Leider orientieren sich die Schnitte an den Größen der hiesigen Männer. Nepalesen sind sowieso schon recht klein. Dazu haben sie alle sehr kurze Beine. Den meisten Nepalesen sind die europäischen Hosen viel zu lang. Demzufolge sind die Fleece-Hosen meinem deutschen Mann viel zu kurz. Schade, er wird ohne Fleece-Leggings die Trekking-Tour überleben müssen.
Im Garten unseres Hotels sitzen zwei Männer mit übergroßen Rucksäcken in der Sonne. Wir gesellen uns dazu. Die beiden sprechen ein sehr gutes Englisch. Ihr Wortschatz ist so umfangreich, dass ich nur sehr wenig verstehe. Der Akzent in der Aussprache klingt auffällig deutsch. „Germans?" frage ich. Nein, Polen. Wir wohnen in der Nähe der Grenze zu Polen. Erst jetzt fällt mir auf, dass die Polen im Gegensatz zu vielen anderen Slawen das R und L nicht so rollen. Daher kommt die deutsch klingende Aussprache.
Vom Garten aus haben wir endlich Muße, die Berge auf der anderen Talseite ausgiebig zu betrachten. Uns direkt gegenüber steht der Lamjung Himal. Wir können zusehen, wie sich eine große Schneewolke über dem Gipfel bildet und dann langsam darüber hinweg zieht. Uns fröstelt, obwohl wir in der Sonne sitzen. Hoffentlich kommt die Wolke nicht bis in unser Tal.
Auch diese Lodge ist noch relativ neu. Besonderer Luxus ist eine richtige Sitz-Toilette. Das Papier wird hier wie überall nach dem Gebrauch in einem Eimer neben der Toilette gesammelt. Im zweiten Eimer gibt es Wasser, mit dem man danach das Toilettenbecken spült. Wassertoiletten kennt man noch nicht. So ist der Zustand der Toilette immer ein untrügliches Maß der Sauberkeit im ganzen Haus.
Ab jetzt bekommen wir jeden Abend ein Candle-Light-Dinner. Kein Sonderservice von Prem für uns, der auch das organisieren würde, wenn wir es wollten. Bis hinter Manang gibt es keinen Strom, weil die Stromleitung kaputtgegangen ist. Der Winter steht vor der Tür, man wird die Leitung erst im Frühjahr reparieren. Nach dem riesigen Nudelteller heute Mittag esse ich jetzt nur eine Knoblauchsuppe. Mario äugt nach dem Yak-Steak auf der Speisekarte. Prem bremst, Yak-Steak sollen wir in Braga essen, da schmeckt es am besten. Die zwei Polen, ausgerüstet mit ihren Zweiundzwanzig-Kilo-Rucksäcken und allem, was man zum Überleben brauchen könnte, haben schon die halbe Welt bereist und unterhalten jetzt die ganze Lodge. Dazu ein Kanadier, der völlig fertig ist, zwei ältere Franzosen, eine junge, blonde Australierin und eine bunte Gruppe Einzelgänger, die sich zusammengetan haben. Die Australierin hat sich vier Monate frei genommen, um durch Asien zu reisen. Der Kanadier macht sogar ein ganzes Jahr Ferien. Die beiden Polen werden sich nicht einig, wer zuerst an der Australierin baggern darf.
Wir haben uns extra warm angezogen, um nicht wieder so fürchterlich zu frieren. Kommt da nicht tatsächlich jemand aus der Küche und heizt den kleinen Ofen im Aufenthaltsraum an. Schnell wird es mollig warm. Die Stimmung ist angenehm ausgelassen, es wird erzählt und übersetzt und gelacht.
Vor dem Haus tobt der tosende Fluss so laut, dass bei uns wohl keiner an dieser Stelle ein

Hotel bauen würde. Hier stört das niemanden. Auch uns nicht, wir schlafen trotz Flussrauschen warm und zufrieden ein.
Nachts muss Mario wie immer austreten. Bei dem vielen Tee, den wir jeden Abend trinken, ist das auch kein Wunder. Weil wir das Außenzimmer haben, müsste er bis zur Toilette auf dem Balkon am ganzen Haus entlang, die Treppe runter und über den Hof. Das ist weit und macht Krach. Dazu ist es draußen einfach nur kalt. Mario bleibt auf dem Balkon stehen, entscheidet sich für die andere Seite und hofft, dass bis morgen früh unten alles trocken ist.
Der Tag heute war anstrengend, sehr anstrengend, obwohl wir nur dreieinhalb Stunden gelaufen sind. Wir sind schon den fünften Tag ununterbrochen auf den Beinen. Der schwere Rucksack, der steinige Weg, das unbequeme Schlafen im Schlafsack, das sehr gewöhnungsbedürftige Essen, die andere Sprache. Alles ist anstrengend. Noch nie waren wir länger als drei Tage hintereinander in den Bergen unterwegs. Es ist längst Zeit für eine Pause für mich.

08.11.2005, Dienstag Chame – Lower Pisang (3.200m)

Heute stehen wir wieder dreiviertel sieben auf. Der erste Teil des Weges liegt im Schatten. Die Luft ist noch kalt. Endlich kann ich meine neue Windstopper-Jacke anziehen. Mein Husten ist weg. Dafür habe ich seit heute Morgen ärgerliche Schmerzen an der rechten Ferse. Es wird wohl die Achillessehne sein, die ich nicht richtig gedehnt habe. Hoffentlich ist das keine Sehnenscheidenentzündung sondern nur eine Reizung. Ich klemme den Fuß an die Wand, dehne ausgiebig den Wadenmuskel und nehme sicherheitshalber eine entzündungshemmende Tablette mit Diclofenac.
Nach einer Woche Trekking habe ich genug von der Lauferei. Wenn der Schmerz nicht aufhört, drehe ich morgen wieder um. Ich habe mich unendlich auf diese Tour gefreut. Es soll die Trekking-Tour unseres Lebens werden. Doch jetzt ist es nur noch eine Qual. Die vielen ungewohnten Dinge und die genauso wenig gewohnte Belastung machen mir deutlich mehr zu schaffen, als ich es mir vorstellen konnte. Kalte Duschen, abends frieren, nicht schmeckendes Essen, ein viel zu schwerer, drückender Rucksack, Schmerzen am Fuß. Jeden Tag kommt ein neues Problem dazu. Es reicht! Ich will das nicht ertragen müssen, wenn das nicht aufhört drehe ich um. Punkt.
Beim Losgehen überlege ich mir das mit dem Zurücklaufen doch noch einmal. Wenn ich allein zurückgehe, muss ich drei Wochen in Kathmandu auf Mario und das Flugzeug warten. Drei Wochen allein in diesem dreckigen Kathmandu. Nein, das will ich auch nicht. Also laufe ich doch lieber weiter. Zur Selbstbestätigung will ich die schönen Mo-

mente zählen, die ich schon erlebt habe. Ich werde nicht fertig, weil sich Chame eindrucksvoll verabschiedet.
Aus dem Ort geht es auf Stufen bergan, ähnlich wie bei uns auf einen Kalvarienberg. Der neue Chorten über den Stufen ist übergroß und erinnert eher an eine Gompa als an einen Torbogen. Er ist besonders auffällig weiß angemalt und mit gold-gelb-rot verziert. Der Chorten ist das einzige Gebäude im Ort, an dem die Distrikthauptstadt Reichtum zeigt.
Den grünen Dschungel haben wir seit dem Ortsausgang von Chame hinter uns gelassen. Die Landschaft ist trockener, rauer und kälter geworden und wird sich heute im Laufe des Tages noch mehrfach ändern. Die ersten Kilometern begleitet uns ein Wald aus Kiefern, später kommen erste Lebensbäume und Tannen dazu. Nach einer Stunde steigt die Sonne über den Berg. Es wird sofort so warm, dass ich die Windstopperjacke nicht mehr brauche. Weil ich so lieb weiterlaufe, gibt auch meine Achillessehne Ruhe und tut gar nicht mehr weh. Auf der neuen Straße, die man sich wirklich nur wie eine Schotterpiste vorstellen darf, geht es bis kurz vor Bhratang zügig voran. Leider sieht man der Straße an, dass es wohl schwierig werden wird, sie je wirklich fertig zu stellen. Die Teile der Straße, die bereits länger fertig sind, hat das Schmelzwasser im letzten Frühjahr schon wieder verschüttet. Neuere Teile sehen so aus, als ob ihnen das gleiche Schicksal droht. Wir weichen auf den alten Weg aus. Gern hätten wir diesen, für uns sinnlosen, die Landschaft zerstörenden Straßenbau verhindert.
Bhratang, der nächste Ort am Weg, ist umgeben von hohen Felswänden und abgeernteten Apfelplantagen davor. Das Gestein der Felsen ist dunkel und fest und lädt richtiggehend zum Klettern ein. Hier einen Tag Pause machen und klettern gehen, das wäre eine gute Idee. Noch gibt es keine Öse in der Wand und keine Kletterausrüstung zur Ausleihe. Mario beschließt, hier ein Kletterbüro zu eröffnen, wenn die Straße einmal fertig ein sollte. Vorerst bekommt Prem eine Einweisung, welche Felsen zum Klettern geeignet sind.
Wir kaufen uns ein paar von diesen kleinen, sehr fruchtigen und süßen Äpfeln, machen eine kurze Pause in der Sonne und wandern dann weiter.
Hinter Bhratang gesellt sich eine Kuh zu uns. Mal läuft sie vor uns, mal ein paar Schritte dahinter. An der Hängebrücke ein ganzes Stück vor Dhukure Pokhari wird sie wohl umdrehen, denke ich mir. Die Kuh erreicht die Brücke, läuft zielstrebig darüber und dahinter den Berg hinauf. Was will eine Kuh allein unterwegs? Sie kennt ihren Weg, vielleicht ist sie in Pisang zum Vesper eingeladen? Ich gehe deutlich langsamer über die Brücke, ich bin ja auch keine Kuh.
Hinter der Brücke machen wir eine längere Pause. Der Rucksack drückt mich auf den Schultern und am Rücken. Lange halte ich das nicht mehr aus. In Chame habe ich mir schon mal die Preise für einen Träger angesehen. Wenn der Rucksack morgen immer noch so wehtut, werde ich mir einen Träger leisten. Vielleicht?! Jetzt setze ich ihn erst einmal an einer dieser Bänke für die Träger ab. Prem und Mario zanken sich, wer mir beim Absetzen helfen darf. Überhaupt scheint Mario, der sowieso schon ein hilfreicher Mensch ist, von Prems Freundlichkeit und Aufmerksamkeit mir gegenüber noch angesta-

chelt zu werden. So viel Rücksicht und Besorgnis um mich, es sollte mir richtig gut gehen. Hier am Berg unter den Kiefern machen viele Wanderer Rast. Es sind Bänke aufgestellt, Tee und Gebäck werden verkauft, auch Souvenirs. Der Blick hinunter auf den Fluss und die Brücke mit den schneebedeckten Bergen im Hintergrund ist erholsam. Eine beeindruckende Felswand hat sich neben uns aufgebaut. Der dunkelgraue Felsen ist gut vierhundert Meter hoch und einen Kilometer lang, schräg liegend und ganz glatt geschliffen. Oben liegt noch Schnee auf dem Felsen. Nach unten liegt der Schnee nur noch in Streifen, wie Eiszapfen. Am Felsen sind die Wasserrinnen zu erkennen. Sie entstehen, wenn die Sonne den Schnee taut. Lange prägt diese Felswand die Landschaft im Rückblick.

Dann geht es wieder los und unter Kiefern stetig bergauf. Endlich laufen wir auf einem richtigen weichen Waldboden mit Humus und Nadeln. Das ist angenehm. Trotzdem strengt es mich unglaublich an, meinen Rucksack den Berg hinaufzuschleppen. Mühsam setze ich einen Schritt vor den anderen. Als ob das nicht reichen würde, mich zu piesacken, reiben die Griffe meiner Trekking-Stöcke in meinen Händen. In der Sonne werden die Hände warm und feucht. Dazu weht der Wind ständig einen feinen Staub heran. Der Gummi in meinen Griffen wird klebrig, verbindet sich mit dem Staub und wirkt an meinen Händen wie Schmirgelpapier. Ich habe mir extra teure Stöcke gekauft, aber wahrscheinlich nicht teuer genug.

Nach einer knappen Stunde blendet uns die schneebedeckte Annapurna II. Wir stehen unvermittelt am Rand einer Hochebene aus braunem, steinigen Torfboden, dunklen Tümpeln und verstreuten kleinen Kiefern. Die Landschaft erinnert am ehesten an Norwegen. Die Annapurna-Trekking-Karte zeichnet den Weg hier vermutlich nicht ganz richtig. Bhratang kommt meiner Meinung nach viel eher, auch die Brücke. Von der Brücke bis hier her, nach Dhukure Pokhari, sind wir eine Stunde gelaufen. Auf der Karte liegt die Brücke direkt vor dem Ort.

Gleich links am Beginn von Dhukure Pokhari begrüßt uns das neu errichtete Restaurant „Annapurna View" mit seinem sonnendurchfluteten Vorplatz. Halb zwölf, Mittagspause! Ich will nicht mehr. Keinen Meter weiter werde ich diesen schweren Rucksack schleppen. Mario nimmt ihn mir ab. Ohne dass ich auch nur ein Wort sage, sieht er, was los ist. Während ich mich auf eine Bank fallen lasse, packt er meinen großen, schweren Schlafsack aus und auf seinen Rucksack noch obenauf. Im Moment bin ich selbst für ein schlechtes Gewissen zu erschöpft.

Während ich fast einschlafe, kommt Mario vom Austreten zurück. Das müsste ich mir mal ansehen, grinst er. Die Toilette hier am Restaurant ist wirklich ein Erlebnis für sich, wenn auch kein appetitliches. Das schmale Häuschen aus hellem Holz sieht recht freundlich aus. Öffnet man die Tür, steht man vor einem etwa vierzig Zentimeter tiefem Loch, mit einem Spaten aus dem Erdboden gestochen. Wenn das Loch mit Exkrementen gefüllt ist, wird an der nächsten Stelle ein neues Loch gestochen und das Häuschen nur versetzt. Ganz vorsichtig laufe ich zur Veranda zurück. Man weiß ja nicht, wie gut die vorherigen Löcher abgedeckt wurden.

Wir machen lange Pause, essen Makkaroni und beobachten die vielen anderen Gäste. Der Platz ist groß genug, es wird nicht eng und niemand muss den anderen stören. Überhaupt ist viel Betrieb auf dem Wanderweg. Wir treffen fast alle Trekker der letzten Tage wieder. Ohne die Last des Rucksacks gehe ich auf Fotopirsch. Ich beobachte die Chefin in ihrer Küche. Eigentlich ist die Küche nur eine winzige Bretterbude. Schränke gibt es keine. An den Wänden sind Regale befestigt, auf denen das Geschirr und die Töpfe offen stehen. Trotzdem ist alles blitzblank und sauber. Töpfe, Tassen, Teller, Kannen, Becher – jedes Teil ist aus Edelstahl. Die Sonne scheint durch das kleine Fenster und lässt das Geschirr silbern glänzen. In der Mitte des Raumes steht ein traditionell gebauter, niedriger Lehmofen, hier aber mit Abzugsrohr. Die junge Frau schmunzelt mir freundlich zu, ich darf fotografieren. In der Tür erwische ich den kleinen Sohn beim Kartoffelessen, roh und ungeschält. Er lächelt verlegen und verschmitzt. Klick, wieder habe ich ein rührendes Kinderlächeln mit dem Foto eingefangen. Auf dem Weg kommt eine freundlich lächelnde Nepalesin vorbei. Sie geht bergab und hat wohl deshalb besonders gute Laune. Auch sie trägt die beliebten lila Badelatschen, auf dieser Höhe immerhin mit Socken. Ihre Last hat sie in einen Kopfkissenbezug gestopft und diesen so geschickt gebunden, dass ein Band entsteht und sie das Bündel wie die anderen Träger über der Stirn tragen kann. Hier sind heute alle gut gelaunt, das steckt auch mich an.
Prem hat sich einen langen, dicken Ast geholt und schnitzt einen klobigen Wanderstock. „Aber Prem, Du kannst doch einen Wanderstock von uns bekommen. Die sind viel leichter und bequemer zu tragen." Nein, Prem will nicht. Stattdessen fragt er uns, ob wir ein Eispickel mit haben. Was soll das? Wozu brauchen wir ein Eispickel? Wir haben weder Eispickel noch Steigeisen mitgenommen. „Du hast nicht gesagt, dass wir ein Eispickel brauchen." „Brauchen wir auch nicht." Na das soll einer verstehen?
Das Restaurant hat eine eigene kleine Bäckerei, Mario kauft beim Losgehen eine Schokoladenrolle als Proviant. Mein Rucksack erscheint mir schon beim Aufsetzen viel leichter. Danke Mario. Der Weiterweg auf dem flachen, torfigen Boden ist angenehm. Im Schatten liegen die ersten Schneefelder.
Vor drei Wochen hat es hier im Annapurna Gebiet ungewöhnlich zeitig und vor allem ungewöhnlich viel geschneit. Normalerweise gibt es unterhalb von dreitausend Höhenmetern gar keinen Schnee. Diesmal kam der Schnee bis auf zweitausendfünfhundert Meter hinunter. Sogar einige Yaks sollen erfroren sein. Der Pass Thorong La, über den wir auch wollen, war wegen der Schneemassen tagelang unpassierbar. Wie war das mit meinem Traum vom unpassierbaren, verschneiten Pass? Wann hatte ich diesen Traum? Sollte der Traum sich bewahrheiten? Mir ist es schon mehrfach passiert, dass ich im Traum Erlebnisse hatte, die wenige Tage später in der Realität wirklich passierten. Seitdem verharre ich nach manchem bösen Traum in ängstlichem Schweigen, damit er sich nicht bewahrheitet. Wieso kann ich im Traum Ereignisse voraussehen, die am anderen Ende der Welt geschehen? Manchmal wird mir vor mir selbst unheimlich. Bis jetzt hat der Schnee für uns nur wunderschöne Bilder gezaubert. Er ist ein herrlicher Kontrast zu Grün und

Grau. Nur dort, wo er auf dem Weg liegen geblieben ist, verursacht er rutschigen Matsch. Wir werden aufpassen müssen. Zuerst aber genießen wir den breiten, trockenen Weg in der Sonne.

An einem umgefallenen, alten, knorrigen Baumstamm bleibt Mario überrascht stehen. Das muss ein riesiger Baum gewesen sein, größer als die Bäume, die jetzt noch stehen. Prem und Mario positionieren sich und ich darf fotografieren. Weiter hinten hat jemand auf einem kleinen Schneefeld einen Schneemann gebaut. Der hat zwar nur zwei Kugeln, dafür Arme aus Zweigen. Prem staunt. Er hat wohl noch nie einen Schneemann gesehen. Jetzt darf ich mit Prem auf das Schneemann-Foto.

Unten am Fluss führt eine Holzbrücke auf die andere Talseite. Sie beeindruckt durch ihre Bauweise. Prem erklärt uns, dass vor den Hängebrücken fast alle Brücken so aus Holz gebaut wurden. Aus den gemauerten Brückenköpfen ragen in mehreren Schichten dicke Holzbalken heraus. Die Balken jeder höheren Schickt sind etwas länger als die darunter liegenden. Einzelne Querbalken dienen der Stabilisierung. Über diese verlängerten Brückenköpfe werden die eigentlichen Brückenbretter gelegt. Die Brücken bekommen auf beiden Seiten ein Geländer in Form eines Handlaufes. Ich freue mich über den seitlichen Schutz. Doch der ist eigentlich nicht für uns Menschen gedacht, sondern für die Mulis, damit sie nicht vom Weg abkommen. Die Brückenbretter werden jedes Jahr vor der Schneeschmelze und vor dem Monsunregen abgenommen. So können sie durch das regelmäßig wiederkehrende Hochwasser nicht beschädigt werden. Diese Brücken sind aufwendige Konstruktionen. Leider können wir die Brücke vorerst nicht besser würdigen, denn unser Weg führt geradeaus weiter und nicht darüber.

Wir freuen uns, als wir kurz vor Lower Pisang an einem kleinen Tümpel unser erstes Yak entdecken. Diese zotteligen, zutraulichen und eigentlich ungefährlichen Tiere sind vor allem wegen ihrer großen Köpfe imposant. Sicher werden wir in den nächsten Tagen noch viel mehr Yaks sehen. Eine Ziegenherde kommt uns entgegen, weiße, schwarze und gefleckte Ziegen. Die Ziegen sehen lustig aus, sie haben auffällig lange und gedrehte Hörner. Bevor sie uns damit stoßen, gehen wir beiseite.

An den ersten Häusern von Lower Pisang, wo der Weg durch den Ort wieder etwas enger wird, macht sich eine Muli-Karawane breit. Die Tiere sind mit dicken weißen Säcken beladen. In Nepal liegen die Säcke aber nicht oben auf dem Rücken sondern sind seitlich links und rechts an den Tieren festgebunden. Die sowieso schon gedrungenen Tiere werden durch ihre Last noch breiter. Prem ermahnt uns wiederholt, den Mulis weiträumig aus dem Weg zu gehen. Mulis haben keine Angst vor Menschen. Sie fühlen sich stärker und das sogar berechtigt. Sie sind es ja auch. Wenn wir ihnen im Weg stehen, werden sie uns einfach wegschieben und umstoßen. Das droht weniger mit dem Körper als mit der überbreiten Ladung. Beim Loslaufen halten sich die Tiere außerdem nicht gerade auf dem Weg und gehen auch nicht ordentlich hintereinander. Es ist ein einziges Gedrängel und Geschubse. Dabei sind die Mulis eigentlich sehr schön anzusehen. Ihre Köpfe sind prächtig geschmückt. Sie tragen aufwendig besticktes Zaumzeug, eine bunte Klappe zwischen

den Augen und große, rot-weiße Bommeln an den Seiten. Wir lehnen uns ganz eng an eine Mauer und lassen die Karawane vorüberziehen. Prem stellt seinen Stock schräg nach vorn. Den Stock beachten die Tiere und halten etwas Abstand von uns.
Rechts über Pisang zeigt uns Prem den Chulu Far East. Der Berg ist keine achttausend Meter hoch aber deshalb nicht weniger eindrucksvoll. Ganz oben strahlt der blaue Himmel, darunter stehen kleine schneebedeckte Zacken, ein grauer, felsiger Bergrücken mit braun-trockenem Gras und ein schmaler Streifen grüner Wald, der nur von einem kleinen Wasserfall unterbrochen wird. Unter dem Wald liegen wieder Steine, diesmal etwas heller in beige-grau. Ganz unten kurz vor dem Tal wächst herbstlich braunes Dornengestrüpp und vereinzelt ein kleiner, grüner Baum.
Gleich dahinter muss Upper Pisang liegen. Wir erkennen es erst nach mehrfachem Zeigen und Erklären. Die Häuser von Upper Pisang bestehen aus genau diesem beige-grauen Stein und sind deshalb von der sonstigen Umgebung nicht zu unterscheiden. Nur eine hellblau gestrichene Lodge für die Touristen und das weiß-weinrot angemalte Kloster über dem Ort sind gut zu erkennen. Von Lower Pisang schlängelt sich ein breiter, mit Steinmauern gefasster Weg aus hellem Sand in den oberen Ort.
Dreiviertel drei haben wir Lower Pisang erreicht. Hier gibt es zwei große Lodges. Zuerst das „Hotel Maya", von dem Prem meint, es wäre das berühmteste in Lower Pisang. Weiter hinten eine zweite Lodge, in der eine resolute Irländerin wohl recht streng regiert. Natürlich bekommen wir im „Hotel Maya" wieder eines der schönsten Zimmer. Für die warme Dusche hat man sich hier etwas Intelligentes ausgedacht: Die Eisenrohre mit dem Duschwasser gehen durch den Ofen in der Küche. Das ergibt herrlich warmes Duschwasser. So angenehm frisch geduscht setzen wir uns zum Vesper und teilen die Schokoladenrolle unter uns dreien auf. Die Kuh, die uns heute Morgen begleitet hat, haben wir übrigens nicht wieder gesehen, sie war wohl woanders zum Vesper eingeladen.
Aus unserem großen Zimmerfenster haben wir eine gute Sicht über den ganzen Ort. Auf den ersten Blick ist es ein trostloser Anblick, graue Hauswände aus Stein, trockener Boden ohne eine grüne Pflanze, graubraune Holzzäune und Feuerholzstapel. Im Frühjahr, wenn das Getreide auf den Feldern grünt und an den Rändern Blumen blühen, ist das Bild bestimmt bunter. Geht man durch den Ort, wird er schon viel interessanter. Die Felder sind abgeerntet und sorgfältig gepflügt. Als Mittelpunkt und wichtigste Attraktion hat das Dorf die wohl längste Gebetsmühlen-Mauer. Sie steht mitten im Ort. Ihre weiße Farbe leuchtet und sie ist bestimmt knapp fünfzig Meter lang. Auf dem langen Dach recken kleine weiße Stupas ihre Spitzen nach oben. Mario dreht lange und ich habe viel Zeit für ein Foto und ausreichend Licht für ein tiefenscharfes Bild. Bei genauerem Hinsehen fallen uns die aufwendigen Schnitzereien am oberen Rand der Mauer auf. Es sind immer wieder dieselben Symbole zu erkennen. Wir stutzen, als wir an den Fronten der Mauer jeweils eine Reihe Hakenkreuze sehen. Dieses Zeichen wurde von den Nationalsozialisten missbraucht und deshalb in Deutschland verboten. In vielen anderen Kulturen der Erde aber ist es tief verwurzelt. Hier ist es ein buddhistisches Sonnenrad, Swastika genannt.

Die Häuser haben schon lange keine Wellblechdächer mehr. Sie werden mit Holzschindeln gedeckt und die Schindeln mit Steinen beschwert. Die Häuser selbst sind aus festem Stein gebaut, die Decken aus Holz mit gestampftem Lehm. Außen haben die Häuser kaum Fenster, damit der Wind nicht hinein blasen kann. In Nepal kannten die Menschen vor dem Tourismus keine Fensterscheiben. Bis heute findet man in den privaten Häusern in den Bergen noch immer keine Glasfenster. Traditionell gibt es aufwendig geschnitzte, bunt bemalte Fensterrahmen, in die je nach Temperatur und Wind kleinere Rahmen und zuletzt Bretter zum Verschließen gesteckt werden. Wollen die Menschen Licht im Haus haben, müssen sie auch die Kälte hineinlassen.
Wir stromern ein Stück aus dem Ort heraus. Der Weg führt über eine traditionelle Holzbrücke, wie wir sie heute Mittag gesehen haben. Jetzt können wir uns die aufwendige und sorgfältige Konstruktion aus der Nähe ansehen. Sogar die Säulen für das Geländer wurden geschnitzt. Es ist noch viel Betrieb auf dem Weg. Eine Muli-Karawane zieht durch, schwer beladen bergauf. Ein einheimischer Bauer mit einer übervollen Kiepe und ein Träger einer Trekking-Gruppe kommen über die Brücke, beide nicht weniger überladen. Der Träger hat drei große Reisetaschen zusammengeschnallt bekommen, zwei Taschen längs nebeneinander, eine dritte quer oben darüber. Ganz obenauf liegt ein winziger Rucksack. Das ist wohl das private Gepäck des Trägers. Zu unserem freudigen Erstaunen haben beide richtige Bergschuhe an den Füßen. Immerhin.
In der Lodge ist es inzwischen voll geworden. Ein Guide mit einem Schal um den Kopf fällt uns schon den zweiten Tag auf. Er hat indische Gesichtszüge, einen ganz überheblichen Blick und einen unfreundlichen Ton. Vor allem aber bekommt er niemals die Tür hinter sich zu. Leise flüsternd erklärt uns Prem, dass der Mann ein Brahmane ist. Brahmanen sind die höchste Kaste in Nepal. Sie stellen die Regierung und die meisten Verwaltungsangestellten. Ich erinnere mich an den letzten Angestellten am Flughafen, der unser Visum bestätigt hat. Er war sicher auch ein Brahmane.
Es ist erst halb fünf und schon wird der Ofen im Aufenthaltsraum angeheizt. Das ist prima. Zum Abendbrot bestellen wir Apfel-Pfannkuchen. Wie die wohl aussehen werden? Auf den Tisch kommen zwei Backpulver-Eierkuchen mit eingebackenen Apfelscheiben. Die sind sehr gut gesüßt und als Abendbrot leider nicht die richtige Wahl. Zum Vesper hätten sie besser gepasst. Wir überstehen die Pfannkuchen, denn morgen sind wir ja in Braga. Morgen gibt es Yak-Steak. Bestimmt.
Mario will für unsere große Tochter einen Kettenanhänger kaufen. Unbedingt noch vor dem Pass, denn der Anhänger soll über den Pass gegangen sein. Es gibt schöne Anhänger aus Yak-Horn geschnitzt und genauso schöne aus Stein gehauen. Prem soll uns erklären, welche Art Anhänger wertvoller ist. Wieder einmal haben wir von unserem Prem zu viel verlangt. Er antwortet salomonisch: „Beides auf seine Art." Was soll ich mit dieser Antwort? Wenn ich jetzt und in Zukunft von Prem ordentliche Antworten haben will, dann muss ich ihm jetzt etwas von unserer europäischen Art beibringen. Lieber Prem, wenn ich Dich um eine Entscheidung bitte, dann will ich auch eine Entscheidung als Antwort ha-

ben. Also ein Ja oder ein Nein, das eine oder das andere. Du kannst Deine Entscheidung gern ausführlich begründen und Du kannst auch gern betonen, dass es nur Deine eigene Meinung ist. Bitte gib mir auf meine Fragen nicht wieder solche offenen Antworten. Armer Prem, Du wolltest es doch nur allen recht machen. Nach einer längeren Diskussion schlägt er dann Mario vor, er solle hier einen Anhänger aus Yak-Horn kaufen. Nach dem Pass werden dann die wunderschönen fossilen Versteinerungen aus dem Flussbett gekauft. Wir sind zufrieden.

Unser Wasser ist alle, meinen letzten Rest Cola habe ich auch ausgetrunken. Jetzt müssen wir entscheiden, was wir die nächsten Tage tagsüber trinken wollen. Unterwegs gibt es Wasserstationen mit aufbereitetem Wasser. Außerdem werden überall industriell abgefüllte Mineralwasserflaschen angeboten. Der ACAP empfiehlt, das aufbereitete Wasser zu kaufen. Es ist billiger und es entsteht kein Plastik-Abfall. Ich kann es nicht begründen, aber in das aufbereitete Wasser habe ich kein Vertrauen. Lieber würde ich etwas mehr Geld für die Mineralwasserflaschen ausgeben. Wir sehen uns an und verziehen beim Wort Mineralwasser die Mundwinkel. Wir sind beide keine Wassertrinker, auch zu Hause nicht. Hier in den Bergen trinkt keiner von und gern kaltes Mineralwasser. Also entscheiden wir uns für die teuerste Variante. Wir trinken ab sofort nur noch Tee. Schon an den letzten Tagen haben wir uns morgens eine zweite Kanne Tee bestellt, den Tee gesüßt und in unsere Thermoskasse abgefüllt. Zum ersten Mal wird Prem sehr energisch: „Meinst Du, dass so viel schwarzer Tee gesund ist!?“ Tatsächlich haben wir im Laufe des Abends jeder einen Liter schwarzen Tee getrunken. Also werden wir die nächsten Tage Pfefferminztee, Ingwer-Tee und Heiße Zitrone trinken. Weiter reicht das Angebot an Teesorten nicht, wenn wir den schwarzen Tee weglassen sollen.

Prem hat eine kleine Folientüte mit Fotos mit an den Tisch gebracht. „Das bin ich mit Tim am Tilicho See.“ Ein tiefblauer See ist auf dem Foto zu sehen, Schnee und ein Steinmännchen davor, schneebedeckte steile Berge dahinter und ganz vorn ein strahlender Prem in einer roten Bergjacke. Wind zerzaust ihm die schwarzen Haare. Ob es für uns auch so schön wird, wenn wir den See erreichen? Meine Blicke wechseln zwischen Prem auf dem Bild und Prem im Original. Seine Nähe war mir vom ersten Moment an angenehm. Bei ihm fühle ich mich sicher. Nicht ein einziger Hauch von Zweifel oder Nachfrage kommt mir in seiner Gegenwart auf, gleich gar nicht Bedenken oder gar Argwohn. Prem hat ein sehr schmales Gesicht, wie ich es von Vietnamesen kenne. Bei uns in der Stadt arbeiten viele Vietnamesen. Sie sind immer freundlich und entgegenkommend, sehr fleißig, arbeitsam und um Sauberkeit bemüht. Nicht nur die Gesichtszüge, auch die Charaktereigenschaften treffen auf Prem zu, meine positive Voreingenommenheit hat sich zu unserem Vorteil bestätigt. Ob ich mit einem indisch aussehenden Guide ähnlich gut zurechtkommen würde? Die indischen Züge der aufdringlichen fliegenden Händler auf den Wochenmärkten sind mir eher unangenehm.

Vom zweiten Foto lächelt mich eine Frau herzlich an. Außer einem riesengroßen Rucksack und einer dicken Daunenjacke ist auf dem Bild nicht viel mehr zu erkennen. „Das ist

meine Frau Maina.“, verkündet Prem mit Stolz und Würde. Dann erzählt er uns, dass Maina viele Jahre als Trägerin gearbeitet hat. Wir staunen entsetzt. Die schweren Lasten sind doch nichts für Frauen. Ich leide schon unter meinem wirklich nicht überschweren Rucksack. Prem erzählt uns, dass manche trekkende Frau nicht mit männlichen Trägern gehen will. Drei Schwestern in Pokhara haben die Situation aufgenommen und eine Trekking-Organisation gegründet, die nur Frauen als Guides und Träger einsetzt. Maina hat lange und sehr hart bei diesen drei Schwestern gearbeitet, bevor sie sich ihr eigenes, kleines Massage-Studio eröffnen konnte. Prem spricht mit Hochachtung von seiner Frau. Ich empfinde es ganz ähnlich, obwohl ich sie noch gar nicht kennen gelernt habe.
In der Nacht plagen mich plötzlich kolikartige Bauchschmerzen. Nachts um elf quäle ich mich aus meinem warmen Schlafsack, wühle mich bis zum Medikamentenbeutel durch und nehme zwei Immodium-Tabletten. Bis halb fünf kann ich schlafen, dann muss ich endgültig auf die Toilette und habe kräftigen Durchfall. Dreiviertel sechs stehen die ersten in der Lodge auf, auch ich kann nicht mehr schlafen.

09.11.2005, Mittwoch Lower Pisang – Braga (3.360m) über den oberen Weg (3.700m)

Wieder habe ich eine Nacht schlecht geschlafen. Hoffentlich hänge ich heute nicht wieder so durch. Wir haben einen anstrengenden Weg vor uns, da muss ich fit sein. Nach dem Frühstück, heute mit Pfefferminztee, ist der Durchfall weg. Sollten die Magenprobleme wirklich nur vom schwarzen Tee gewesen sein? Prem erklärt, dass der schwarze Tee den Magen nervös macht, Krämpfe sind die Folge. Dazu der süße, fruchtige Pfannkuchen, der hätte dem Magen noch den Rest gegeben. Deshalb hätte er uns ja davor gewarnt. Nur leider einen halben Tag zu spät. Letztendlich bin ich aber froh, keinen richtigen Durchfall bekommen zu haben.
Wir haben viel zu viel Tee bestellt. Die Thermoskanne ist schon voll, wir haben auch genug getrunken. Um den teuer bezahlten Tee nicht weggeben zu müssen, füllen wir ihn in die Plastik-Trinkflasche, die eigentlich für das aufbereitete Wasser gedacht war. Mit etwas Zirkeln kommt auch der Zucker durch die schmale Öffnung in die Flasche. Schnell noch den Deckel drauf, Schütteln zum Zucker-Auflösen und ab in meinen Rucksack zwischen die Anziehsachen. Dort bleibt der Tee noch lange warm wie in einer Thermosflasche.
Mario hat seit einigen Tagen das Bezahlen der Rechnung übernommen, um ohne meine Hilfe sein Englisch zu trainieren. Heute kommt er mit einem Grinsen zurück. Neunhundert Rupien haben wir für Abendbrot, Übernachtung und Frühstück bezahlt. Da hat sich jemand beim Zusammenrechnen aber ganz gehörig zu unseren Gunsten verrechnet. Das hier ist eine reiche Lodge, wir haben kein schlechtes Gewissen. Marios Englisch hätte so-

wieso nicht so weit gereicht, um zu erklären, dass der Preis nicht stimmt.

Kurz vor acht gehen wir los. Meine Achillessehne tut beim Loslaufen wieder weh. Ich nehme noch eine Tablette und schnüre den Schuh nur bis zum Tiefziehhaken zu. Nach einigen Minuten wird es besser, über den Tag bin ich erfreulicherweise fast schmerzfrei. Auch sonst fühle ich mich deutlich besser als gestern. Hört mein Körper endlich auf, sich gegen die tagelange Bewegung zu wehren? Irgendwann muss doch mal so etwas wie ein Trainingseffekt einsetzen. Vielleicht ist heute irgendwann.

Am Morgen ist noch alles frostig. Die Pfützen und der Matsch sind gefroren, die Sonne steckt noch hinter den Bergen. Wir hätten nicht nur die Windjacken sondern auch Handschuhe anziehen sollen. Mit den Stöcken in der Hand werden die Hände einfach nicht warm. Ich wollte gar keine Stöcke nehmen, weil ich an der rechten Hand schon eine Blase habe. Der Weg wird heute wird lang und steil bergauf gehen. Mit den Stöcken kann ich mich abstützen und den Rucksack über die Armkraft nach oben heben. Ohne meine Stöcke würde der Weg für mich noch beschwerlicher werden. Also ertrage ich lieber die Blasen. Liebevoll sieht mich Mario an, schiebt seine Stöcke auf meine Länge und drückt sie mir in die Hand. Mario hat sich Karbonstöcke mit einem besonderen Schaumstoff als Griff gekauft. Was habe ich damals geschimpft, weil ich die Stöcke für unnötig teuer hielt. Heute bin ich froh - über die Stöcke und über meinen treu sorgenden Mann. Erst jetzt fällt mir richtig auf, dass Mario seit Tagen für mich losrennt, wenn etwas fehlt. Ständig ist er bemüht, mir jede zusätzliche Belastung abzunehmen. Ich bin bestimmt nicht dankbar genug dafür. Entschuldige bitte.

Gleich hinter Lower Pisang ist ein auffälliger, hellgelber Felsabbruch zu erkennen. Eine Schicht aus weichem Sandstein kommt zwischen dem sonst harten, grauen Fels hervor. Der Sand wurde vom Wasser ausgewaschen und bildet schmale, hohe Säulen. Würden festere Steine obenauf liegen bleiben, entstünden Erdpyramiden. Aber auch so sind die kleinen Zuckerhüte ein bewundernswerter Blickfang. Ein weinig später will eine kleine Zirbelkiefer von uns beachtet werden. Sie ist keine zehn Meter hoch, Nadeln sind auch nur noch an den oberen und äußeren Ästen. Ihr Stamm wurde vom Wind imposant um die eigene Achse gedreht. Es ist schon erstaunlich, welche wundersamen Formen der Wind hervorbringen kann. Hinter dem Baum steht eine kleine Mani-Stein-Mauer[1]. Sie würde uns gar nicht weiter auffallen, wenn nicht am Beginn der Mauer ein großer Stein liegen würde, in den besonders aufwendig und detailreich eine Buddha-Figur gehauen wurde. Ein Mann kommt uns mit einem übergroßen Bündel Heu entgegen. Der Haufen ist noch gut einen Meter höher als der Kopf. Am Nachmittag würde der Wind ihn samt Ladung umpusten. Im Moment ist nur erstaunlich, überhaupt einen Mann bei der Feldarbeit zu sehen.

Die erste halbe Stunde geht der Weg flach durch das Tal bis wir rechts einen kleinen See entdecken. Sein Wasser ist grün und ganz klar, die Sonne spiegelt sich auf der Oberfläche.

---

[1] Mani-Steine Gebetssteine, meist sind buddhistische Gebete in die Steine gehauen, manchmal auch Zeichnungen, werden zu Mauern aufgestellt.

Schade, dass wir noch so einen langen Weg heute vor uns haben. Wir würden gern am Ufer des Sees eine Weile sitzen bleiben. Stattdessen geht es in ständigem Zick-Zack steil bergauf. Zuerst im Schatten, dann kommt die Sonne über die Berge. Bald ist Zeit für eine kleine Rast. Unter einem großen Baum am Wegesrand verkauft ein junges Mädchen Tee, Kekse und verschiedenen Schmuck. Wir verstauen die Windjacken im Rucksack und trinken etwas, während Mario den Souvenirstand inspiziert. Ein kleiner Horn-Anhänger mit den Augen Buddhas fällt ihm auf. Für mich sind die Augen Buddhas das eigentliche Symbol für Nepal. Der Anhänger gefällt auch mir sofort. Mario kauft ihn, schon weil das Mädchen so nett und freundlich lächelt, da kann man doch nicht ohne einen kleinen Einkauf weitergehen.

Wir nehmen einen langen Blick ins Tal und auf die Berge um uns. Deutlich merken wir, dass der Weg uns in eine neue Landschaft gebracht hat. Das Flussbett verläuft weit unten, es hat sich aus einer recht breiten Ebene steil und tief in die Sandsteinschicht eingegraben. Wer den Weg unten geht, sieht sicher nicht viel mehr als hellen, ausgewaschenen Sandstein. Wir stehen zwischen Dornengestrüpp und trockenem Gras. Die vereinzelten Laubbäume wirken abgestorben, weil jetzt am Winteranfang die Blätter fehlen. So eine Kulisse verleitet gerade dazu, sich sagenhafte Geschichten auszudenken.

Mit jedem Meter Höhe schrauben sich die Berge um uns herum immer höher auf. Der Wald ist schon lange zu Ende, die letzten grünen Nadelbäume lassen wir unter uns. Noch ein Stück steil bergauf, dann haben wir den neu errichteten Chorten am Eingang von Ghyaru erreicht. Der Ort liegt steil am Hang und wirkt auf den ersten Blick kahl und kalt. Wir stellen unsere Rucksäcke auf dem Hof des „Yak Ru Hotel and Restaurant" ab und machen Frühstückspause. Das warme Lächeln der Wirtin lässt den ersten Eindruck sofort vergessen. Hier oben steht man wie auf einem Balkon und blickt hinunter ins Tal und hinüber zu Annapuna III und Gangapurna. Über Ghyaru selbst baut sich der Pisang Peak auf. Überall umgeben uns schneebedeckte Berggiganten, wohin das Auge reicht. Prem schaut mir wieder einmal interessiert zu, wie ich die verschiedenen Objektive am Foto einsetze. Er möchte gern helfen. Inzwischen kann er schon gut unterscheiden, wann ich das Teleobjektiv und wann ich das Weitwinkelobjektiv benötigen werde.

Die Häuser des Ortes sind verwinkelt und eng aneinander gebaut. Manches Haus erreicht man nur über die Terrasse des darunter liegenden Hauses. Meist sind die Häuser U-förmig und an den Außenseiten fehlen wie immer die Fenster. So schützen sich die Menschen vor dem eisigen Wind. Auf den Schattenseiten liegt noch der Schnee vom Oktober. Hohe Mauern umgeben die kleinen Gemüsegärten an den Häusern. Darin wachsen jetzt noch Kohlköpfe unter dem Schnee. Die Felder um den Ort sind stark terrassiert, weil der Hang sehr steil ist. Dadurch werden die Felder aber nicht wirklich eben, bestenfalls wird die Steilheit ein klein wenig abgeschwächt. Die einzelnen Stufen zwischen den Feldern sind so hoch, dass Leitern angelegt werden müssen. Doch keine Leitern, wie wir sie kennen. Hier hat man Baumstämme geschält und tiefe Kerben hineingeschlagen. Diese Kerben sind die Stufen.

Ein kleiner Junge kommt betteln. Kugelschreiber? Süßigkeiten? Der Kleine würde jedes Mutterherz erweichen. Völlig verdreckt im Gesicht und an den Händen, schmutzige Sachen und eine dicke Rotznase. Das muss ich fotografieren. Der Junge wehrt kurz ab, ruft seine beiden Brüder und zu Dritt stellen sie sich hintereinander zum Foto auf. Ein entzückendes Bild. Statt ihm für sein Betteln etwas zu geben, kaufen wir bei seiner Mutter eine Tüte Peanuts-Kekse. Das hilft uns allen.
Von hier an geht der Weg nur leicht steigend auf einer Höhe immer oben am Hang entlang. Es ist ein fester, breiter Weg. Keine Steine, kein Schnee, kein Matsch. Der Weg läuft sich angenehm und wir kommen gut vorwärts. Nach dem ersten großen Bogen drehen wir uns noch einmal um und sehen auf Ghyaru zurück. Jetzt sieht man erst richtig, dass sich der Ort nur mit Mühe am steilen Berghang hält. Um den Ort sind braune Vierecke mit Stein-Mauern abgegrenzt. Es sind die Felder. Aus diesem Blickwinkel hat man das Gefühl, dass die Menschen bei der Feldarbeit Gefahr laufen, den Berg hinunterzufallen. Auch um uns herum sind noch Felder. Es gehört allerdings schon einige Vorstellungskraft dazu, sich diese Steinwüste mit etwas Mutterboden dazwischen als Acker vorzustellen. Auf vielen Feldern sind in regelmäßigen Reihen schwarze Häufchen angeordnet. Die Menschen haben den Stalldung auf die Felder gebracht, um ihn dann unterzupflügen. Wie zur Bestätigung kommt uns eine alte Frau mit einer riesigen Kiepe voll Stallmist entgegen.
An der höchsten Stelle ist der Weg etwa dreitausendsiebenhundert Meter hoch. Ein großer Chorten in einer leichten Rechts-Kurve erinnert uns daran. Der Chorten ist aus den flachen Steinen der Umgebung gemauert, nicht sehr hoch aber recht lang, wie ein kleiner Tunnel. Am Chorten liegt ein Mani-Stein, wie er mir bisher noch nicht aufgefallen ist. Eine sechsblättrige Blüte ist in den Stein gehauen. In jedem Blütenblatt steht ein Schriftzeichen, in der Mitte der Blüte ein siebentes Symbol. Besonders auffällig ist der Gegensatz zwischen der weichen, runden Form der Blüte und den eckigen Schriftzeichen. Das klare Wetter verschafft uns wieder einmal eine unbeschreibliche Fernsicht. Über den Hang verteilt stehen noch einzelne, kleine, grüne Nadelbäume. Ansonsten ist alles beige-grau, dunkelbraun und natürlich schneeweiß. Tief unten im Tal glänzt der Fluss wie ein silbernes Band in der Sonne, das sich zwischen den weißen Bergen hindurchschlängelt. Selbst im Tal liegt noch Schnee im Schatten der Bäume. Die Berge oben sind schroff und abweisend. Der Schnee und das grelle Licht verstärken diesen Kontrast und zeichnen die Berge noch scharfkantiger. Licht und Schatten, Schwarz und Weiß stehen dicht nebeneinander.
In einem weiten Bogen zieht sich der Weg am Berg entlang. Am Ende des Bogens steht auf einem Felsvorsprung die Ruine des Königspalastes. Vor über zweihundertfünfzig Jahren wohnte hier der König von Manang. Wie ein Adlerhorst thronte der Palast über dem Fluss, von dieser Stelle aus kann man das Tal weit überblicken. Jetzt ist noch ein Turm erhalten, daneben die Wände der großen, viereckigen Gebäude. Darüber leuchtet wieder die weiße Bergkulisse von ganz links bis ganz rechts, Annapurna III, Gangapurna, Kangsar Kang (Roc Noir) und Tilicho Peak. An einer Rechtsbiegung über einem kleinen Sattel

kommt uns unverhofft ein weißes Yak entgegen gerannt. Der Weg ist zu schmal zum Ausweichen, das Yak kräftig und schnell. Bevor wir überhaupt darüber nachdenken können, wie wir reagieren sollen, biegt das Yak in die Dornenbüsche oberhalb ab und rennt an uns vorbei. Nach dem Schreck schauen wir Prem verwundert an. Ein weißes Yak, noch dazu ohne Hörner? Prem erklärt, dass es weiße und schwarze Yaks gibt. Viele haben Hörner, manche nicht. Ob es ein männliches oder weibliches Yak ist, lässt sich daran aber nicht erkennen. Das Geschlecht ist keine Frage der Fellfarbe oder der Hörner, erklärt er.
An schattigen Stellen liegt dann doch noch der Schnee auf dem Weg. Manchmal ist er zwar schon in der Sonne getaut aber der Boden ist noch gefroren. Dann bildet sich auf dem Weg eine schmierige, rutschige Erdschicht. Man muss seine Schritte ausbalancieren, jeden Schritt sehr bedacht setzen. Lässt man sich vom Bergpanorama ablenken, tritt man bestimmt in ein Schneeloch oder in den Schlamm oder rutscht seitlich weg.
Ein Chorten zeigt an, dass wir bald im nächsten Ort sind. Als wäre es ein besonderer Aussichtspunkt, hat man eine Bank für die Träger aufgestellt. Unten ist nur der Flughafen von Humde zu erkennen. Für die normalen Menschen hier spielt dieser Flughafen aber keine Rolle. Sie können sich den Transport mit Flugzeugen nicht leisten. Träger und Yaks sind viel billiger.
Die Ausläufer der Berge um Humde greifen scharf und schroff nach dem wenigen Platz im Tal, als müsste sich die Rollbahn gegen die herannahenden Berge verteidigen. Der Schnee lässt die Bergstruktur noch deutlicher erkennen, der Anblick lädt zum phantasieren ein. Wieder einmal ein schöner Platz, um sich ein Märchen zu erträumen. Weiter nördlich müssen Braga und Manang liegen. Aber ohne Fernglas sind die felsfarbigen Gebäude nicht gegen den gleichfarbigen Untergrund auszumachen.
Kurz vor dem Ortseingang von Ngawal lotst uns Prem nach rechts in ein kleines, neu gebautes Restaurant mit dem wohlklingenden Namen „Mount Annapurna". Das Personal besteht aus einer einzigen Frau. Ihr Alter kann man wie immer schlecht schätzen, vielleicht Anfang Dreißig. Sie trägt einen langen, engen Rock. Der Stoff ist nicht grob gewebt sondern fein und dezent, ja fast elegant, rot-blau kariert. Zwar ist er voller Fettflecke und Schmutz, doch darüber haben wir gelernt hinwegzusehen. Zum Rock hat sie einen dünnen türkisen Pullover an, auch nicht mehr ganz sauber ist. Ihre langen Haare sind dezent rotbraun gefärbt und sehr sorgfältig mit einem roten Perlenband am Hinterkopf zu einem Knoten gebunden. Nicht zuletzt die großen goldenen Kreolen an ihren Ohren zeigen das Bemühen der Frau, auch hier oben in den Bergen modisch und chic zu sein. Die Frau lächelt uns an, auch wenn sie unser Englisch nicht versteht. Sie kocht in einer traditionell eingerichteten kleinen Küche. In dem schmalen Raum gibt es wie üblich keine Schränke, nur den kleinen Herd und zwei Regale. Neben Pfannen, Töpfen, Wasserkesseln und Löffeln steht sehr wenig auf den Regalen. Drei Paletten Eier, Plastikdosen mit Mehl, Zucker und Salz, zwei kleine Pappschachteln mit Gewürzen, zwei Flaschen mit Sojasoße, zwei Weißkrautköpfe, eine Möhre und eine Tüte Asia-Nudeln. Erstaunlich, wie aus diesen wenigen Dingen in kurzer Zeit drei verschiedene und schmackhafte Portionen Essen wer-

den.
Der eigentliche Speiseraum bleibt geschlossen. Tisch und Stühle stehen vor dem Haus in der Sonne. Alles ist aus massivem Holz einfach aber sehr liebevoll hergerichtet. Wir lassen uns von der Mittagssonne die Rücken wärmen und trocknen. Wann speist man schon einmal unter einem solchen Berg-Panorama.
Zur Knoblauchsuppe gibt es für Mario zum ersten Mal dunkles Brot mit Schrot. Hier oben schmeckt, glaube ich, alles. Zum Schluss muss Prem die Rechnung addieren, weil die Frau keinen Taschenrechner hat. Selbst wenn die Frau rechnen kann, so hat sie es nicht mit unseren arabischen Ziffern gelernt. In Nepal werden auch die Zahlen in Sanskrit[1] geschrieben und sehen ganz anders aus als bei uns. Wir haben auch schon erlebt, dass sich die Bedienung nur anhand der Position auf der Speisekarte merkt, was sie uns kochen soll. Ich habe als Kind in der Schule Russisch gelernt. Ich weiß, wie schwer es ist, nicht nur die andere Sprache sondern auch die anderen Buchstaben zu verstehen. Wir rechnen nach, damit wir unsere Rechnung auch richtig bezahlen. Gern würden wir hier oben bleiben. Wer die Zeit hat, sollte es tun. Die Menschen abseits der Hauptroute sind noch nicht so sehr vom Tourismus beeinflusst. Sie freuen sich ehrlich über jeden Gast und sind in ihrer Freundlichkeit ganz sicher sehr aufrichtig. Wir schultern unsere Rucksäcke und ziehen weiter.
Mit wenigen Schritten sind wir in Ngawal. Am Eingang verlangt eine extra lange Gebetsmühlenmauer besondere Ausdauer. Zehn Abschnitte mit je neun Gebetsmühlen sind hintereinander angeordnet, vorn und hinten stehen kleine Stupas, an denen Mani-Steine liegen. Es dauert, bis wir alle Gebetsmühlen gedreht haben, immer mit der rechten Hand. Über der Mauer erhebt sich ein kleiner Berg, auf dem eine große Stupa steht. Ein mit Gebetsfahnen markierter Pilgerpfad führt nach oben, fast wie bei uns ein Kalvarienberg. Zum Glück für den Ort steht in keinem Reiseführer, dass es ein richtiges Museumsdorf ist. Bei uns hätte man den ganzen Ort unter Denkmalschutz gestellt. Niemand hat moderne Neubauten errichtet. Ausschließlich originale Häuser im ursprünglichen Stil bilden den Ort, jedes bestimmt über fünfzig Jahre alt. Es gibt noch nicht einmal Fensterscheiben, nur dunkles, geschnitztes Holz. Stroh und Reisig liegen auf den Flachdächern zum Trocknen. Alle Häuser sind trotz seines Alters bewohnt und gepflegt. An der schon langsam zerfallenden Mani-Mauer im Ort erkennt man, wie die richtigen Gebetsmühlen früher gefertigt wurden. Eigentlich dienten sie wohl zur Aufbewahrung göttlicher Schriften. Sie bestanden aus vielen übereinander gelegten, kreisrunden Bögen beschriebenem Papier. Außen wurde das Papier mit Leder bezogen, das anschließend bemalt wurde. Hier besteht die Bemalung aus gelben Schriftzeichen auf blauem Grund. Das Drehen der so entstandenen Gebetsmühlen diente vor allem dazu, das göttliche Wort in Bewegung zu halten. Am Anfang und am Ende der Mani-Mauer hat man vor hunderten Jahren Bäume gepflanzt, die jetzt zu uralten Baumriesen ausgewachsen sind. In der Kargheit und Baumlosigkeit

[1] Sanskrit Schriftzeichen

hier oben fallen diese großen Bäume besonders auf. Dazwischen liegen noch die Schneeberge vom Oktober.
Der Chorten am zentralen Platz ist noch ursprünglich aus Holz und Lehm gebaut. Im Durchgang an der Decke und an den Wänden leuchten auffällig bunte buddhistische Malereien. Blau, Rot, Gelb und Gold dominieren. Die Figuren sind plakativ gemalt, nicht plastisch dargestellt und erinnern an russische Ikonenmalerei.
Am Kloster über dem Ort hat die Sonne den Schnee noch nicht getaut. Wie verlassen stehen die drei großen Gebäude dunkel vor dem gleißenden Schnee der Berge dahinter. Wieder entdecke ich einen runden Mani-Stein mit einer sechsblättrigen Blüte. Ich betrachte die Schriftzeichen genauer. Ist das nicht die nepalesische Eins? Was wie eine arabische Neun aussieht ist in Sanskrit eine Eins. Die Eins steht für Buddha, er ist der Erste im Land. Ganz bestimmt sind auch die anderen Zeichen Buddha gewidmet. Überall im Ort liegen unendlich viele Mani-Steine mit Zeichnungen und Schriftzeichen. Vieles hätten die Hobby-Historiker längst mit nach Hause genommen, wenn sie es hätten tragen könnten. Zum Glück für diesen Ort liegt er fern ab von jeder Zivilisation.
Hinter Ngawal geht es steil bergab. Mir wird ein bisschen schwindlig von der Höhe. Weiter unten fallen mir wieder Zipfelmützen-artige Sandsteinfelsen auf. Ihr gelber Farbton ist ein angenehmer Kontrast zum Grau und Braun der Herbstlandschaft. In Mungji treffen wir auf den Talweg. Sofort stehen kleine Läden am Wegrand. Einer mit Backwaren, den suchen wir auf. Die Preise gleichen sich der Höhe an, zwei Kekse für vierzig Rupien, eine kleine Tüte Cashew-Kerne für siebzig Rupien. Am Stand nebenan will Mario weiter nach einem Anhänger suchen. Doch zuerst sollten wir uns in Braga um ein Zimmer kümmern. Viele Trekker sind auf dem Weg, ich habe Sorgen, dass es in Braga voll wird.
Am breiten, vom tauenden Schnee wieder matschigen Weg sieht man im weiten Tal links drei große Lodges stehen. Halb drei stehen wir vor dem ersten großen Haus. Das „New Yak Hotel“ wird für zwei Tage unsere Bleibe sein. Noch einmal mit etwas Kraft die Stufen in den ersten Stock hinauf, dann stehen wir im schönsten Zimmer der Lodge. Unsere Suite geht nach hinten raus und hat nach drei Seiten große Fenster. Man kann das ganze Tal überblicken und hat eine weite Sicht auf die Berge. Die Sonne macht das Zimmer hell und warm. Wir haben sogar eine eigene Dusche mit Toilette am Zimmer. Die ganze Lodge ist schon fast vornehm im englischen Stil eingerichtet. Es ist die schönste Übernachtung, die wir bisher hatten.
Auf der rechten Talseite erhebt sich hinter einer großen braunen Wiese das eigentliche Braga, links der Klosterbezirk, rechts das alte Braga. Im Gegensatz zu den bunten Lodges und dem weiß-roten Kloster bestehen die anderen Häuser alle aus unbemalten Natursteinen. Sie stehen am Hang terrassenförmig übereinander gebaut. Weil alle Häuser Flachdächer haben, ist das Dach des unteren Hauses gleichzeitig die Terrasse des Hauses darüber. Auf den ersten Blick wirkt alles grau und verlassen. Sieht man genauer hin, erkennt man Blumenkästen, Wäscheleinen und Gemüse zum Trocknen.
Die Frau des Hauses erklärt uns, dass es warmes Wasser erst in einer Stunde geben wird.

Prem wiederholt den Satz sicherheitshalber, damit ich ihn auch wirklich verstanden habe. „Ja Prem“ antworte ich „Warmwasser gibt es in einer Stunde.“ Prem versteht mich nicht. Ich wiederhole noch einmal ganz langsam und deutlich. Er versteht mich immer noch nicht. Bevor ich mich ein drittes Mal wiederhole, grinst Mario mich an. „Du solltest Englisch mit Prem sprechen.“ Jetzt bin ich schon gänzlich fertig im Kopf. Ich habe tatsächlich den Satz mehrmals schön deutlich auf Deutsch aufgesagt und wundere mich, dass Prem mich nicht versteht. Deutsch mit Mario, Englisch mit Prem, Übersetzen für Mario, Übersetzen für Prem. Ist es da ein Wunder, wenn man irgendwann nicht mehr weiß, welche Sprache man mit wem spricht? Prem und Mario haben mit mir Verständnis und lächeln mitleidig. Noch brauchen sie mich ja, wenn sie sich unterhalten wollen.

Wir packen Foto und Trinken in den Rucksack und stapfen zum Kloster hinauf. Prem kommt ungefragt mit. Will er auf uns aufpassen? Die Nachmittagssonne wärmt noch angenehm. Das ist auch nötig, denn das Bergauf-Laufen fällt nach der langen Tour recht schwer.

Über dem Kloster steht eine auffällige Gruppe dieser Sandstein-Zipfelmützen. Das Kloster selbst ist ein dreistöckiger Steinbau, der ganz in weiß angestrichen wurde. Jede Etage ist mit Holz gedeckt. Die Decken wurden mit Steinen belegt und mit Lehm gestampft, damit sie als Fußboden für die Etagen darüber betreten werden können. Das Deckenholz und die Türrahmen sind braun bemalt und geben dem gesamten Kloster einen braunen Rand. Die zweite und dritte Etage haben statt Türen jeweils einen aufwendig geschnitzten Erker aus Holz, ganz oben ist noch ein zusätzlicher, prunkvoll gestalteter Holz-Aufbau. Insgesamt ist das Kloster ein imposantes, stolzes und überaus bewundernswertes Bauwerk.

Die untere Gompa des Klosters ist wegen ihrer einhundertacht Buddha-Statuen weithin bekannt. Die Zahl Einhundertacht hat im Buddhismus etwas Magisches. Sie symbolisiert die einhundertacht Bände der gesammelten Lehren Buddhas. Wir müssen im dunklen Vorraum unsere Schuhe ausziehen. Weniger mache ich mir Sorgen, dass die Schuhe nachher weg sind. Mehr Bedenken habe ich, sie im Dunklen überhaupt wieder zu finden. Der eigentliche Raum ist in jeder Hinsicht beeindruckend. Er wird etwa quadratisch sein, ist aber sehr hoch. Überall an den Außenwänden sitzen rot-goldene Buddha-Statuen. Davor ist an drei Seiten ein Regal aufgestellt, auf dem mit Tüchern abgedeckte Kisten liegen. Diese Kisten sind Bücher, Sammlungen von religiösen Schriften. Bunte Stoffbahnen hängen fahnenähnlich von der Decke, mehrere Masken schauen grausig drein. Immer sind die Gesichter der Masken schwarz mit weinrot bemalt. Der Mund steht weit offen und große Fangzähne schauen heraus. Die Glupschaugen und eine dicke Nase betonen das hässlich breite Gesicht. Diese Masken sollen auf böse Geister abschreckend wirken, sie wirken auch auf mich.

Während eine Frau in der Mitte des Raumes die Touristen segnet und ihnen eine Tikka[1] auf die Stirn malt, schauen wir uns im Raum genauer um. Die allermeisten der Buddha-

[1] Roter Punkt auf der Stirn, das so genannte dritte Auge.

Figuren sehen ganz gleichartig aus, als wären sie maschinell hergestellt. Sie stehen auf blau bemalten Regalen. Der blaue Untergrund vor buddhistischen Symbolen fällt immer wieder auf. Ganz unten aber in den Regalen erkennen wir verstaubte, viel größere Buddha-Figuren. Leider reicht das Licht nicht aus, um sie genauer zu erkennen. Der Fotoapparat schafft es, die Figuren für einen Augenblick zu beleuchten. Auf den Bildern erkennen wir, dass hier die wertvollsten Stücke verstaubt und vergessen oder versteckt liegen. Die Figuren sind gut vierzig Zentimeter hoch, handgeschnitzt und aufwendig bemalt. Jede der Figuren stellt eine andere Inkarnation Buddhas da. Alle sind filigran geschnitzt. Eine der Figuren hat einen weinroten Umhang, darunter schaut in blau und grün das Gewand hervor. Auf dem Kopf trägt sie eine breite rote Krone. Große blau-goldene Ohrringe umranden das zierliche, fraulich wirkende Gesicht. Der Staubschicht nach zu urteilen, stehen die Figuren schon mindestens fünfundzwanzig Jahre dort. Sicherlich sind sie aber ein Vielfaches älter. Wir sind beeindruckt.

Dem Treiben der anderen Touristen schauen wir etwas fragend zu. Wie der Hahn mit den geborgten Federn stolzieren sie mit ihren Tikkas auf der Stirn umher. Wir respektieren die Menschen mit ihrer Religion hier. Wir drehen auch fleißig alle Gebetsmühlen, immer mit der rechten Hand. Auf dieser Tour will man sich mit jedem Gott gut stellen. Aber eine Segnung von einem Gott anzunehmen, an den ich nicht glaube, das ist für mich eine Art von Gotteslästerung. Mag es für die Touristen nur ein Spiel sein. Mit Göttern spielt man nicht. Auch Prem steht betont gleichgültig an der Seite und beobachtet das Treiben mit einem zweifelnden Blick in den Augenwinkeln. Ich werde ihn heute Abend nach seiner Meinung dazu befragen.

Von der unteren Stupa aus kann man über diese Leitern aus Holzstämmen, die wir schon in Ghyaru gesehen haben, noch zur oberen Gompa hinaufklettern. Wir tun es, aber die Tür ist verschlossen. Jetzt weiß ich, warum Prem mitgekommen ist. Flink und wendig klettert er die Stufen wieder hinunter und verschwindet, um Sekunden später wieder bei uns zu sein und mit strahlendem Lächeln zu erklären: „Die Frau kommt in fünf Minuten und schließt die obere Gompa für uns auf." Danke, Prem.

Wir setzen uns an den Rand des Daches, lassen die Beine baumeln und genießen den Blick übers Land. Rechts von uns im breiten Tal liegen der Fluss und unsere Lodge schon im Schatten der Berge. Gegenüber auf einem Ausläufer der Berge stehen die Häuser des alten Braga. Sie wirken verlassen. Viele sind es auch, weil die jungen Menschen nach Kathmandu ziehen. Darüber steht am dunkelblauen, wolkenfreien Nachmittagshimmel die hell leuchtende Mondsichel. Kein Motorenlärm, keine Abgase, keine laute Musik. Nur der Wind säuselt leise ein kleines Lied. Wir kuscheln uns aneinander. Erst jetzt wird uns bewusst, was uns seit Tagen fehlt. Wir streiten uns nicht! Seit wir in Nepal angekommen sind, hatten wir noch nicht eine Meinungsverschiedenheit auszudiskutieren. Keine Schuldzuweisungen, kein beleidigt Sein, kein Rechthaben. Alle sind immer nett zueinander. Zustände, wie im Himmel. Unser Himmelsvater ist Prem. Sind wir unterschiedlicher Meinung oder wissen wir beide nicht weiter, dann fragen wir Prem. Wir sind hier einfach für nichts zuständig, was einer von uns später zu verantworten hätte. Prem trägt die Verantwortung. Er trägt sie mit Lächeln und Hingabe. So sind wir alle glücklich und zufrieden. Tiefer Frieden ergreift uns. Hier kann sich niemand böse sein. Wir lächeln uns schweigend an und atmen den Frieden tief in uns ein. Ach könnte es doch ewig so bleiben.

Die Frau kommt flink die Baumstammleiter hinauf und öffnet uns die obere Gompa. In dieser Gompa sind die Buddhas mit Farbe bunt an die Wände gezeichnet. Die trockene Luft und die fehlende Feuchtigkeit in Nepals Bergen machen es möglich, dass die Zeichnungen nicht verblassen. Schimmel und Wasserflecke kennt man hier nicht. So sind auch diese sicherlich schon sehr alten Zeichnungen noch wunderbar erhalten. Butterlampen brennen als Opfergaben, wir geben der guten Frau ein paar Rupien als Dankeschön für ihre Bemühungen. Am Ausgang schauen wir uns die beiden Bewacher der Gompa genauer an, die im Vorraum links und rechts neben der Tür stehen. Die Figuren sind recht klein, kaum eineinhalb Meter groß. Dafür haben sie einen besonders bösen Blick, wie die Masken vorhin. Auffallend aber ist das überdimensional große, rot bemalte Glied der Männer. Es soll die Männlichkeit und Manneskraft symbolisieren, die einen besonders guten Beschützer ausmacht. Ich finde es nicht besonders erotisch, aber meine europäischen Maßstäbe sind hier gar nicht gefragt.

Wieder in der Lodge gibt es noch immer kein warmes Wasser in der Dusche. Wir bitten Prem, uns Warmwasser im Eimer zu besorgen. Es dauert nicht lange und er bringt uns zwei Eimer mit sehr heißem Wasser. Das Waschen aus dem Eimer klappt viel besser, als ich mir das vorgestellt habe. Am Ende reicht das Wasser sogar noch für Mario zum Haare waschen.

Kurz vor vier, die Sonne ist gerade endgültig hinter den Bergen untergegangen, ziehen wir in den Speiseraum um. Der kleine Kanonofen ist schon angeheizt. Wir sind die ersten und nehmen uns natürlich den schönsten, weil wärmsten Platz genau neben dem Ofen. Als erstes bestellen wir unser Abendbrot. Wir sind in Braga, heute gibt es endlich das ersehnte Yak-Steak. Auf der Speisekarte steht es nicht, weil es die Yak-Steaks nur im Herbst gibt, wenn die Tiere geschlachtet werden. Die Speisekarte aber muss das ganze Jahr über gelten. Doch direkt gegenüber der Tür hängt eine Tafel mit dem Angebot. Yak-Steak, wie das schon lecker klingt. Noch zwei Stunden müssen wir warten, so lange.

Ein deutsches Pärchen aus Stuttgart setzt sich an den Tisch gleich neben der Tür. Sie raucht, er bestellt sich ein Bier. Wir geben uns Mühe, nicht voreingenommen zu reagieren, und lassen uns auf eine Plauderei mit den beiden ein. Dann erzählen wir, dass wir morgen zum Ice Lake wollen. Die beiden berichten, dass sie das heute versucht haben. Bis 4.600 m wären sie gekommen, aber den See hätten sie nicht erreicht. Es liegt sehr viel Schnee dort oben, erzählen sie. Bis zum Bauch sind sie im Schnee versunken. Im Kopf rechne ich schnell durch, dass irgendetwas nicht stimmen kann. Der See liegt bei knapp 4.600 m. Wenn sie so hoch waren, hätten sie den See sehen müssen. Der Höhenmesser des Mannes zeigt für Braga 3.500 m, Braga liegt aber nur 3.350 m hoch. Allein da stecken

schon 150 Höhenmeter Differenz. Das sage ich den beiden natürlich nicht, ich will ja nicht als Besserwisser dastehen. Wer weiß, was uns morgen zustößt und wer dann über uns lacht. Wieder am Tisch bei uns flüstert uns Prem zu: „Wenn die beiden es nicht geschafft haben, dann schaffen wir es erst recht." Er versucht gar nicht erst, seinen Ehrgeiz hinter dem verschmitzten Lächeln zu verstecken. Ich staune nur schweigend, wie er aus dieser Entfernung unser auf Deutsch geführtes Gespräch so gut verstanden hat.
Noch immer ist viel Zeit bis zum Abendbrot. Prem sitzt uns gegenüber und packt eine Bibel aus. Eine Bibel? Unsere Gesichter bestehen nur noch aus Fragezeichen. Ein Nepalese als Christ, mitten zwischen Hindus und Buddhisten? Keinen eigenen Schlafsack im Gepäck aber eine knapp zwei Kilogramm schwere Bibel auf einer langen Trekking-Tour? Das verstehen wir nicht, das muss Prem uns ausführlicher erklären. Und er erklärt. Seine Eltern sind tief gläubige Hindus. Hindus sehen in allem, was auf der Erde existiert, einen Teil Gottes. Das Essen ist Gott, das Haus, der Tisch. Das hat Prem schon als Kind nicht akzeptiert. Gott hat dafür gesorgt, dass es Haus und Tisch und Essen gibt. Ja, das glaubt er. Alle reichen Nationen dieser Erde sind christlich geprägt, Europa, die USA. Prem ist fest davon überzeugt, dass der Reichtum dieser Nationen dem Christentum zu verdanken ist. Deshalb ist er vor vierzehn Jahren zum Christentum übergetreten. Nur so wird man erfolgreich. Armer Prem. Die reichen Nationen sind reich, weil sie völlig unchristlich die anderen Völker ausbeuten. Das kann ich unserem Prem doch so nicht sagen. Es wird ein sehr langes Gespräch. Am Ende lasse ich mich davon leiten, dass der sprichwörtliche Glaube Berge versetzen kann. Wenn Prem meint, dass er nur als Christ erfolgreich sein wird, dann gibt ihm dieser Glaube die Kraft, alle erforderlichen Hürden auf dem Weg zum Erfolg zu meistern. Letztendlich zählt, dass er für sich selbst erfolgreich und zufrieden wird. Egal, ob als Hindu, Buddhist, Christ, Jude, Moslem oder ohne Gott.
Ende der Diskussion. Unser Yak-Steak kommt. Ein Ereignis, das den gesamten, inzwischen gut gefüllten Speiseraum in Erstaunen versetzt. Oh, das sieht aber lecker aus. So an die zwanzig Augenpaare verfolgen die ovalen, gusseisernen Pfannen mit dem Steak, etwas Gemüse und selbst gemachten Pommes bis an unseren Platz. Endlich! Guten Appetit. Das Fleisch schmeckt noch kräftiger als Wildbraten, es ist auch etwas mürber. Dazu würde ein trockener Rotwein passen. Apfeltee muss es heute auch tun. Zum Glück bekommen die anderen Gäste auch ihr Essen, sonst würden sie noch jeden unserer Bissen mit ihren Blicken verfolgen. Es schmeckt. Prem übt Deutsch: „Lecker".
Manche Gäste haben sich ein Buch mitgenommen, kuscheln sich abends in eine Ecke des Speiseraumes und lesen. Wir haben keine Bücher mit. Ich würde jetzt auch nicht lesen wollen. Jeden Tag sind die Eindrücke so aufregend, dass ich abends schon sehr lange brauche, mein Tagebuch zu schreiben. Danach ist es schön, einfach so zu sitzen und mal nichts tun zu müssen. Ich muss mein Nichtstun nicht einmal mir gegenüber verteidigen. Hier gibt es nichts im Büro zu tun, hier bleibt keine Bügelwäsche liegen, hier ist kein Kinderzimmer aufzuräumen. Hier ist nur Urlaub.
Wir haben es zur Gewohnheit werden lassen, Prem abends zum Tee einzuladen. Dafür

erklärt er uns mehr über die Dinge, die wir im Laufe des Tages gesehen haben. Manches wird erst verständlich, wenn man die Hintergründe und die Geschichte dazu erfährt.
Die Guides und ihre Träger erhalten ihr Abendbrot immer erst, wenn alle Gäste gegessen haben. Ist das Haus voll, kann es manchmal schon bis um neun abends dauern, bis Prem sein DhalBat bekommt. Heute kommt er schon mit einer Tasse Tee zu uns an den Tisch und erklärt uns stolz, dass er den Tee vom Chef des Hauses geschenkt bekommen hat, weil er mit dessen Sohn gut befreundet ist. Prem ist immer wieder so bescheiden und hat eine so anspruchslose Vorstellung von Freundschaft. Für ihn ist jemand schon ein guter Freund, wenn er ihm etwas Gutes tut. Dass bei manchem Freund hinter der guten Tat auch viel Berechnung und Geschäftssinn steht, will Prem noch nicht erkennen. Er würde nicht mehr so unbeschwert und ehrlich lächeln können. Also freuen wir uns mit ihm über seine guten Freunde.
In einem Speisesaal voller Individualisten macht es großen Spaß, die anderen ausgiebig zu beobachten. Auffällig viele Deutsche sind in der Lodge. Zum Beispiel die beiden Studentinnen dort auf der anderen Seite der Tür. Ihr Englisch ist beachtlich. Vor allem haben sie wenig deutschen Akzent. Der Wortschatz ist so groß, dass ich wieder einmal kaum etwas von ihren Endlossätzen verstehe. Sie haben sich ein Semester frei genommen und Papa hat die Reise finanziert. So haben sie viel Zeit und wollen alles sehen, was diverse Reiseführer an Sehenswertem anpreisen. Und es könne ja nicht sein, dass man nur wegen des Schnees nicht zu der kleinen Höhle oberhalb von Braga kommt. Reichlich Stolz und Wichtigtuerei klingt aus ihren Worten schon heraus, ohne dass ich jedes genau verstehen muss. Wahrscheinlich war ich als Studentin auch nicht anders, nur dass mir meine Eltern weder einen Auslandsurlaub noch ein Freisemester finanziert hätten.
Hinten rechts in der kühlen Ecke haben sich drei Schottinnen in ihre Daunenjacken eingekuschelt. Auch sie haben ihren Guide mit am Tisch, unterhalten sich angeregt und intensiv. Die jüngste der Frauen ist um die Dreißig, die älteste knapp Fünfzig. Ich verrenke mir bald den Hals, weil ich sehen will, ob sie nur wegen der schwarzen Daunenjacken so dick aussehen oder wirklich so korpulent sind. Prem hat einen besseren Blick und lacht über mich. „Die sind zu fett.", lautet sein trockener Kommentar. Dann gibt er doch noch ein paar Worte mehr dazu ab. Die jüngste der drei Frauen würde ihm Sorgen bereiten. Nach seiner Einschätzung sieht sie nicht gut aus. Die anderen beiden werden trotz ihrer Beleibtheit den Pass bestimmt schaffen, aber für die Jüngste muss noch viel getan werden, wenn sie es schaffen soll. Mir wäre das gar nicht so aufgefallen. Alle drei haben ein feistes aber freundlich lächelndes Gesicht.
Der Dialekt des deutschen Pärchens am Nachbartisch kommt uns angenehm vertraut vor. Sie kommen aus Chemnitz, sind Sachsen, so wie wir. Dann klappen sie auch noch eine Annapurna-Karte auf, in die der Ice Lake eingezeichnet ist. Schnell kommen wir ins Plaudern. Sie klagt über Unterleibsschmerzen, er über leichte Höhenprobleme. Gegen die Höhenprobleme empfehlen wir dringend Knoblauchsuppe und mehr Früchtetee. Bei den Unterleibsschmerzen muss ich mir ein Schmunzeln verkneifen. Sie erklärt es mit Hor-

monproblemen, ich tippe eher auf einen richtigen Muskelkater im Bauchmuskel. Die beiden haben überdimensional große und schwere Rucksäcke. Wir haben schon zu viel mit, aber die beiden übertreffen uns um Längen. Da würde es mich nicht wundern, wenn sie vom Laufen mit Rucksack und Stöcken Muskelkater im Bauchmuskel bekommt.
Am späten Abend klagt auch Mario über Magenprobleme, diffuse Schmerzen im Bauch. Damit er in der Nacht, falls es schlimmer wird, nicht erst nach den Tabletten suchen muss, soll er sie gleich aus dem Rucksack nehmen. Er hebt den Rucksack aufs Bett, stöhnt kurz mit schmerzverzerrtem Gesicht und lächelt gleich danach. Sein Magenproblem ist auch nur ein ausgewachsener Muskelkater. Über solche Bauchschmerzen kann man sich sogar freuen. Aufatmen und die Tabletten bleiben im Rucksack.

10.11.2005, Donnerstag Ice Lake (ca. 4.600m)

In dieser Nacht hatte niemand mehr Magenprobleme und auch ich habe endlich wieder tief und fest geschlafen. Es lag also wirklich nur am schwarzen Tee. Ich werde keinen mehr trinken, das stört mich nicht. Das Frühstück lässt etwas länger auf sich warten. Währenddessen zeigt Prem auf die lange Reihe großer Thermoskannen in der Küche und kann sich vor Lachen kaum halten. Die Kannen sind immer schon fertig mit heißem Wasser gefüllt. Gestern hat er einfach ganz viele dieser Thermoskannen in die beiden Eimer für uns ausgegossen, damit wir schnell warmes Wasser zum Waschen haben. Ganz so hatten sich die Wirtsleute das sicher nicht gedacht. Wir freuen uns noch im Nachhinein über Prems Einfallsreichtum.
Das lange Warten aufs Frühstück hat sich gelohnt. Es gibt frische Backwaren. Wie das duftet! Wir kaufen vier Apfeltaschen und eine Zimtschnecke. Die nehmen wir als Verpflegung tagsüber mit. Zum Frühstück selbst lassen wir uns zwei Schokoladen-Pfannkuchen schmecken. Beim Füllen unserer Thermoskannen haben wir wieder unser tägliches Zuckerproblem. Auf den Tischen stehen kleine Zuckerdosen aus Edelstahl. Für unsere zwei Flaschen Tee brauchen wir mindestens eine volle Dose Zucker. In den Dosen sind aber oft nur noch wenige Löffel Zucker. Also müssen wir von Tisch zu Tisch gehen und nach Zucker bitten. Irgendwie haben wir es bis jetzt jeden Morgen geschafft, ausreichend Zucker zu ergattern.
Viertel neun geht es los und gleich straff bergan. Immer im Zickzack an einem Bergrücken hoch, dazwischen Dornengestrüpp und einige Krüppelkiefern. Die Kiefern haben wieder einen interessanten, gedrehten Stamm. Es sieht aus, als wäre er schräg mit Bast umwickelt. Prem erklärt noch einmal, dass das vom Wind und vom Schneedruck kommt. Diese gedrehten Stämme sehen später auch noch als Pfeiler oder Pfosten sehr schön aus. Nur sollte man sie nicht mutwillig fällen, es gibt leider kaum noch Bäume hier durch den gro-

ßen Bau- und Heizholzbedarf.
Unten im Tal liegt noch kein Schnee auf dem Weg und es geht in gleichbleibender Steigung hinauf. Dadurch kommen wir zügig voran. Dreiviertel zehn sind wir bei dreitausendneunhundert Metern angekommen und machen ein zweites Frühstück. Das eigentliche Tal mit dem Fluss ist schon nicht mehr zu sehen, so steil geht es bergauf. Man kann nur ahnen, wie tief es zwischen den beiden Bergketten noch nach unten geht. Prem hat darauf bestanden, dass wir heute nur unsere Stöcke nehmen. Eine Windjacke für jeden, die Foto-Ausrüstung, das Essen und das Trinken mussten wir bei Prem in den Rucksack geben. Er will es unbedingt für uns tragen. So ohne Last ist das Laufen ganz ungewohnt. Ständig ist man versucht, viel zu schnell zu laufen.
An einer Felskante in der Wand, ein ganzes Stück von uns entfernt, hängen riesige Eiszapfen wie aufgefädelt. Der längste Zapfen ist gut zwei Meter lang, vielleicht fünfundzwanzig Stück davon hängen in einer Reihe. Auf den ersten Blick ist es mir völlig unverständlich, wo in dieser staubtrockenen Landschaft das Wasser für die Eiszapfen herkommen soll. Kein noch so kleiner Bach fließt den Berg hinunter. Dann fällt mir der Schnee oberhalb der Felskante auf. Er ist die Quelle für die Eiszapfen. Tagsüber taut die Sonne den Schnee zu Wasser, das in kaum zu erkennenden kleinen Rinnsalen am Berg hinunter tropft. Nachts gefriert das Wasser und bildet diese tolle Eisformation.
Bei viertausend Metern kommt der erste Schnee. Wir beiden ziehen unsere Stulpen über die Schuhe, damit der Schnee nicht hineinkommt. Was Prem da macht, kann ich noch nicht ganz verstehen. Er hat sich zwei Folienbeutel mitgenommen und zieht die Beutel zwischen seine beiden Paar Socken. Der Reißverschluss an meiner linken Stulpe klemmt, ich habe vorerst mit mir zu tun.
Am Rand eines großen Schneeflecks entdecke ich kleine blaue Blümchen. Erst eins, dann noch eins, dann zwei und drei zusammen. Es ist eine Art stengelloser Enzian, der hier oben noch immer dem Schnee trotzt. So klein, dass man schon genau aufpassen muss, wenn man sie entdecken will. Prem bestaunt mit uns die Blümchen. Er ist es nicht gewöhnt, dass seine Touristen nach den kleinen Blumen schauen. Und noch erstaunter ist er, als wir ihm erzählen, dass es diese Art Blumen auch in den Alpen in Europa gibt. Europäische Blumen in Nepal. Das ist für ihn eine Sensation. Denn alles, was aus Europa kommt, ist für die Nepali doch etwas ganz Besonderes.
Ab viertausenddreihundert Metern gibt es nur noch eine geschlossene Schneedecke. Jeder läuft für sich allein und schweigend vor sich hin. Um mich abzulenken und den Weg zu verkürzen, verfasse ich in Gedanken e-Mails und Postkartentexte, die ich später vielleicht schreiben werde. Der Schnee macht uns zu schaffen. Auf dem Schnee hat sich durch die Sonne eine dünne Kruste gebildet. Immer wieder brechen wir durch die Kruste in den Schnee ein. Nicht bis zum Bauch, wie es der Stuttgarter berichtet hat. Bis über die Knie reicht auch schon. Prem geht vornweg, er sackt bei jedem dritten Schritt ein. Ich bemühe mich, ihm zu folgen. Das fällt mir schwer, denn ich muss schon nach jedem zweiten Schritt das Bein aus einem tiefen Schneeloch ziehen. Dann drehe ich mich um und muss

verwundert feststellen, dass Mario uns nur mit großem Abstand folgt. Bei jedem Schritt bricht er mit dem Bein bis über das Knie in den Schnee ein und muss das Bein kraftaufwendig wieder herausziehen. Er sieht nicht aus, als ob es ihm Freude bereiten würde. So sind wir froh, dass Prem den Rucksack trägt. Die Sonne scheint hell und warm und wirft alles in ein gleißendes, weißes Licht. Die schneebedeckten Gipfel der Berge hinter uns scheinen uns immer näher zu kommen. Langsam, Schritt für Schritt bauen sie sich gigantisch auf. Schritt für Schritt kämpfen wir uns hinter Prem den Berg hinauf. Aber kein See in Sicht, nur Schnee.

Dreiviertel zwölf erreichen wir eine kleine Anhöhe, dahinter eine Senke. Prem zeigt nach unten, dort ist der Ice Lake. Ice Lake? Dort unten ist alles weiß. Wo soll da ein See sein? Eine runde Fläche im Schnee hebt sich minimal von der verschneiten Felslandschaft ab. Das soll der Ice Lake sein? Für diesen ersten Moment sind wir enttäuscht. Keine schneebedeckten Gipfel, die sich in der blaugrünen Seeoberfläche spiegeln. Schneebedeckte Gipfel schon, aber nur eine verschneite Eisfläche. Wir stapfen missmutig hinunter zum See. Statt uns zu trösten, legt Prem noch eins drauf. „Das ist nur ein vorderer See, der richtige Ice Lake liegt weiter hinten. Nur fünfzehn Minuten von hier." Nur ein vorderer See? Nur fünfzehn Minuten? Ich will nicht mehr. Keinen Schritt weiter. Prem nölt, er will zum Ice Lake. Dann muss er auf mein Fragen schon zugeben, dass die fünfzehn Minuten ohne Schnee gerechnet sind. Wir schauen uns den Weg an. Nicht eine Fußspur ist zu sehen. Seit dem Schnee im Oktober ist noch niemand zum hinteren See gelaufen. Ich biete einen Kompromiss an: Wenn die Schneekruste hält und wir nicht einbrechen, laufen wir nach hinten. Also gut. Stapf, stapf, stapf. Bei jedem Schritt sinken wir wieder bis übers Knie ein. Zehn Schritte, zehn mal Stapfen. Dann ist Halt. Ich kann nicht mehr, ich habe keine Kraft mehr. Wie zum Possen springt Prem wie ein Känguru durch den Schnee und jubelt, er könne noch lange laufen. Mir ist das egal. Ich muss daran denken, dass ich auch wieder bis nach unten muss. Auch Bergablaufen braucht und kostet Kraft. Schluss!

Erschöpft lassen wir uns fallen und setzen uns auf einen schneefreien Fleck zu zwei Spaniern mit ihrem Guide. Langsam heben wir die Köpfe, schauen uns um. Wo sind wir? Erst jetzt können wir begreifen, warum wir hier hoch gelaufen sind. Das Bergpanorama ist überwältigend. Es gibt keine Worte, die das beschreiben könnten, was wir sehen und fühlen. Die Anstrengung, die Ruhe, die Sonne, der Schnee, die Wärme, die Berge, das Weiß – endlos, einfach unbeschreiblich und endlos. Lange bleiben wir schweigend sitzen, lächeln. Dann packen wir den Kuchen aus, trinken Apfeltee und lassen es uns zu dritt schmecken. Alles schmeckt „lecker", wie Prem immer wieder mit seinen neu gelernten deutschen Worten betont.

Prem wird beauftragt, ein Foto mit Bergpanorama von uns zu machen. Er greift ganz behutsam nach der Spiegelreflexkamera, als ob er noch nie einen Fotoapparat in der Hand hatte. Vielleicht ist er auch nur besonders vorsichtig, viele Touristen haben nur eine kleine Digitalkamera. Weil wir hier so schön sitzen, kann ich ihm auch ruhig und geduldig die Bedienung erklären. Noch eine kurze Einweisung zum Bildaufbau, dann gehe ich mit ihm an die Stelle, von der aus er uns fotografieren soll, und stelle den Fotoapparat ein. Stolz wie ein kleines Mädchen, das Muttis Stöckelschuhe trägt, steht er da. Klick. Das Bild ist ganz toll geworden. Prima.

Als wir die zweite Flasche Tee auspacken, fragt uns einer der Spanier, ob er etwas zu trinken von uns bekommen könnte. Sie hätten ihr Wasser vergessen. Fassungslos geben wir ihnen von unserem Trinken. Wir haben für jeden von uns mehr als einen Liter Tee mit. Wie kann man das Trinken vergessen? Das könnte böse ausgehen. Dehydriert im Abstieg wird einem ganz schnell schwindlig. Ein kleiner Fehltritt, den man normalerweise ohne nachzudenken ausbalanciert, kann zu einem bösen Sturz ausarten. Die drei gehen nach der anderen Seite bergab in Richtung Manang. So müssen wir uns nicht weiter verantwortlich fühlen.

Wir bleiben noch lange sitzen. Schweigend, weil es um uns herum so eindrucksvoll und gigantisch aussieht. Kein Windhauch ist zu spüren, der uns frösteln lassen könnte. Hinter uns der kleine See und schneebedeckte Berge, vor uns noch viel größere Berge. Dazwischen ein tiefes Tal mit steilen Eiswänden, zerklüfteten Gletschern, einem Gletschersee, den Häusern von Braga und Manang und gut erkennbaren Wegen. Der Fotoapparat klickt immer wieder. Ich kann mich nicht entscheiden, ob ich diese Berge im Panoramaformat oder besser im Detail aufnehmen soll. Ich probiere beides mehrfach. Diesen Blick bekommen wir so bald nicht wieder. Jetzt an einem Dia zu sparen, das wäre bestimmt der falsche Moment. Die markante dreieckige Spitze des Roc Noir hole ich mir durch das Teleobjektiv näher heran. Die schwarzen, nordseitigen Felswände von Roc Noir und Grand Barriere wirken zusammen wie ein drohender, donnernder Fels-Gott. Der Gipfel sieht wie eine spitze Zacke aus, der Felsgrat wie die schneidende Kante eines Schwertes. Beide werden nur von hinten von der Sonne angestrahlt. So leuchten sie verzaubert und erscheinen noch schärfer. Wen würde es wundern, wenn aus solchen Lichtspielen grausige Berg-Sagen erzählt würden. Daneben erscheint der Tilicho Peak fast sanftmütig und einladend. Auf seinem langsam ansteigenden Gipfelgrat führt wohl der Anstieg hinauf. Eine Leichtigkeit dürfte dieser Weg trotzdem nicht sein, mit weit über siebentausend Metern Höhe ist der Tilicho Peak sicher genauso rau und abweisend.

Prem zeigt uns auf der anderen Talseite ein abgehendes Seitental. Das ist der Weg zum Tilicho See. Der See selbst ist nicht zu erkennen, dazu stehen wir noch zu niedrig. Nur der Tilicho Peak ragt als schneeweiße Pyramide deutlich erkennbar heraus. Weg und Berg sehen so weit aus. Wir versuchen, Details zu erkennen, was uns aber kaum gelingt. Dann müssen wir wieder zurück ins Tal.

Noch einmal stapfen wir durch den tiefen Schnee. Wenigstens ist es bergab nicht mehr so anstrengend. Dafür laufen wir am Rand eines steilen Felsabbruchs und mit dem Blick über eintausend Meter tief nach unten. Mir wird mulmig zumute, ich habe Angst hinunterzufallen. Ab und an bleibe ich für ein paar Blicke ins Tal stehen. Beim Laufen sind meine Augen fest auf Prems Spur gerichtet, nur nicht daneben treten.

Kurz bevor es steil bergab ins Tal geht, zeigt uns Prem einen Himalaya-Adler, der am

Himmel majestätisch seine großen Kreise zieht. Gern hätten wir den Adler mit einem Fernglas länger begleitet. Wir haben kein Fernglas mit und schauen ihm so noch eine Weile nach. Prem läuft währenddessen nicht weiter. Er bleibt stehen, bückt sich und hebt dunkle Krümel auf. Es ist getrockneter Tierkot, der auf dem Schnee neben unserer Spur liegt. Prem reibt ihn zwischen den Fingern. Er riecht, reibt noch einmal und dreht sich suchend nach allen Seiten um. Dann zeigt er aufgeregt auf Katzenspuren gleich neben uns. Katzen? Nein, ein Schneeleopard. Mein fragendes Gesicht deutet Prem als Angst und beruhigt mich sofort: „Nein, der ist schon längst weit weg und versteckt sich vor den Menschen. Der Schneeleopard ist keine Gefahr für uns." Eigentlich ist mir das klar, ich habe auch keine Angst vor dem Leoparden. Es erstaunt mich nur, dass die Schneeleoparden bis hier her kommen, wo doch täglich Menschen zum See hoch laufen. Wahrscheinlich hat der Schnee die Geruchsspuren der Menschen verdeckt. Wieder sind wir fasziniert und beeindruckt, als hätten wir den Leoparden leibhaftig zu Gesicht bekommen. Im Weitergehen erzählt Prem noch, dass es viele scheue Tiere in den Bergen gibt. Mit viel Glück bekommt man jedoch höchstens einmal die blauen Schafe zu sehen. Blaue Schafe? Nein, die sind nicht wirklich blau. Warum heißen sie dann blaue Schafe? Schulterzucken.

Bergab geht es wirklich schneller. Weiter unten zeigt Mario, wie man auf dem Schnee in Bergschuhen Skifahren kann. Er stellt sich auf die Fersen und lässt sich gleiten, als ob er Bigfoots an den Füßen hätte. Prem lernt es sofort und wir haben alle einen riesigen Spaß. Leider nur kurz, schon ist der Schnee zu Ende. Wir ziehen die Gamaschen aus und hängen sie an den Rucksack zum Trocknen. Prems Bergschuhe sehen nicht gut aus. Beide Schuhe sind von der Sohle bis zum Schaft völlig durchnässt. Prem erträgt es mit dem ihm eigenen Lächeln. Wenn ich mit solchen Schuhen laufen müsste, würde ich fürchterlich meckern, auch wenn dadurch alles noch viel ärgerlicher würde. Ich kann noch einiges von Prem lernen. Zum Beispiel, die Dinge als gegeben hinzunehmen, wenn man sie sowieso nicht ändern kann.

Ein letzter Blick auf den smaragdgrünen See des Gangapurna-Gletschers, der gegenüber auf der anderen Talseite leuchtet. Unten im Tal grast eine große Yak-Herde neben dem Fluss. Das Wort grasen ist sicherlich gründlich übertrieben. Auf dem trockenen Boden ist höchstens noch die braune Grasnabe zu erkennen, nicht ein einziger grüner Halm. Die Tiere sind auch ohne grünes Gras ganz friedlich. Wir gehen nahe an den Zaun heran, die Tiere nehmen trotzdem keinerlei Notiz von uns.

Braga ist nicht mehr weit. Von weitem schon erkennen wir unsere Lodge. In Anbetracht von so viel Idylle beschließt Mario freudestrahlend, dass es ihm hier einfach zu gut gefällt. Alles erscheint ihm wie extra für ihn geschaffen. Er will für zwei Jahre hier bleiben. Dann können wir ihn ja wieder abholen. Ich kann mir das Lachen kaum verkneifen. Mal abgesehen davon, dass diese Idee unrealisierbar ist, Marios Englisch reicht noch lange nicht, um hier zu überleben. Ich versuche, mit vollem Ernst zu antworten: „Das ist prima, dann sprechen in Braga in zwei Jahren alle Deutsch." Mario überlegt, ob er beleidigt sein soll. Inzwischen übersetze ich Prem Marios Idee und meinen Kommentar. Laut schallend

lacht Prem los. Mein Mario lacht mit.
Dreiviertel drei sind wir wieder in der Lodge. Die Sonne scheint angenehm warm in unsere Suite. Zeit für ein Schäferstündchen zu zweit. Danach lassen wir uns wieder das Waschwasser im Eimer geben. Heute muss ich Haare waschen. Ausgestattet mit zwei Eimern und einem Becher zum Gießen klappt die Prozedur auch mit meinen langen Haaren recht unkompliziert. Vor allem aber ist das Wasser warm und angenehm. Draußen wärmt noch immer die Sonne und trocknet die Haare schnell. Nach getaner Arbeit verschwindet die Sonne hinter den Bergen und lässt nur noch den kalten Wind für uns zurück.
Wir beziehen wieder unseren Platz im Speiseraum gleich neben dem Ofen. Prem sitzt schon da und versucht, seine wirklich klatsch nassen Schuhe zu trocknen. Er hat keine richtigen Bergschuhe, ich würde es eher als Leicht-Trekking-Schuhe bezeichnen. Prem aber ist ganz stolz auf die Schuhe. Es waren die teuersten und besten Bergschuhe, die es in Pokhara zu kaufen gab. Mario beendet die Diskussion mit einer Dose Schuhwachs. Prem soll die Schuhe erst einmal richtig trocknen, dann werden sie mehrfach mit dem Wachs einreiben. Das war heute bestimmt nicht der letzte Schnee. Bis Prems Schuhe getrocknet sind, wachst Mario seine Schuhe noch einmal ein. Der Speiseraum füllt sich schnell und schon bald stehen viele am Ofen und trocknen ihre Schuhe. Das sächsische Pärchen hat sich wieder neben uns gesetzt. Er schaut freudig auf das Schuhwachs und fragt, ob er auch welches bekommen könnte. Mario muss ablehnen, sonst würde das Wachs nicht mehr für Prems Schuhe reichen. Von weiter hinten moniert jemand ganz laut: „Ihr werdet doch Eurem Guide nicht die Schuhe eincremen!“ Doch, werden wir!
Eines der beiden deutschen Mädchen berichtet lautstark von ihrer Ice LakeTour heute. Sie erzählt auf Englisch. Ich muss respektvoll zugeben, dass ich wieder Probleme habe, alles zu verstehen. Das hervorragende Englisch hat ihnen am Berg leider nicht geholfen, sie haben sich trotzdem immer wieder verlaufen. Als sie dann die Anhöhe über dem See erreicht hatten, sind sie nicht mehr bis zum See hinunter gegangen. Acht Stunden haben sie gebraucht. Und ganz sicher haben sie nicht so friedlich wie wir die Eindrücke und Ausblicke dort oben genossen. Ich brauche wohl nicht zu erwähnen, dass auch ihre Schuhe nass sind.

11.11.2005, Freitag Braga – Khangsar (3.734m)

Heute wird richtig ausgeschlafen. Die Sonne scheint schon in unser Zimmer, als wir uns kurz vor acht aus den Schlafsäcken quälen. Draußen ist es trotz der Sonne bitterkalt. Heute ziehe ich vorsichtshalber dünne Leggings unter die Berghose, ich habe Sorge, dass es mir zu kalt wird. Der Speiseraum liegt nachmittags in der Sonne und wirkt jetzt im Vergleich zur blendenden Sonne in unserem Zimmer sehr dunkel und kalt. Während wir drei uns zum Frühstück setzen, kommt der Gui-

de der Schottinnen mit drei Tassen heißem Kakao auf dem Tablett durch den Raum. Die Damen bekommen ihre heiße Schokolade im sonnigen Zimmer serviert. Wir sind vor allem beeindruckt, weil es zum Glück noch mehr so fürsorgende Guides gibt. Nur Prem ärgert sich, dass er nicht selbst auf so eine Idee gekommen ist. Armer Prem, du tust genug für uns.
Ich bekomme zum ersten Mal auf dem Trek Toast mit Butter zum Frühstück. Dazu die hier übliche Einheits-Marmelade, zu der man ganz schlicht Jam sagt. Mario isst, wie immer, eine Knoblauchsuppe und ungesüßtes Tibetisches Brot. Am Himmel schweben kleine Schäfchenwolken, als ob sie uns zu diesem besonders schönen Tag begrüßen wollen. Neue Backwaren kommen auf die Theke, sofort werden sie neugierig von allen inspiziert. Ein richtiger Kuchen ist dabei. „Was ist das für Kuchen?“ Die englische Antwort verstehe ich nicht. Der Mann hat deutlich gesprochen, nur kenne ich die Vokabel nicht. Er lacht, sagt „Hase“ und knabbert intensiv an einer nicht vorhandenen Möhre. Na also: Möhrenkuchen. Wir kaufen sofort drei Stück von diesem Möhrenkuchen als Wegzehrung und bekommen besonders große Stücke. Das ‚wichtige‘ deutsche Mädchen bekommt nur ein schmales Stück Kuchen. Entschuldigung, aber wir grinsen alle drei.
Im Eingang des Hotels stehen drei junge Männer, alle so Anfang Zwanzig. Einer fragt uns auf Deutsch, ob wir zum Tilicho See gehen. Die anderen zwei ziehen ein Gesicht. „Nur zur Akklimatisation“ betont der Wortführer. Wir empfehlen ihnen, zum Ice Lake zu gehen, der ist nicht so weit. „Oh nein, ich war schon im Pisang Peak Base Camp, das liegt deutlich höher als der Ice Lake.“ wehrt er schnell ab. Zu dem Camp ist er sicher allein gegangen, denn die Gesichter der anderen zwei wechseln noch immer zwischen schuldbewusst und ängstlich. Wir werden sie am Abend in Khangsar treffen, sie haben sich für den Tilicho See entschieden.
Kurz vor neun geht es dann los, zuerst nach Manang. Wenn Chame offiziell die Distrikt-Hauptstadt ist, dann ist Manang inoffiziell die wirtschaftliche Hauptstadt auf dieser Talseite. Ein neuer Torbogen begrüßt weiß verputzt die Wanderer. „Welcome to Manang“ steht in großen Lettern darauf geschrieben. Prem und ich posieren fürs Foto. In Manang reiht sich ein Geschäft an das andere, man bekommt eigentlich fast alles zu kaufen. Nur mit der Qualität darf man es nicht so genau nehmen. Der Weg durch den Ort ist etwas Besonderes. Zum ersten Mal ist er aus gleichmäßig rechteckig zugesägten Steinen gepflastert. So ein befestigter Weg ist auch notwenig, denn rechts vom Weg, mitten im Ort und nur durch einen kleinen Holzzaun getrennt, liegt ein gepflügter Acker. Der ist von der Schneeschmelze voller Matsch. Ohne den gepflasterten Weg müssten die Menschen durch knöcheltiefen Schlamm stapfen. Links des Weges steht die ‚Ladenpassage‘. Wie sonst sollte man die Reihe Buden nennen, in denen Souvenirs und mehr verkauft werden? Die Hütten sind nur einstöckig, einige aus Stein, die meisten aus Holz. Weiter hinten stehen wieder Häuser aus Stein in der typischen offenen dreistöckigen Bauweise mit den Flachdächern. An der Sonnenseite des Berges darüber gibt es wegen der Trockenheit nicht einmal mehr Bäume. Beim Näher kommen begeistern mich wieder die aufwendig ge-

schnitzten und bunt bemalten Fensterrahmen.
Zwei richtige kleine Gemischtwarenhandlungen mit Regalen und einer Registrierkasse laden ein, wir brauchen aber weder Duschbad noch Toilettenpapier. Mario sucht noch einen Kettenanhänger für sich und wandert an den Souvenirständen entlang. Prem strebt zielgerichtet zu dem Haus mit dem öffentlichen Telefon. Er freut sich, endlich nach Hause telefonieren zu können. Und was mache ich? Ich stecke das Teleobjektiv auf meine Kamera und beobachte die Menschen. Auf der ersten Etage gleich mir gegenüber sitzt eine Frau und stillt ihr Mädchen. Wieder kann ich das Alter nur schwer schätzen. Oft sehen die Menschen wegen der schweren Arbeit und der trockenen Luft viel älter aus, als sie sind. Die Frau wirkt nicht mehr jung, ist es aber bestimmt noch. Das Mädchen ist sicher schon zwei, wenn nicht älter. Die beiden lassen sich nicht stören, ein friedliches Bild. Auf dem Dach des Hauses daneben sitzt eine Großmutter und dreht ihre kleine Hand-Gebetsmühle. An einem Stab ist eine Blechdose angebracht, die sich dreht. Die an Bändern darüber angebundenen Kugeln fliegen beim Drehen hoch wie ein Tellerrock. Das Ganze erinnert an ein hübsches Kinderspielzeug, ist hier jedoch fest verwurzelter Glauben. Die alte Frau hat eine dunkelbraune Haut. Ihr Kopftuch in rot, braun und ocker ist sehr groß, sie hat es auch über die Schultern gelegt. Darunter trägt sie eine schlichte graue Jacke. Sie sieht feierlich aus, ist fest in ihre Meditation vertieft und bohrt dabei ausgiebig mit dem Zeigefinger im großen Nasenloch. Klick, die Kamera hat das Bild eingefangen. Am Eingang zu einer Stupa steht ein Gestell mit drei übergroßen, uralten Gebetsmühlen. Auch sie sind noch original und mit Leder bezogen. Ich traue mir nicht, sie anzufassen. Sie könnten bei jeder Berührung zerfallen.
Mario ist wieder da, vorerst ohne ein neues Souvenir. Wir wollen für Prem unbedingt Stulpen kaufen. Ist der Schnee so hoch, dass er von oben in die Schuhe eindringt, dann nützen auch wasserdichte Schuhe nichts. Und der nächste Schnee kommt bestimmt. Im ersten Geschäft mit Sportartikeln haben sie keine Stulpen. Statt uns diese einfache Antwort zu geben, fragt der Verkäufer nach unseren Plänen. Daraufhin stellt er sattelsteif fest, dass weder am Pass noch am Tilicho Schnee liegt, da brauchen wir keine Stulpen. Wir wissen selbst, dass diese Antwort falsch ist. Den Nepali wird nachgesagt, sie würden nur sehr ungern auf eine Frage nicht helfen können. Das geht sogar so weit, dass ein Nepali auf die Frage nach dem Weg lieber eine falsche Antwort gibt, als zugeben zu müssen, dass er den Weg nicht weiß. Wir ordnen die Antwort des Verkäufers dort ein und ziehen zum nächsten Laden weiter. Der hat graue Stulpen. Die Qualität ist überraschend gut, sie sehen sogar stabiler aus als unsere einfachen europäischen Gamaschen. Der Preis ist unbeschreiblich niedrig, bei 250 Rupien feilschen wir nicht noch. Wir freuen uns schon auf Prems überraschtes Gesicht.
Inzwischen ist auch Prem wieder zurück und richtet uns endlos viele liebe Grüße von seiner Frau aus. Sie wünscht uns allen ein gesundes Überschreiten des Passes. Wer wie sie selbst viele Jahre als Trägerin im Himalaja gearbeitet, der weiß, wovon er spricht. Wir freuen uns über die warme Herzlichkeit.

Das Internet-Cafe lassen wir hier noch unbesucht. Unsere ersten Grüße nach Hause werden wir besser erst nach dem Pass schreiben. In diesen Dingen sind wir beide ein bisschen abergläubisch. Nicht einmal eine Ansichtskarte haben wir bisher gekauft.
Hinter Manang biegen wir von der Hauptroute nach links in Richtung Khangsar ab. Der Weg ist auf keiner Wanderkarte richtig eingezeichnet, umso besser ist er ausgeschildert. Es geht hinunter zum Fluss, ein Stück mit dem Weg zum Gangapurna Ice Fall Lake. Für einen kurzen Augenblick ist der See sogar zu sehen. Die Sonne brennt wieder heiß über dem breiten Tal. Bäume gibt es keine mehr. Nur ein einziger, riesiger Lebensbaum ist wie zur Erinnerung stehen geblieben. Vermutlich sind die anderen Bäume zum Häuserbau verwendet worden. Schade. Bald bereue ich es, heute Morgen die Leggings unter die Hose angezogen zu haben. Es wird warm. Im Dornengestrüpp am Weg verstecken sich Ziegen, wieder mit diesen wunderschön gedrehten Hörnern.
Weiter geht es über Moränen und am Berghang entlang. Bald schneidet der Fluss eine steile, tiefe Schlucht in den Grund. Das Tal sieht aus wie ein weiß-grauer Grand Canyon. Wir bleiben stehen und staunen. Der Schnee liegt auf der Schattenseite bis zum breiten, flachen Flussbett. Er leuchtet hell und gibt der Natur einen freundlichen Anblick. Ohne Schnee hier unten im Tal wäre alles ein einheitliches Grau. So hat der Schnee auch seine gute Seite. Die Vielfalt, die diese Landschaft hinter jeder Wegbiegung aufs Neue zu bieten hat, lässt sich mit Worten kaum beschreiben. Unten im Tal sieht man die kleine alte Brücke, die früher über den Fluss führte. Heute ist eine riesige Hängebrücke über die Schlucht gespannt, darüber führt unser Weg. Ohne, dass ich etwas sagen muss, bleiben Mario und Prem stehen und lassen mich allein über die Brücke gehen. Einzeln schaukelt sich die Brücke nicht so auf. Danke.
Hinter der Brücke, in einem kleinen, windgeschützten Winkel machen wir Rast. Es ist um elf, ich befreie mich von meiner Leggings. Heute Morgen waren war es genau richtig, die Leggings unter die Hose zu ziehen. Sonst hätte ich ganz sicher gefroren.
Der Berghang neben uns besteht nur noch aus kleinem Kies und einzelnen Flecken mit Dornengestrüpp und flachen Koniferen. Keine Wiese, nicht einmal ein Grasflecken. Ganz selten kämpfen kleine Nadelbäume gegen die raue Natur. Dafür staksen ein paar Strommasten in die Landschaft, die aber offensichtlich schon länger nicht mehr der Stromversorgung dienen. Die Leitungen hängen an vielen Masten herunter. Als Entschädigung leuchtet am Wegrand ein dunkelgrüner Bodendecker über und über mit kleinen roten Beeren. Der Möhrenkuchen und der Apfeltee schmecken wieder „lecker“, hier schmeckt eigentlich alles, so einen Hunger haben wir. Weiter auf dem Weg treffen wir ein französisches Pärchen, das vom Tilicho See kommt. Sofort schießt die Frage aller Fragen aus uns heraus: „Ist der See zugefroren?“ Nein, der See hat nicht einmal Eisschollen obendrauf. Er leuchtet wunderschön türkis. Keiner hat sich getraut, die Frage vorher auszusprechen. Im Stillen haben wir alle gehofft, nicht wieder vor einer gefrorenen Schneefläche zu stehen. Jeder hat für sich gedacht, dass es kein besonderes Erlebnis sein wird, einen zugeschneiten See zwischen verschneiten Bergen zu bewundern. Dafür würden sich die bevorste-

henden Mühen nicht lohnen. Jetzt haben wir Gewissheit, dass wir den See so wunderschön wie auf den Bildern sehen werden.
Eine Frau mit einer Kiepe voll trockenem Dornengestrüpp kommt uns entgegen, wieder ist die Ladung fast zweimal so hoch wie der Korb. Vom Kopftuch über die Jacke, die Weste und das Hüfttuch bis zur Hose ist sie ganz in dezentem Lila gekleidet. Die Farbe hat noch immer ihren Charme hier in Nepal.
Keine Stunde später sind wir in Kanghsar. Der erste Eindruck ist grau und abweisend. Selbst der Chorten am Ortseingang ist grau verputzt. Aber der erste Eindruck täuscht. Von der Rückseite sind die Querbalken des offensichtlich neu gebauten Chortens wie Drachenköpfe geschnitzt und bemalt. Man gibt sich auch heute noch Mühe beim Bauen. Prem sucht die hinterste Lodge im Ort aus. Das „Hotel on High" liegt windgeschützter als die neuen Häuser am Ortseingang. Außerdem ist unser Hotel kleiner und wird von sehr netten Menschen bewirtschaftet. Was wir zuerst zu sehen bekommen, ist allerdings nicht so nett. Vor dem Haus liegt eine große, staubige Plane. Auf der sitzt ein Mann und scheidet den großen Haufen Yak-Fleisch auf der Plane in kleine Stücke. Ich entscheide mich fürs Wegschauen und wir beziehen unser Zimmer. Auf jedem Bett liegen zusätzlich zwei dicke Decken, damit wir wirklich nicht frieren. Weil das einfach zu viel des Guten ist, geben wir zwei Decken an Prem weiter. Der will eigentlich ganz bescheiden ablehnen, aber in Erwartung einer Nacht, in der er endlich einmal nicht frieren wird, nimmt er sie mit einem dankbaren Lächeln an.
Die Lodge hat ein Flachdach, von dem aus man einen endlosen Rundblick über den Ort, das Tal und die Berge in allen Richtungen hat. Das Haus links von uns ist die Schule. Die Kinder sitzen draußen auf alten Strommasten und rausgestellten Stühlen. In der Sonne ist es wärmer als im Haus. Auf der anderen Seite kann man direkt von oben in die halboffenen Häuser reinschauen. Ebenerdig werden nachts die Tiere eingesperrt, Schafe, Ziegen, Rinder. Die zweite Etage ist nur zur Hälfte bebaut, das Dach davor bildet die Terrasse. Hier wohnen die Menschen. Oben auf dem Dach der Wohnetage werden tagsüber Hirse, Mais und Holz zum Trocknen ausgelegt. Zwischen den Etagen sind keine Treppen, nur wieder diese Baumstamm-Leitern. Geländer gibt es nirgends. Ein kleiner Junge von maximal eineinhalb Jahren spielt über eine Stunde ohne Aufsicht auf dem Dach und macht keinerlei Anstalten herunterzufallen. Eine Frau schleppt zwei volle Wassereimer die Baumstamm-Leiter hinauf. Ich falle schon beim Zuschauen fast um. Es ist wohl alles eine Frage der Übung.
Am Haus schräg hinter uns sind an einer Schnur längliche rote Früchte zum Trocknen aufgehängt. Peperoni hier oben in den Bergen? Ich schraube das Teleobjektiv auf die Kamera und traue meinen Augen kaum. Da hängt das Yak-Fleisch zum Trocknen in der Sonne, fein säuberlich in längliche Streifen geschnitten. Für uns unvorstellbar. Aber hier ist es so trocken, dass das Fleisch sicher nicht schimmeln kann. Später kaufen wir getrocknetes Rindfleisch. Der Geruch erinnert zuerst wirklich ein wenig an verdorbenes Fleisch. Doch der Geschmack ist knusprig-würzig, eine herzhafte Knabberei.

Während ich diese Bilder mit dem Fotoapparat festzuhalten versuche, sitzt Mario auf einem kleinen Balkon in der ersten Etage und bastelt ein Band für Lisas Medaillon. Ein fünfjähriger Junge hat sich zu ihm gesetzt und schaut neugierig zu, wie Mario mit Reepschnur, Messer und Feuerzeug hantiert. Aufmerksam beobachtet der Kleine jeden Handgriff. Gern würde er wohl etwas fragen. Doch er weiß schon, dass Mario ihn nicht versteht. Bald wird er in der Schule aus gutem Grund fleißig Englisch lernen. Auf mich wartet das nächste Fotomotiv. In die Holzblende an der Treppe sind die Augen Buddhas gesägt, so dass die Sonne durchscheint. Kommt man die Treppe herunter, sieht man zuerst die Schnitzerei, dann den Ort und die Landschaft dahinter. Soll man die Welt mit Buddhas Augen sehen?

Gleich hinter der Lodge ist wieder eine öffentliche Telefonstation. Hier ist es preiswerter als in Manang und Prem nutzt das ausgiebig. Darüber, oben auf dem Berg, steht ein altes Kloster. Diesmal ist es nicht bunt bemalt, nur unendlich viele bunte Gebetsfahnen lassen es erkennen. Links über dem Kloster ragt ein markanter, kompakter Fels aus dem Schneepanorama heraus. Prem, der sonst jeden Berg mit Namen kennt, zuckt mit den Schultern. „Der ist nicht hoch genug, der hat keinen Namen." Tatsächlich ist er nicht einmal auf der Karte auszumachen. Wahrscheinlich ist der Berg kaum sechstausend Meter hoch. Eine Felsbastion ohne normalen Wanderweg hinauf, das wäre sicherlich ein anspruchsvolles Ziel für Kletterer.

Vor der Lodge ist ein großer Platz, der Schnee hat ihn in Schlamm verwandelt. Auch zwischen den Häusern, wo die Sonne nicht hinkommt, liegt noch der Schnee. Knapp vor unserer Lodge sammeln sich vorwiegend junge Menschen, immer mehr kommen dazu. Sie diskutieren, dann gibt es eine handfeste Streiterei. Auch Prem kann nicht verstehen, worum es dort geht. So schnell, wie der Streit entstanden ist, wird er auch wieder beigelegt. Die jungen Männer satteln ihre Pferde und reiten zur Schau auf dem Platz. Der kleine Junge vom Hinterhaus schreit so lange eindrucksvoll, bis er bei Papa auf dem Schoß auch eine große Runde mit reiten darf.

Wir schlendern durch den Ort. Die Häuser hier sind ähnlich wie in Ghyaru eng aneinander gebaut, die Außenseiten der Häuser ohne Fenster. Kurz nach drei kommen uns am Ortseingang die beiden Polen entgegen. Sie waren am Tilicho See und werden noch weiter zurück in Richtung Hauptweg laufen. Die beiden haben ein Tempo drauf, das möchte ich nicht gehen. Ob sie die Landschaft um sich herum wirklich wahrnehmen?

Wir sind die einzigen Gäste heute. Als es uns draußen zu kühl wird, dürfen wir mit in die Küche. Von der kleinen Ofenbank aus schauen wir zu, wie die junge Frau für uns Pfefferminztee kocht. In der Mitte der Küche steht ein traditioneller Lehmofen. Die Regale an den Wänden sind blau gestrichen, wie die Buddha-Regale im Kloster. Die Farbe hat sicher eine besondere Bewandtnis. Das Edelstahl-Geschirr blinkt selbst in dem kargen Licht der dunklen Küche. Zuerst wird ein Sud aus getrockneter Pfefferminze und heißem Wasser in einem kleinen Topf zubereitet. Eine große Kanne wird mit heißem Wasser ausgespült, um sie vorzuwärmen. Dann gießt die Frau den Sud durch ein Sieb in die Kanne und füllt mit

heißem Wasser auf. Aufwendig aber sehr schmackhaft und empfehlenswert. Prem hilft in der Küche. Er hat seine Daunenjacke links herum angezogen, das dunkelblaue Futter nach außen, damit die hellblaue Außenseite nicht dreckig wird. Nebenbei versucht er immer noch, seine nassen Wollsocken vom Ice Lake zu trocknen.
Zum Teetrinken ziehen wir in den Speiseraum um. Prem bringt einen Metalleimer mit roter Glut und stellt ihn unter unseren Tisch. Das ist der Heater, die im Plakat vor der Lodge angepriesene Heizung. Natürlich haben wir uns unter einer Heizung etwas anderes vorgestellt. Meine Sorge um angebrannte Füße und einen verkohlten Tisch kann ich auch kaum leugnen. Prem lächelt über meine europäische Besorgtheit. Im Eimer ist gerade einmal eine Kehrschaufel voll Glut. An die Unterseite der Tischplatte wurde eine Metallplatte gegen die Brandgefahr genagelt, obendrüber hängt eine dicke Yakhaardecke. Yakhaar brennt sehr schlecht und hält stattdessen die Wärme gut zurück. Wir ziehen uns die Decke über die Knie und genießen die Wärme. Vorsichtig müssen wir trotzdem sein, um nicht mit den Sandaletten oder den Berghosen an den Gluteimer zu stoßen.
Feierlich überreichen wir Prem die neuen Stulpen. „Für mich?", fragt er bescheiden. Natürlich. Endlich können wir einmal etwas für ihn tun. Fast ärgert es mich, dass Prem wieder mit der leidigen Diskussion anfängt, er würde ja gar nichts für uns tun. Diese Tour mit uns wäre für ihn nur Urlaub. Wir tragen unsere Sachen fast allein, uns muss man nicht helfen, wir hätten keine Sonderwünsche, mit uns muss man nicht ständig diskutieren. Stattdessen lehren wir ihn, die Welt zu verstehen. Und dafür bezahlen wir auch noch. Er möchte gern mehr für uns tun. Es dauert sehr lange, bis ich ihm seinen Denkfehler erklärt habe: „Du musst den Wert Deiner Arbeit mit den Augen der anderen betrachten. Es ist nur entscheidend, was Deine Arbeit in unserer Welt wert ist. Deine Hilfe als Guide ist für uns sehr viel wert. Das Geld, das wir Dir zahlen, ist in unserer Welt nicht viel. Für Dich ist es viel Geld, darüber darfst Du Dich im Stillen freuen. Jeder gibt aus seiner Sicht wenig. Das Wenige ist in der Welt des anderen viel." Prem nickt, während ich rede. Trotzdem entscheidet er, für uns noch fleißiger zu sein. Wir leben doch in einer anderen Welt.
Abends in der Lodge fällt mir auf, dass auch die Tür und die Balken am Haus aufwendig und mühevoll geschnitzt sind. Die Tür hat zwei Reihen mit je vier Kassetten, in Rahmen und Kassetten sind liebevoll verschiedene Blumenmotive geschnitzt. Darüber steht einladend „Welcome to Superrestaurant". Gold glänzende Türgriffe und Schlösser bestätigen die Einladung. Wir fühlen uns willkommen, weil alles sehr ordentlich ist und die Bemühungen gut zu erkennen sind.
Wiederholt beobachte ich, wie die Frauen in den Lodges den Reis mit einem Schnellkochtopf kochen. Auf eine solche Idee bin ich noch nie gekommen. Mir ist der Reis im Kochbeutel die bequemste Art. „Reis im Kochbeutel?" Prem sieht mich verwundert an. Wenn ich mir allerdings Prems Reisportionen beim DhalBat ansehe und mir ausrechne, wie viele Tüten Reis ich für ihn kochen müsste, dann gefällt mir der Schnellkochtopf doch schon besser. Für Nepal müsste man andere Dimensionen für Tütenreis abpacken.

Mario probiert zum Abendbrot DhalBat. Ausnahmsweise und gegen Aufpreis bekommt er ein kleines Schüsselchen gekochtes Yakfleisch dazu. Während wir essen, erzählt Prem über die Menschen hier oben. Sie sind nicht so arm, wie es für uns Ausländer scheint. Bis etwa 1975 waren die Menschen wirklich sehr arm. Damals kam der Vater des jetzigen Königs mit dem Hubschrauber nach Ngawal geflogen und hat dort zwei Nächte geschlafen. Die Armut seines eigenen Volkes hat ihn beschämt. Er hat den armen Menschen aus den Bergen freie Visa nach Hongkong, Taiwan und Bangladesh gegeben. Die Nepali haben dort ihre Produkte aus den Bergen, vor allem Kräuter und Gewürze, verkauft und gearbeitet. Für das Geld haben sie die in Nepal begehrten Kühlschränke und Fernseher mitgebracht. So wurden sie schnell reich. Jetzt haben die Menschen aus den Bergen um Manang große Hotels in Kathmandu. Die schönen Monate verbringen sie ganz freiwillig zu Hause in den Bergen. Wenn es Winter wird, heuern sie Hirten an, die ihre Ziegen und Yaks hüten, beladen die Pferde mit ihren Waren und ziehen nach Kathmandu. Ihnen gehören auch Hubschrauber und die Fluggesellschaft Manang-Air. Man sieht ihnen den Reichtum nicht an, sie sind freundlich und kein bisschen überheblich.
Mario hat seinen DhalBat aufgegessen. Das Yakfleisch schmeckte nicht unangenehm. Gewöhnungsbedürftig ist nur, dass das Fleisch mit Knochen in Stückchen gehackt wurde und so auch zum Essen gereicht wird. Man muss jedes Stückchen vorsichtig abnagen.
Für die nächsten zwei Tage zum Tilicho See nehmen wir nur das Nötigste mit. Alles andere deponieren wir in der Lodge, wir kommen ja wieder.

12.11.2005, Sonnabend Khangsar – Tilicho Base Camp (4.150m)

In der Nacht war es schön warm. Früh sind wir die ersten, die aufstehen. Unsere Wirtsleute haben verschlafen. Viertel neun sind wir dann endlich startklar.
Hinter Khangsar wandern wir gut dreihundert Höhenmeter bergan bis zu einer großen Gompa und am neuen Kloster vorbei. Der Weg ist nicht mehr gepflastert, eigentlich wäre es ein schöner Wanderweg. Durch den Schnee und die Sonne ist es sehr matschig. Untendrunter ist der Boden gefroren, obendrauf hat die Sonne die Erde angetaut. Bei einer kurzen Rast drehen wir uns um und blicken über Khangsar und das große Marsyangi-Tal. Auf der anderen Seite baut sich die nächste Bergkette auf. Prem nennt klangvolle Namen, beeindruckend und unendlich erscheinen die weißen Gipfel.
Das Wasser an den Rändern der kleinen Seitenbäche ist gefroren und bildet bizarre Eiskristalle. So recht kommt aber keine Freude daran auf, denn an einem kleinen Taleinschnitt hat das Wasser die Brücke mitgerissen. Weiter oben gibt es ein Brett über den Bach. Dazu müssen wir auf Schnee vermengt mit schwarzem, brüchigem Schieferschutt

steil nach oben. Prem inspiziert das Brett und murmelt halblaut etwas von Eis. Das Brett ist vollständig mit einer Eisschicht überzogen. Beim Darüberlaufen wären wir unweigerlich in den Bach gerutscht. Prem hackt mit seinem Stock mühsam auf dem Brett herum. Jetzt verstehen wir, warum er uns nach einem Eispickel gefragt hat. Endlich platz die Eisschicht ab. Mario und Prem helfen mir über das Brett hinüber. Auf der anderen Seite rutschen wir durch den Schieferschutt wieder bergab und meinen, das Problem überstanden zu haben. Wir gehen um eine kleine Kurve und stehen vor der nächsten Schwierigkeit. Eine vereiste Rinne führt bergauf und soll der Weg sein. Erneut nimmt Prem sein Eispickel-Ersatz-Stock, hackt Stufen in den harten Schnee und streut Schiefersplitt darüber. So können wir ohne Gefahr die kleine Anhöhe erreichen. Mario und ich sehen uns erleichtert an. Was wäre unsere Tour ohne Prem. Spätestens an dieser kaputten Brücke hätten wir umgedreht. Doch es soll noch mehr Arbeit für Prem geben.
Erst einmal schlängelt sich der Weg angenehm am Hang entlang, neben dem Weg wächst Gestrüpp, Yaks stehen friedlich am Weg und lassen sich aus zwei Metern Entfernung fotografieren. Wir sind heute die ersten auf dem Weg und scheuchen die Schneehühner vor uns auf. Plötzlich hört man Poltern und Steine rollen. Prem zeigt aufgeregt auf das Gestrüpp vor uns. Mit ihrem beige-grauen Fell und den gleichfarbigen Hörnern kann man die Wildschafe dort nur schwer vom Fels und den Sträuchern unterscheiden. Das also sind die blauen Schafe! Eine ganze Horde zieht vor uns den Berg hinauf. Schnell das Teleobjektiv aufgeschraubt und seltene Fotos aufgenommen. Eindrucksvoll sind vor allem die großen, ausladenden Hörner der männlichen Tiere. Auf einmal hat es Prem ganz eilig, wir sollen sofort weiter laufen. Die Schafe queren den Hang über uns und treten die Steine locker. Wenn uns so ein Stein trifft, dann kann das mehr als nur wehtun. Gern würden wir den Tieren noch eine Weile nachsehen. Schleunigst bewegen wir uns in sicheres Terrain.
Für den weiteren Weg schreibt der Reiseführer, dass ein Geröllfeld zu queren ist. Er schreibt aber nicht, dass die Querung über zwei Stunden dauert und immer 300 Höhenmeter Geröll über uns und 600 Höhenmeter Geröll unter uns sind. Rechts oben am Grat stehen hohe Felsen aus schnell verwitterndem Gestein. Dort beginnt der Geröllhang. Unterbrochen werden die Schuttrinnen nur durch tiefer stehende, große Felsen, zwischen denen sich der Weg steil hindurchschlängelt. Bei jedem Schritt rutscht der Fuß mitsamt dem Geröll den Berg hinunter. Von oben kommen Steine nicht nur gerollt, manche kommen gesprungen. Wie sollen wir hier herüber kommen? Prem geht vornweg, wir beide folgen ihm ganz dicht. Ich trete vorsichtig mit einem Fuß auf das lose Gestein, versuche, mich auf diesen Fuß zu stellen, um den anderen Fuß nach vorn zu setzen. Schon der erste Fuß rutscht mit den Steinen langsam nach unten. Bevor ich den zweiten Fuß nach vorn setzen kann, stehe ich ein ganzes Stück unterhalb der Spur. Resignierend stelle ich fest, dass ich so nicht vorwärts komme. Mein vorsichtiges und behutsames Auftreten wird hier nicht helfen. Die Lösung besteht darin, mit schnellem Schritt über den Hang zu laufen. Mehr dass man fliegt als dass man läuft. Es ist zwar nicht meine Art, mit Bergschuhen und Rucksack im Gebirge zu rennen, aber hier und heute wird mir nichts anderes übrig

bleiben. Ich senke meinen Blick nach unten, verzichte auf die Ansichten um mich herum und haste Prem hinterher.
Prem schafft es, nach oben auf die Steine zu schauen und trotzdem vorwärts auf dem Weg zu bleiben. Sieht er einen Stein, dann sagt er an, was wir tun sollen. Mal ist es besser, stehen zu bleiben, mal sollen wir zügig weiterlaufen. Dabei darf ich nur nicht ins Tal sehen, sonst wird mir schwindlig. Ganz unten schlängelt sich das kleine Flüsschen, als ob man an ihm bequem entlang wandern könnte. Prem errät meine Gedanken und wehrt sofort ab. Da unten führt kein Weg durch. Es gibt kein Ausweichen, wir müssen hier oben am Hang vorsichtig weiter. Immer wieder kommen große und kleine Steine über das Geröllfeld heruntergerollt. Immer wieder frage ich mich, wie lange das noch gehen soll. Immer wieder führt der Weg weiter über das lose Gestein. Mit der Zeit werden die Felsen oben niedriger, der Hang wird deshalb aber nicht flacher. Nur selten geben kleine Inseln aus Gestrüpp am Hang unseren Füßen festen Halt.
Endlich biegt der Weg in einem großen Bogen nach rechts um den Berg. Das Geröllfeld ist zu Ende! Ganz hinten, in eine Senke geduckt, ist die Lodge schon zu sehen. Geschafft! Richtig freuen kann ich mich nicht. Noch immer steckt die Angst in mir und lässt keine angenehmen Gefühle aufkommen.
Im letzten Schneefeld vor der Hütte stehen filigrane Schneetürmchen. Wahrscheinlich waren es einmal große Schneekugeln, die vom Berg heruntergerollt und hier liegen geblieben sind. Ihr eigener Schatten schützt sie vor dem Auftauen durch die Sonne. Bizarre Eisgebilde warten darauf, bewundert zu werden. Ich bin körperlich und nervlich so geschafft, dass ich keine Muße an diesen Schneefiguren finden kann. Ich werde ein Foto machen und mich zu Hause ausgeruht an dem Bild erfreuen.
Halb eins, pünktlich zum Mittagessen, sind wir am „Tilicho Base Camp Hotel". Der große Steinbau in der hier für Lodges üblichen Hufeisenform ist erst neu. Daneben stehen noch die beiden Vorgängergebäude. Um das Haus liegt eine geschlossene Schneedecke und lässt ahnen, dass es nachts bitterkalt werden wird. Vorerst sitzen wir auf der warmen Terrasse, trocknen die Schuhe in der Sonne und schütteln noch immer die Köpfe über den heutigen Weg. Vor uns baut sich die Felsenkette der Grande Barriere mit dem Roc Noir auf. Der schwarze Berg wird seinem Namen gerecht. Seine Felswand ist so steil, dass kein Schnee darin liegen bleibt. Alle Berge rings herum sind weiß verschneit, nur diese Felswand aus Schiefergestein flimmert schwarz. Wir sitzen auf über viertausend Metern Höhe, doch die Berge um uns sind immer noch überwältigend hoch und groß, unnahbar und unfassbar.
Den Nachmittag verbringen wir mit Nichtstun und Schwatzen. Einer der Männer, die diese Lodge bewirtschaften, genießt seine Mittagspause auf einer Bank in der Sonne. Prem setzt sich zu ihm, schweigend sitzen die beiden nebeneinander. Es ist ein komisches Bild, Prem ist doch sonst so gesprächig. Die Auflösung besteht in einem kleinen Weltempfänger, der zwischen beiden auf der Bank steht, in miserabler Qualität irgendeine Musik dudelt der sie angestrengt lauschen. Prem besitzt kein Radio, schon deshalb nicht,

weil er dafür Batterien kaufen müsste. Also nutzt er hier die Gelegenheit. Für uns wäre es ein recht zweifelhaftes Vergnügen, doch diesmal geht es nicht um uns.
Eine große Maus ohne Schwanz lugt immer wieder neugierig unter dem Mauerwerk hervor und interessiert sich besonders für Prems gut eingewachste Bergschuhe. Mario lästert, dass der Maus wohl bei der Kälte hier oben der Schwanz abgefroren ist. Einmal mehr ist Prem von Marios Humor begeistert. Die Schuhe stellt er trotzdem zur Sicherheit vor der Maus auf die Mauer hoch.
Später kommen noch die drei Jungs, die uns in Braga nach dem Tilicho See gefragt haben, drei Tschechen mit kompletter Camping-Ausrüstung, die zwei Russen vom APAC-Office in Pokhara und ein rauchendes französisches Pärchen mit Guide und Träger. Die Jungs hatten die letzte Nacht wieder frierend verbracht, sie wohnten in der großen Lodge am Ortseingang. Während wir Ihnen von der Funktionsweise unseres Gluteimers unter dem Tisch erzählen, stellen sie bedauernd fest, dass so ein Guide auch seine Vorteile hat. Für den Rückweg lassen sie sich unsere Lodge ‚wärmstens' empfehlen.
Die untergehende Sonne hinter der Grand Barriere leuchtet wie ein Scheinwerfer über die felsige, verschneite Kante und zaubert einen Strahlenkranz. Mühsam versuche ich, all diese unbeschreiblichen Bilder in meinem Kopf zu behalten. Es sind schon so viele Eindrücke, die ich mir unbedingt merken will. Bloß nichts vergessen. Alles ist unvergleichlich, wunderschön und unwiederbringlich. Ich werde noch Jahre von diesen Bildern begeistert sein.
Wir erleben zum ersten Mal, dass eine Lodge nur von Männern bewirtschaftet wird. Im Aufenthaltsraum ist es unangenehm kalt, auch Prem kann keinen Glutofen besorgen. Besonders unangenehm sind meine kalten Füße. Ich ziehe die Schuhe aus und lege die Füße auf Marios Schoß. Die Bänke haben keine Lehne. Deshalb sitze ich in dieser gebückten Haltung recht unbequem. Ein häuslich, wohlig-warmes Gefühl kommt nicht auf. Zum Essen müssen die Füße sowieso wieder in die Schuhe und unter den Tisch. Zwischen dem Aufenthaltsraum und der Küche gibt es keine Tür. Der offene Ofen ohne Abzug in der Küche soll mit seinem Rauch auch den Aufenthaltsraum wärmen. Warm wird es nicht, nur völlig verqualmt. Halb sechs essen wir Abendbrot. Es gibt Tomatensuppe mit Nudeln für uns beide. Prem und ich haben leichte Kopfschmerzen. Wahrscheinlich nicht wegen der Höhe, sondern wegen der Anstrengungen der letzen beiden Tage. Um sechs verkriechen wir uns vor der Kälte in unser Zimmer in die Schlafsäcke. Die sind schön warm und wir schlafen schnell ein. Was soll man außer Schlafengehen im Hochgebirge sonst tun, wenn man friert? Um zehn in der Nacht wache ich auf, weil meine eiskalten Füße endlich warm geworden sind. Kurz nach elf hat Mario ausgeschlafen. Zum ersten Mal spüren wir die dünne Luft. Nachts wachen wir auf und atmen ganz hektisch, als ob wir keine Luft bekommen würden. Das dauert nur zwei, drei Luftzüge, dann funktioniert die Atmung wieder normal. Nur eine kleine Schrecksekunde.

13.11.2005, Sonntag Tilicho See (4.919m)

Wir haben den Wecker auf dreiviertel sechs gestellt, sind aber schon viel eher wach. Die Russen sind bereits halb fünf aufgestanden. Sie haben versucht, leise zu machen. Auf den Holzdielen hört man jeden Ton. Auf Anraten von Prem versuche auch ich es diesmal mit Knoblauchsuppe zum Frühstück. Das ist ja gut gemeint, um Höhenproblemen vorzubeugen. Aber die Suppe will nicht rein. Mario isst meine halbe Suppe mit, ich esse sein zur Suppe unpassendes, süßes tibetisches Brot. Zähneputzen müssen wir heute Morgen mit unserem letzten Schluck Mineralwasser, weil die Wasserleitung von der Quelle eingefroren ist.

Wir ziehen an, was wir mit haben: Woll-Shirt, Fleece-Jacke, Daunenjacke, Leggings, Berghose, Mütze, Handschuhe und Gamaschen. Überhandschuhe, drei Flaschen Tee, Mars Riegel und Foto-Ausrüstung kommen in den kleinen Rucksack, den Prem für uns trägt. Halb sieben sind wir dann endlich fertig.

Gelblicher Morgendunst liegt über dem Tal. Die Berge sind nur als graue Schatten zu erkennen, die braun-gelbe Wiese glitzert im Morgentau. Fast könnte man an einen Oktobermorgen in den Alpen glauben. Schon Minuten später werden Dunst und Nebel von der Sonne aufgesaugt. Die ersten zweieinhalb Stunden geht es schräg zum Berg auf einem schmalen Pfad stetig und gleichmäßig bergauf. Die Erosion hat bizarre Felsen geformt, sogar ein Felsenfenster hat sie geschaffen. Dann beginnen die Serpentinen am Hang. Der Weg ist noch gefroren und fest. Auf halber Höhe der Serpentinen liegt wieder Schnee auf dem Weg. Obwohl sich der Pfad gut läuft, geht es nur langsam voran. Schritt für Schritt muss ich mir erkämpfen. Der Muskel in meinen Oberschenkeln brennt bei jeder Bewegung. Das ist kein Muskelkater. Das ist ein Schmerz, den ich noch nie erlebt habe. Es tut so weh. Nach der Anstrengung der letzten Tage wäre heute ein Ruhetag für meine Beine notwendig gewesen. Stattdessen mühe ich mich, den Anschluss an Prem nicht abreißen zu lassen. Bloß nicht stehen bleiben, dann kann ich womöglich gar nicht mehr loslaufen. Es ist auch kein richtiger Trost, dass die Spur hier schon festgetreten ist. Ich kann mir nicht vorstellen, ob ich noch laufen könnte, wenn wir jetzt noch bei jedem Tritt im Schnee versinken würden.

Die Sonne kommt über den Berg. Wir ziehen die Daunenjacken aus und trinken einen Schluck Tee. Ich schaue mir Prems Ausrüstung genauer an. Seine dunkelblaue Sturmhaube ist aus nepalesischer Produktion und leistet trotzdem erstaunlich gute Dienste. Eine richtige Gletscherbrille, wie man sie in diesen Höhen eigentlich braucht, hat er nicht. Dafür zumindest eine höherwertige, an den Seiten gut abschließende Sonnenbrille. Ganz von selbst erzählt er, dass er die Brille von einem britischen Freund geschenkt bekommen hat, ein Tourist, den er durch die Berge geführt hat. Wer hier in den Bergen lebt, ist das grelle

Licht sicher gewöhnt. Die Nepali mit ihrer dunklen Haut haben vermutlich sowieso weniger Probleme mit der Sonnenstrahlung. Doch dass Sonnenschutz auch für Prem nötig ist, sehen wir ihm seit Tagen im wahrsten Sinne an der Nasenspitze an. Er lebt den größten Teil des Jahres im flachen Pokhara. Jetzt hat er Sonnenbrand im Gesicht. Ich hole die Sonnenschutzcreme für uns alle heraus. Prem frage ich nicht erst sondern ordne gleich die Creme auch für sein Gesicht an. Er versucht nur kurz, mit mir zu diskutieren. Dann gibt er klein bei, wie es sonst unsere große Tochter tut: „Ja Mama.", sagt er. Wir packen zusammen und kämpfen uns weiter im Schnee den Berg hinauf.
Am Ende der Serpentinen haben wir die Seehöhe erreicht. Nur noch über eine kleine, verschneite Anhöhe, dann muss der See vor uns liegen. Bald sind wir oben. Nach dem Hügel liegt aber kein idyllischer Bergsee vor uns. Vor uns liegt eine weite, verschneite Ebene, die mit einem weiteren Hügel endet. Nur noch diesen Hügel, dann sind wir da. Zumindest hoffe ich das ganz sehr. Doch nach dem Hügel kommt ein neuer Hügel. Immer wieder müssen wir auf einen kleinen Berg hinauf. Immer wieder schauen wir enttäuscht auf die nächste verschneite Senke vor uns. Immer wieder laufen wir weiter in der Spur im Schnee. Mir wird schlecht im Magen, alles verkrampft sich. Ich versuche, ganz tief zu atmen, um nicht brechen zu müssen. Im Kampf gegen mich selbst kommen mir die Tränen. Ich weine leise und murmle meinen Unmut vor mich hin. „Ich will nicht mehr. Ich kann nicht mehr." Prem läuft weiter, kaum dass er sich nach uns umdreht. Er kennt den Weg. Er weiß, wie weit es noch ist. Er weiß sicher auch, dass ich sofort stehen bleibe, wenn er mir jetzt sagt, dass es noch lange so weitergeht. Besser ist, ich weiß nicht, was mir noch bevorsteht. So laufe ich weinend und jammernd. Aber ich laufe.
Die beiden Russen kommen uns entgegen. Schweigend grüßen wir uns und gehen weiter. Man hätte sie fragen können, wie weit es noch ist. Will ich das jetzt wirklich wissen?
Irgendwann, kurz vor halb neun, wehen auf dem nächsten Hügel bunte Fähnchen im Wind. Das Zeichen ist eindeutig. Nur noch dieser letzte Hügel. Plötzlich bläst uns eisiger Wind entgegen. Wir stehen vor dem höchsten See der Erde. Der Tilicho See! Majestätisch leuchtet er in einer kaum zu beschreibenden Kombination aus Türkisgrün und Dunkelblau, umrahmt von dreitausend Meter höheren weißen Felsgiganten. Die Anspannung fällt von uns ab. Mario nimmt mich in die Arme und ich weine hemmungslos vor Freude. Nach dieser Vorfreude, der Anspannung und dem anstrengenden Weg würden wir gern eine Stunde am See sitzen und den Anblick in uns auftanken. Doch der Sturm reißt uns auseinander. Über den See pfeift ein eiskalter Wind und macht es trotz der strahlenden Sonne unerträglich kalt. Wir holen Daunenjacke, Windstoppermütze und Überhandschuhe heraus und positionieren uns zum Foto-Shooting. Prem bittet mich um ein Extra-Foto von ihm mit besonders viel See. Das mache ich doch gern, ich werde es ihm später nachschicken.

Schnell noch der Versuch, mit dem Weitwinkelobjektiv so viele Eindrücke wie möglich einzufangen. Es wird mir letztendlich nicht gelingen, mit den Fotos die ganze Realität wiederzugeben. Fotos pfeifen nicht wie der Wind, sie riechen auch nicht wie Wasser und

Schnee und sie spüren nicht das Herzklopfen vor Aufregung und Anstrengung. Man kann sich den See später auf den Bildern ansehen, aber erleben kann man ihn nur selbst. Wer weiß, ob wir jemals wieder hier her kommen. Es fällt schwer, so etwas Einmaliges schnell beenden zu müssen. Links rutscht der Tilicho Peak steil in den See. Rechts sind die Berge niedriger und runder geformt. Trotzdem führt auch ihre Bergseite steil zum See hinunter. Am See selbst ist kein Weg zu erkennen, auch wir gehen nicht weiter. Der Sturm vertreibt uns vom See. Wir machen uns auf den Rückweg.

Der Blick zurück zeigt eine riesige Weite, eine wellige Schnee-Ebene eingerahmt von eisigen Felsen, ein Schnee-Kessel, aus dem es kein Entkommen zu geben scheint. Deutlich erkennt man die dunkle Spur, wie sie sich endlos durch die Ebene und über die Hügel zieht. Auf ihr sind wir gekommen. Kein Wunder, dass mich dieser Weg so mitgenommen hat.

Am Ende der Hochebene suchen wir uns ein schneefreies Fleckchen an einem großen Stein und legen die wohlverdiente Pause ein. Für jeden gibt es einen Mars-Riegel. Mario isst solche klebrig-süßen Sachen eigentlich nicht, aber hier schmeckt es ihm. Unsere ausgelaugten Muskeln gieren nach dem Zucker.

Zwischen Tilicho Peak und Roc Noir zeigt Prem auf einen breiten Berg mit einer kleinen Spitze. Über schroffen, ausgewaschenen und jetzt verschneiten Felsspalten, die längs vom Berg herunterführen, thront eine breite Eisspitze. Einzeln betrachtet ist es ein imposanter Berg, aber gegen die anderen Berge eher unauffällig. Beim Namen bekommen wir Hochachtung: Annapurna I. Die Annapurna I ist der einzige Achttausender der Annapurnas und eigentlich ein überwältigender Felskoloss. Nur der Blickwinkel lässt sie so behäbig erscheinen. Prem erklärt noch, dass dieses hier die einzige Stelle auf der Annapurna-Runde ist, von der aus man die Annapurna I sehen kann. Wer nicht am Tilicho See war und meint, die Annapurna I gesehen zu haben, der hat sicher schöne Berge gesehen, aber nicht die Annapurna I.

Im Abstieg kommen uns die anderen aus dem Base Camp entgegen, die Franzosen erst am Beginn der Serpentinen. Der Schnee und der Weg sind von der Sonne aufgetaut, rutschig und anstrengend zu laufen. Die beiden werden noch sehr lange brauchen. Gut, dass wir so zeitig aufgebrochen sind.

Halb zwölf sind wir wieder am Tilicho Base Camp. Ich habe genug für heute, mir tut alles weh und ich gehe bestimmt keinen Meter mehr. Um meinen Entschluss zu manifestieren, ziehe ich meine Bergschuhe aus und lege die Socken zum Trocknen auf die Steinmauer. Mittagspause. Entgegen allen Regeln bestellen wir uns schwarzen Tee, zwei Tassen für jeden. Dazu wieder Tomatensuppe mit Nudeln für Mario und tibetisches Brot mit Marmelade für mich. Mario und Prem sind mit meinem Entschluss überhaupt nicht einverstanden. Um keinen Preis wollen sie noch eine Nacht in dieser verräucherten Eishöhle verbringen. Schweigend packt Mario unsere Sachen zusammen, leert meinen Rucksack aus und lädt alles in seinen ein. Ganz lieb bittet er mich weiterzulaufen. Mit leerem Rucksack schaffe ich es doch bestimmt noch bis Khangsar. Dort ist es so schön warm am Abend. Prem knurrt ein wenig. Nicht wegen mir, sondern weil er auch gern meine Sachen getragen hätte. Er würde sogar mich tragen, wenn nötig. So nötig ist es doch nicht. Halb eins ziehen wir weiter ins Tal. Ich mit einem leeren Rucksack.

Der Rückweg ist nicht weniger anstrengend, nur bekannter. Ich übe im Stillen Weihnachtslieder, um mich von mir selbst und der Anstrengung abzulenken. Mario lockert die Stimmung auf seine Art auf. Irgendwo am Rand eines Schneefeldes hat er einen Eiszapfen gefunden. Jetzt hält er sich den Eiszapfen wie ein Horn an den Kopf und spielt zur Belustigung Yak. Oder doch eher Blue Ship? Lange dauert die Vorstellung nicht, dann braucht er wieder beide Stöcke. Es geht eine steile Geröllrinne zwischen den Felsen hinauf. Als das Geröllfeld endlich zu Ende ist, entdeckt diesmal Prem den Enzian am Wegrand, gleich einen ganzen Teppich. Wir erziehen Prem noch zum Botaniker, wenn das so weitergeht. Oder mindestens zum Blumenfreund. Die Rinne zur kaputten Brücke ist immer noch eisig, Prem streut wieder für uns und hilft mir auch wieder über das glatte Holzbrett. Will denn dieser Weg niemals enden?

Kurz vor vier sind wir endlich in unserer Lodge in Khangsar. Die nächsten zwei Stunden fragt man mich besser nach nichts mehr. Selbst beim Tee habe ich noch die Mütze auf, obwohl es im Zimmer schön warm ist. Nur mir ist noch kalt, so geschafft bin ich heute. Mein Buff ist mir sowieso schon seit Tagen ein treuer Begleiter. Der warme Tee und Marios kuschelnder Arm geben mir endlich das wohlige Gefühl von Geborgenheit, das ich jetzt so dringend brauche.

Draußen wird es schon fast dunkel, wo bleiben die drei Jungs? Wir hatten ihnen unser Lodge genau beschrieben. Jetzt machen wir uns Sorgen. Der Weg ist schon bei Tageslicht ausgesprochen anspruchsvoll. Wenn ihnen im Dunklen etwas zustößt, dann wird es so schnell keine Hilfe geben. Kann sein, dass wir uns auch grundlos Gedanken machen. Vielleicht bleiben sie noch eine Nacht im Base Camp? Kurz nach sechs klappert es auf der Treppe. Die Jungs kommen, endlich. Sie wollten auf dem Rückweg nicht wieder über die kaputte Brücke gehen. Stattdessen sind sie über dreihundert Höhenmeter ab- und wieder aufgestiegen. Diesmal stimmte die Wanderkarte, man muss sie nur lesen können. Die großen Kerle sehen ganz schön fertig aus. Während wir unser Abendbrot genießen, versuchen es die Drei mit einer warmen Dusche.

In ihrer Erschöpfung haben sie nachgedacht. Morgen wollen sie nicht wie alle in Richtung Manang zurück und dann auf dem Hauptweg weiter in Richtung Pass laufen, sondern auf einem kleineren Weg am Hang entlang abkürzen und dann erst kurz vor Yak Kharka wieder auf den Hauptweg kommen. Aus den Problemen heute haben sie zumindest das Fragen gelernt. Erst fragen sie uns, ob sie Prem nach dem Weg fragen dürfen. Prem ist unser Guide, wir bezahlen ihn. Dann fragen sie Prem nach seinem Vorschlag. Prem zieht ein finsteres Gesicht. Diesen Weg gibt es nicht als Wanderweg. Es gibt eine schmale Spur, die führt viel weiter oben am Berg entlang, als in der Karte eingezeichnet. Auf der anderen Bergseite muss man bis ganz runter zum Fluss, wo es nur eine kleine, wackelige Brücke gibt. Jetzt ist der Weg vollkommen verschneit und nicht zu gehen. Den Jungs hat es schon bei der kaputten Brücke heute gereicht. Sie sind sichtlich froh, gefragt zu haben.

Bis auch ihr Essen kommt, plaudern wir interessiert. André ist der Größte der Gruppe. Seine hagere Gestalt würde zum Auffallen schon reichen. Dazu ziert sein Gesicht seit Tagen ein glutroter Zinken als Nase. Darauf angesprochen schmunzeln die anderen schelmisch und voller Schadenfreude. Der große Kerl erzählt seine Geschichte gedrückt und voller Reue, wie ein kleiner Junge, der mit nassen Schuhen nach Hause kommt. Gleich zu Beginn der Tour ereilte ihn ein Magen-Darm-Infekt. Weil der Durchfall nicht besser wurde, hat er Antibiotika-Tabletten genommen. Antibiotika haben aber die unerwünschte Nebenwirkung, dass sie die Haut besonders lichtempfindlich machen. Sofort kamen alle Ursachen zusammen, die einen ärgerlichen Sonnenbrand auslösen können. Die Schirmmütze liegt zu Hause, als Sonnenschutz für den Kopf dient nur ein dünnes Tuch. Die Antibiotika-Tabletten helfen gegen den Durchfall überhaupt nicht, aber sie beschleunigen den Sonnenbrand. Und die Sonnenschutzcreme wurde nicht schon früh aufgetragen, sondern erst, als es schon im Gesicht brannte. Bevor wir in mitleidig ansehen können, winkt er ab. Das Gesicht ist doch gar nicht so schlimm. Aber seine Handrücken brennen wie Feuer, vor allem in der Nacht. Wer denkt schon daran, sich die Hände mit Sonnenschutz einzucremen? Beim Laufen mit Wanderstöcken zeigen die Handrücken aber direkt zur Sonne. Mit Antibiotika-Verstärkung ist dadurch ein kaum zu ertragender Sonnenbrand entstanden. Nachts kann er die Hände nicht in den Schlafsack stecken, sie würden unerträglich heiß werden. Der große Kerl hockt wie ein Häufchen Elend am Tisch und löffelt seine Knoblauchsuppe. Die Hände leuchten im Kerzenschein. Er tut mir leid.
Am Abend bekommt Mario Durchfall. Zwei mal zwei Immodium-Kapseln und zwei Kohletabletten, dann ist alles gut. War es die Anstrengung, war es das hoch dosierte Magnesium gegen die Anstrengung? Wahrscheinlich war es beides. Nach dem Abendbrot gehen wir zeitig schlafen. Die Jungs schielen schon eine Weile nach dem Gluteimer unter unserem Tisch. Es gibt nämlich nur einen und den haben wir.
Über Nacht ist es im Innenhof so warm, dass mein gewaschenes Unterhemd auf der Leine trocknet und nicht gefriert.

14.11.2005, Montag Khangsar – Yak Kharka (4.018m)

Wir haben hervorragend geschlafen und sind zeitig wach. Marios Magenprobleme sind vorbei. Kurz vor acht machen wir uns auf den Rückweg in Richtung Manang. Ich sollte dieses Wegstück genießen, denn es geht endlich einmal leicht bergab, kein Schnee, kein Matsch und auch keine Steine. Ich bin viel zu ausgelaugt, laufe nur noch wie mechanisch vor mich hin. Die Leggings unter der Berghose ist schon bald wieder zu warm. Wir müssen anhalten, damit ich sie ausziehen kann. Heute kann ich jede Pause mehr sehr gut gebrauchen. Es geht wieder hinunter zum Canyon, über die Hängebrücke und auf der anderen Talseite noch ein Stück flussabwärts. Dann müssen wir über die Felder und über das Geröll steil bergauf nach Tankimanang aufsteigen. Obwohl wir ganz langsam gehen, ist es anstrengend. Oben haben wir unseren Annapurna-Highway wieder. Prem hat die Bezeichnung Highway gewählt, weil es ein sehr breiter Weg ist und weil es von hier an nur noch diesen einzigen Weg gibt, den alle gehen. Hier werden traditionell auch keine Mulis mehr geführt, so hat niemand den Weg gepflastert. Ich freue mich über den festgetretenen Boden, habe ich mich doch die ganze Tour nicht an die hoch stehenden Steine gewöhnen können. Es sind viele Trekker unterwegs, in kleinen und größeren Gruppen, ohne dass man sich stört. Der breite Weg ist eine Wohltat, ohne Schnee und Steine kommen wir zügig voran. Wie ein welliges Band gesäumt von rot-braunen Dornensträuchern schlängelt er sich am Berg entlang. Auf der Talseite sind sogar große flache Steine aufgestapelt, die eine Wegbegrenzung andeuten sollen. Soweit ich den Weg einsehen kann, besteht er aus festem Lehm und ist trocken. Endlich läuft es wieder so, wie ich das Wandern für mich kenne. Freudvoll laufe ich los, mehrfach überholen wir kleine Gruppen.

Viele der Touristen gehören wohl besser nicht auf diese Trekking-Tour. Sie haben nur kleine Tagesrucksäcke. Trotzdem wirken sie völlig überfordert, schleichen vor sich hin, bekommen die Beine kaum noch gehoben, stolpern, schwitzen, schnaufen. Eine Dame mit besonders breitem Po in einer hellen Funktionsfaserhose sollte besser gleich umdrehen und zurückgehen, wenn Sie Nepal nicht in unangenehmer Erinnerung behalten will. Die schnellste dieser Gruppe ist ein junges Mädchen mit einem Wanderstil, der uns sofort an unsere Freundin Katja erinnert. Katja hat sehr lange, schlanke Beine und eine schmale, gerade Hüfte. Ihre Schritte sind dadurch zwar raumgreifend, doch ihr Gang wirkt staksig und eckig. Auch Katja ist weder unsportlich noch langsam. Vor uns geht leider nicht unsere Katja. Spätestens beim Blick in das sonnenverbrannte Gesicht ist der Unterschied klar. Katja hätte ganz sicher sorgfältig und regelmäßig Sonnenschutzcreme verwendet.

In einer sonnigen, windgeschützten Ecke sitzt ein älterer Japaner auf einem Klapphocker und zeichnet mit Bleistift und Skizzenblock. Er hat eine aufwendige Art, die Landschaft in Erinnerung zu behalten. Der Mann wird so um die fünfundfünfzig Jahre alt sein und ist richtig zünftig gekleidet, blaues BaseCap, rot-kariertes Hemd, Kniehose, lange Socken und feste Bergschuhe. Ich beneide den Mann nicht nur wegen seiner Zeichenkünste. Er konnte sich so viel Zeit nehmen, dieses Land auf ganz andere Art und viel intensiver zu erleben.

Was die Festigkeit des Weges betrifft, habe ich mich leider zu früh gefreut. Schon hinter der nächsten großen Kurve beginnt der Schlamm aufs Neue. Von nun an wechseln sich trockene Abschnitte mit matschigem Lehm und nassem Schnee ab. Leider werden die trockenen Strecken immer kürzer.

Wir erreichen Gunsang. Der kleine Ort besteht nur aus einem großen Hotel und einem Backwarenladen. Es ist die erste Siedlung nach Manang, hier machen alle Pause. Die Hotelterrasse ist voller Menschen. Wir drängeln uns durch, kaufen ein paar Backwaren und gehen schleunigst weiter. Bald liegt auch auf unserer sonnigen Talseite eine geschlossene Schneedecke, durch die nur noch ein schmaler, nasser, brauner Trampelpfad führt. Die Sonne hat den dunklen Boden des Weges gut zehn Zentimeter getaut, darunter ist die Erde gefroren. Der aufgetaute Boden droht, die Wanderschuhe aufzuweichen. Dazu rutscht man auf dem gefrorenen Untergrund bei jedem Schritt weg. Wir versuchen also, bei jedem Schritt möglichst auf Schnee zu treten. Mal muss man kleine Tippelschritte machen, mal von Schneefleck zu Schneefleck springen. Sofort wird das Laufen wieder unangenehm und anstrengender.

Die Landschaft wechselt häufig. Erst wird das große Tal sehr eng, weil sich ein Ausläufer der Berge bis ins Tal vorschiebt. Dann wieder treten die Berge zurück und es entstehen kleine Ebenen. Über ein Seitental ist eine große Hängebrücke gespannt, die es bestimmt noch nicht lange gibt. Deutlich sieht man den Weg bis zum Flüsschen hinunter, die kleine Brücke darüber und den Pfad wieder bergauf. Bevor ich die Höhenmeter hinunter und wieder herauf laufen muss, nehme ich doch lieber die schwankende Hängebrücke. Fünf Minuten hinter der Hängebrücke steht in einer solchen breiten Ebene eine kleine Teestation verschneit am Wegrand. Gegenüber hat die Sonne die Mauer für das Gepäck der Träger schon getrocknet. Wir machen eine kleine Pause und setzen uns auf die Mauer. Die sicher wunderschöne, lange Gebetsmühlenmauer direkt am Weg ist noch ganz mit Schnee bedeckt und nur ihrer Form nach zu erkennen. Bunte Gebetsfahnen flattern über der weißen Mauer. Man muss die Schönheiten nur entdecken wollen.

Eifrige Souvenirverkäufer haben auf der Mauer ihre Waren ausgelegt. Ein kleines schwarzes Armband aus geschnitztem Yakhorn hat es mir angetan. Wir machen Rast, kaufen das Armband und vier Äpfel und setzen uns auch auf die Mauer. Zwei von den Äpfeln verschwinden gleich mit den Backwaren in uns, die anderen im Rucksack. Am Ende der kleinen Ebene sieht man schon, wie sich der Weg wieder um den nächsten Bergrücken schlängeln wird. Dann geht es weiter.

Der Weg bis Yak Kharka zieht sich. Das Laufen macht keinen Spaß, das hat mit Wandern nichts zu tun. Es ist eine einzige Schlammschlacht. Noch ein großer Bogen und noch ein großer Bogen, und wieder und wieder keine Fähnchen als Zeichen der nahenden Lodge in Sicht. Ich habe schon wieder Hunger, aber Prem rennt und macht keine Pause. Inzwischen bin ich auf das lautlose Singen englischer Arbeiter- und Kampflieder umgestiegen. Die passen deutlich besser zu meinem Kampf hier. Hinter der nächsten Kurve sind immer noch keine Fähnchen zu sehen. Stattdessen das gleiche Einheitsbild der letzten Stunden. Links eine steile Felswand, darunter im engen, verschneiten Tal das silber-graue Band des Flusses. Die Berge rechts steigen flacher und runder an, meist sieht man den Weg weit über dem Fluss. Grauer und beiger Fels, braunes, trockenes Holz, einzelne dunkelgrüne Koniferen und endlos viel weißer Schnee. Nirgends eine bunte, einladende Lodge. Nur ganz hinten am Horizont kann ich gerade so einige Häuser erkennen. Diesmal bleibt Prem kurz stehen und sagt, dass der Ort vor uns liegt und dass es nicht mehr weit ist. Ich sehe keinen Ort vor uns und bin fest überzeugt, Prem falsch verstanden zu haben. Wenige Mi-

nuten später kommen aus dem Nichts große Häuser zum Vorschein. Wir sind in Yak Kharka! Es ist erst viertel eins, für heute wird es aber auch allerhöchste Zeit.
Der Ort empfängt uns unfreundlich, abweisend und hässlich mit einem großen schlammigen Platz, hinter dem mehrere klobige Gebäude stehen. Diese unüblich großen Häuser haben zwei oder drei Etagen und Flachdach. Alles scheint auf Massenabfertigung ausgerichtet zu sein. Es fehlt dieses Individuelle, das ‚sich Mühe geben'. Sogar auf die sonst allgegenwärtigen Gebetsfahnen hat man verzichtet. Obwohl ich für heute genug habe, bin ich Prem dankbar, dass er an diesen Häusern vorübergeht. Er schleust uns durch bis zum letzten Haus. Das „Ngeshyang Hotel" ist zwar auch hässlich grau gestrichen, dafür zumindest deutlich kleiner. Es besteht aus dem Haus mit den Zimmern auf der rechten Seite des Weges und dem Speiseraum mit der Terrasse auf der linken Wegseite. Zwischen den beiden Gebäuden ist der Weg zum Glück gepflastert. Wieder gibt es eine besonders schöne, helle Suite für uns. Der sehr stabile Baustil erinnert an die Lodge in Braga. Unser Zimmer hat eine Holzbalkendecke, Holzfenster und weiße Gardinen. Die grau verputzten Wände sind bis zur Hälfte mit einer Holzverkleidung verschönert. Auf den Betten liegen weiße Kopfkissen und wir haben noch reichlich zusätzliche Decken bekommen. In unser Fenster leuchtet die Annapurna III, die direkt über dem Ort zu stehen scheint.
Zum verspäteten Mittagessen bestellen wir uns Tomatensuppe. An der Tür zum Speiseraum hängt ein großes Schild: Heute als Sonderangebot Yak Steak für 390 Rupien. Wir werden Prem noch einmal einladen und bestellen drei Steaks zum Abendbrot. Es ist noch zeitig am Tag, also legen wir einen Waschtag ein. Wasser nehmen wir lieber wieder aus dem Bottich, da ist es schön heiß. Mario rasiert sich und wäscht sogar die Haare, ich übernehme das Durchspülen der getragenen Shirts.
Danach setzen wir uns in die Sonne auf die Terrasse, bestellen Kaffee, Kakao und Kuchen und beobachten die vorbeiziehenden Menschen. Ich benutze zum Beobachten meinen Fotoapparat mit Teleobjektiv. Ein sportlicher Franzose wandert mit übergroßem Rucksack und mit kurzen Hosen. Die Sonne ist wirklich warm, aber für kurze Hosen wäre mir der Wind zu kalt. Er sieht aber nicht so aus, als ob er friert. Ganz anders unser entsetzter Blick auf eine ältere Frau am Ende einer Gruppe. Sie sitzt auf einem Pferd und man versucht scheinbar, sie so über den Pass zu transportieren. Die Frau ist schon ganz steif vor Kälte, dazu hustet sie schrecklich. Mir bleibt der Mund offen stehen und ich vergesse vor Erstaunen, den Fotoapparat auszulösen. So gibt es das Bild nur von hinten, erschreckend genug ist es immer noch.
Halb zwei werden wir eindringlich an den Herrn aus dem Flugzeug mit den blondierten Locken erinnert. Unser Goldlöckchen nebst Freundin schleppen sich an uns vorbei. Ich will mich schmeichelnd ausdrücken und sage deshalb nur: Er sieht total fertig aus, hat rote Augen und gallegelbe Haut. Das Goldlöckchen muss wohl Durchfall und Kopfschmerzen haben. Kein Ice Lake, kein Tilicho Lake. Wo waren die beiden so lange? Heute wollen sie noch weiter bis Letdar. Ich frage besser nichts mehr.
Gegen zwei holt der Chef des Hauses sein Pferd heraus und sattelt es. Wir fragen Prem,

wo der Mann jetzt noch mit dem Pferd hin will. Ganz selbstverständlich klingt Prem bei seiner Antwort: „Nach Manang, die Yak-Steaks holen." Wie bitte? Wir wissen seit heute sehr gut, wie weit es bis Manang ist. Warum schreibt er die Steaks als Sonderangebot aus, wenn er sie noch aus Manang holen muss? Wie lange sollen wir auf die Steaks heute Abend warten? Wir hätten doch gern gegen sechs unser Abendbrot. Na, das soll einer verstehen. Wir verstehen es nicht und Prem versteht uns nicht. Was soll's. Wir buchen es unter ‚Erlebnis Nepal' ab und richten uns darauf ein, dass es etwas später Essen geben wird. Es hätte sowieso keinen Sinn, sich über diese Lebensweise aufzuregen.

Punkt um drei schon geht die Sonne hinter den Bergen unter. Es bleibt noch hell, aber es wird sofort sehr kalt. Wir ziehen in den Speiseraum um. Der Raum ist groß und hat helle Fenster. Die Wände sind mit Holz getäfelt. Um die drei großen Tische stehen einfache Bänke herum. Auf den Tischen liegen dunkelgrüne Tischdecken, darüber kleinere weinrote Mitteldecken über Eck. Links, zwischen zwei Fenstern, steht ein geschlossener Eisenofen, fast wie ein Kanonenofen. Wir sind die ersten und nehmen uns den Platz am Ofen. Ich suche mir die Bank, die an der Wand steht, damit ich mich am Abend an der Wand anlehnen kann. Alles ist einladend und wohnlich eingerichtet. Hier kann man sich wohl fühlen.

Kurzzeitig wird das Wohlfühlen unterbrochen. Der Hausjunge versucht, den Ofen anzufeuern. Statt wohliger Wärme zieht stechender Qualm ins ganze Zimmer. Irgendwo im Ofenrohr ist etwas verstopft. Nach einer knappen Viertelstunde ist das Problem behoben. Der Qualm verzieht sich und es wird endlich ganz schnell warm.

Halb vier kommen unsere drei Jungs zur Tür herein. Sie haben in jeder Lodge nach uns gefragt, um nicht wieder die ‚falsche' Lodge zu nehmen. In ihrem Schlepp haben sie einen jungen Südkoreaner, der in die USA ausgewandert ist. Der Mann ist einfach nur peinlich. Während die Jungs froh sind, uns gefunden zu haben, fängt der Koreaner an, die Preise zu verhandeln. Besonders diskutiert er um den Preis für ein Glas ‚Seabuckthornjuice'. Das muss etwas ganz besonderes sein, nur kennen wir es nicht. Wir fragen Prem und er bemüht sich umständlich aber erfolglos um eine Erklärung. Letztendlich entscheiden wir uns für das Bestellen eines Glases und übersetzen: Sanddornsaft. Der schmeckt wirklich und wir bestellen mehr davon.

Die Jungs erzählen uns, dass sie das Chemnitzer Pärchen aus Braga wieder getroffen haben. Aber im Abstieg. Die junge Frau hat im High Camp so starke Kopfschmerzen bekommen und erbrochen, dass sie umkehren mussten. Für das Gepäck haben sie sich einen Muli genommen. Die Zwei waren weder am Ice Lake noch am Tilicho See, nur in Letdar haben sie einen Tag Pause mit einem Abstecher in die Höhe gemacht. Das war wohl zu spät. Schade für die beiden, ehrlich.

Kurz vor sechs, noch bevor jemand sein bestelltes Abendbrot bekommen hat, bringt der Chef uns unsere Yak Steaks auf den Tisch. Drei mal Yak Steak mit Knoblauchsoße, gebratenen Möhrenstiften und Frensh Potatos a la Nepal sind ein Erlebnis und einfach nur empfehlenswert. Wir schlemmen genussvoll, verplaudern den Abend und gehen schlafen.

15.11. 2005, Dienstag Yak Kharka – Thorong Phedi High Camp 4.800m

Zwei Uhr in der Nacht wache ich auf, weil Mario mir mit der Stirnlampe mitten ins Gesicht leuchtet. Hat der keine anderen Probleme?! Was ist los? Mühsam mache ich die Augen auf. Mario schläft friedlich neben mir. Es ist der Mond, der in unser Zimmer scheint. Entschuldige bitte, Mario.

Punkt acht werden wir von Prems „Auf geht's" losgeschickt. Uns empfängt dasselbe Bild wie an den letzen Tagen: Sonne, Berge, Schnee und Weg. Heute wollen wir bis zum High Camp und morgen über den Pass. In mir kommt ein wenig Endzeitstimmung auf. Bald haben wir es geschafft, bald sind wir oben. Dass bis dahin noch viele Höhenmeter zu bewältigen sind, dass noch viele Unwägbarkeiten auf uns warten, all das will ich jetzt nicht wissen. Schon eine halbe Stunde später sind wir in Letdar und froh, hier nicht übernachtet zu haben. Zwei große Lodges bilden den Ort. Beide sehen nicht gerade einladend aus. Wir gehen weiter.

Viertel zehn machen wir eine kleine Teepause. Beim Putzen meiner Gletscherbrille bricht mir der kleine Clip ab, mit dem der Seitenschutz am Gestell festgesteckt wird. Ich nehme auch den zweiten Seitenschutz ab und ziehe als Schutz vor der Sonne den Buff weit über den Kopf. Selbst wenn es hier oben irgendwo eine Gletscherbrille zu kaufen gäbe, sie würde mir kaum helfen. Ich bin kurzsichtig. In meine Gletscherbrille habe ich Gläser in meiner Sehstärke einarbeiten lassen. Ohne Sehhilfe würde ich von der schönen Landschaft kaum etwas mitbekommen. Kontaktlinsen habe ich erst gar keine mitgenommen. Die Gletscherbrille muss also auch ohne Seitenschutz reichen, hoffentlich.

Unser erster Rastplatz liegt am Ende einer großen Einbuchtung. Erst der Blick zurück zeigt uns richtig, dass wir schon seit Stunden nur noch durch eine weiße Bergwelt laufen. Zwei Yaks stehen mitten auf einer verschneiten Ebene, als ob man sie extra als Vordergrundmotiv für die Bergwelt dahinter aufgestellt hätte. Wieder ein Bild zum Einprägen, mein Fotoapparat wird mir beim Erinnern helfen. Klick.

Heute Morgen ist der Weg noch gefroren. Zwar geht es leicht ansteigend, aber es läuft sich gut. Überhaupt läuft es heute gut. Ich fühle mich viel besser als in den letzten Tagen. Meine Beine tun nicht mehr so weh bei jedem Schritt bergauf. Ich laufe vornweg, damit ich das Tempo vorgeben kann und Prem nicht wieder so schnell läuft. Trotzdem überholen wir viele, die ihr Gepäck den Trägern überlassen haben und nur einen kleinen Rucksack tragen. Ich bin stolz auf mich. Es geht mir richtig gut.

Ganz im Gegensatz zu Goldlöckchen. Der große Kerl sitzt zusammengefallen, blass und schlapp am Wegrand auf einem großen Stein und sieht nicht ein bisschen besser aus als gestern. Daneben hockt seine Freundin, knabbert diese leckeren Peanuts-Kekse und bietet uns davon an. Wir nehmen mit einem schlechten Gewissen an, wünschen Ihnen viel Glück und meinen das auch ganz ehrlich. Wer sich bis hier her so durchkämpfen musste, der soll es auch über den Pass schaffen.

Durch das offene Tal weht ein kräftiger, kalter Wind. Schlängelt sich der Weg in eine windgeschützte Einbuchtung, möchte man die Windstopper-Jacke ausziehen. Geht man ein paar Schritte weiter, pfeift der Wind wieder und die Jacke bleibt an. Heute wäre eine Weste gut gewesen. Leider wird der Weg immer unangenehmer. War der Boden auf den ersten Metern noch gefroren, so versuchen wir jetzt, bergseitig dem Matsch zu entrinnen. Ohne Schnee wäre der Weg breit genug, um bequem aneinander vorbeizugehen. So wird jeder langsame Wanderer vor uns zu einem echten Überholmanöver.

Allmählich wird das Tal enger, der Fluss steigt zu uns auf und die beiden steilen Bergseiten kommen so eng aufeinander zu, dass die Sonne nicht mehr bis ins Tal scheinen kann. Wir laufen im kalten Schatten. Eine halbe Stunde vor Thorong Phedi führt der Weg in zwei Serpentinen steil hinab zum Fluss. Auf einer kleinen Brücke muss man über den Fluss. Man könnte meinen, extra für mich hätte man diesmal keine Hängebrücke gebaut. Stimmt aber nicht. Denn extra für mich fehlt der Brücke das zweite Geländer und die Bodenbretter sind morsch. Ich sage mir beruhigend, dass die Brücke schon viel schwerere Menschen ausgehalten hat, und komme tatsächlich wohlbehalten und trocken auf der anderen Seite an. Dort geht es im Zickzack wieder bergauf. Oben haben wir die Sonnenseite des Tals erreicht. Trotz der Sonne sind keine trockenen, steinigen Berghänge mehr zu sehen. Soweit das Auge reicht nur Schnee und schroffe, verschneite Berge. Das Hochgebirge hat uns eingeschlossen. Bis Thorong Phedi führt der jetzt schmale Pfad fast eben, immer an der Bergwand entlang. Wer hier ohne Schneematsch laufen kann, der genießt ein wunderschönes Wandern. Für uns hat zumindest der Wind deutlich nachgelassen.

Hinter einer Kurve kommt uns jemand entgegen gerannt. Na der hat es ja eilig, denken wir. Außerdem hat der Mann nur Turnschuhe, leichte Sportsachen und einen kleinen Rucksack. Was soll das? Wir sind hier im Hochgebirge! Im Umdrehen erkennt Mario, dass der Läufer eine Startnummer am Rucksack trägt. Ein Wettkampf? Hier oben? Wir erklären Prem, was wir gesehen haben. Doch statt uns das Phänomen zu erklären, sieht er uns nur fragend und ungläubig an. Wie zur Bestätigung sehen wir schon deutlich die nächsten Läufer kommen, erst ein Mann, dann eine Frau, dann wieder ein Mann. Tatsächlich, hier findet ein Wettkampf statt. Mario fällt ein, dass er auf dem Weg bis Lower Pisang abends immer einen Portugiesen gesehen hat, der nach der Tagestour noch eine Runde laufen ging. Jetzt wird klar, wofür der Portugiese trainiert hat. Leise gibt Mario zu, dass er den Mann schon bewundert hat. Mario läuft selbst gern Marathon. Am liebsten solche Berg- und Landschafts-Marathons. Sein größter Erfolg ist der Jungfrau-Marathon in der Schweiz. Ich ahne, was sein Kopf gerade schweigend denkt.

Wir gehen weiter bis Thorong Phedi. Kurz davor sitzen zwei Wettkampfteilnehmer und machen eine kleine Pause. Wir fragen freundlich und bekommen in französischem Akzent eine genauso freundliche Antwort. Das ist der Annapurna Race Marathon. Er führt von Muktinath über den Gletscher hinauf bis zum Pass und dann wieder runter bis nach Manang. Marios Augen bekommen so ein Glitzern, dass mir Angst wird. Und schon spricht er es aus: „Wenn mir mal nichts mehr einfällt und meine Frau genügend Geld verdient, dann mache ich hier auch mit." Prem sind solcherlei sportliche Aktivitäten sowieso grundsätzlich suspekt. Er versteht nicht, warum jemand ohne Grund durch die Gegend rennt. Es ist ihm eigentlich schon unverständlich, warum die Menschen hier alle über den Pass wandern wollen. Wahrscheinlich nur, damit die nepalesischen Guides und Träger Arbeit bekommen. Er würde sich nur bewegen, um Essen oder Arbeit zu bekommen. Prem ist jedenfalls immer wieder froh, wenn er nach einer Trekking-Tour bei seiner Frau zu Hause ist. Es würde ihm nicht einfallen, dann noch laufen zu gehen. Er beendet das nicht stattgefundene Gespräch mit der ihm eigenen, lächelnd-schweigenden Nichtzuständigkeit. Wieder einmal spüren wir die Welten, die zwischen Prem und uns liegen.

Thorong Phedi ist kein Ort. Es sind nur zwei Lodges, die so dicht aneinander gebaut sind, dass man sie für eine hält. Halb elf sind wir da und essen beide eine Tomatensuppe mit Knoblauch. Der Speiseraum ist groß und hell und wird von der Sonne angenehm gewärmt. Meine Augen dagegen sind rot und brennen. Der fehlende Seitenschutz an der Gletscherbrille bewirkt, dass die Sonne mir die Augen verbrennt. Was nun? Mario knurrt irgendetwas, dass es so nicht weiter geht. Das merke ich allein, knurre ich ärgerlich zurück. Ich kann mich nicht entscheiden, ob ich mich über Marios Kommentar aufrege oder besser nach einer Lösung suche. Währenddessen kramt Mario in seinem Rucksack. Er holt das Verbandspäckchen raus, lässt sich meine Brille und den abgebrochenen Seitenschutz geben und bastelt. Nach wenigen Minuten hat er den Seitenschutz mit Heftpflaster an der Brille angeklebt. Schön sieht das nicht aus, beiges Heftpflaster an einer schwarzen Brille. Mir ist das Aussehen der Brille völlig egal. Ich bin heilfroh, endlich wieder eine funktionstüchtige Gletscherbrille zu haben. Mein Danke fällt sicher zu knapp aus. Ich hoffe, dass Mario mich gut genug kennt und weiß, dass mir das Danke sagen etwas schwer fällt. Ich bedanke mich auf meine Art, indem ich die Brille sofort wieder aufsetze und wir weiterlaufen können.

Wer Probleme mit der Höhe hat, der wird hier übernachten. Zum einen ist es noch zeitig, zum anderen haben wir den Ehrgeiz, so weit oben wie möglich zu schlafen. Viertel zwölf bewegen wir uns weiter in Richtung High Camp. Der Weg ist schmal, voller Geröll und führt im Zickzack bergauf. Wir gehen ganz langsam. Schritt für Schritt setzen wir behutsam voran. Die Atmung fällt schwer. Wir holen tief und langsam Luft, wie wir es bisher nur von Bildern der Extrembergsteiger kannten. Gehen, Atmen, Gehen, Atmen. Jeder einzelne Schritt wird von einem langen Luftholen begleitet. An jeder Kehre des Weges können wir uns freuen, dass wir schon wieder ein Stück nach oben gekommen sind.

Ein deutsches Mädchen vor uns hustet fürchterlich, trotzdem läuft sie tapfer gleichmäßig weiter. Häufig muss sie stehen bleiben, wenn eine Hustenattacke zu stark ist. Wir überholen und grüßen freundlich. Bin ich froh, dass ich meinen Husten weiter unten noch los-

geworden bin. Sonst würde es mir hier nicht besser ergehen.
Über uns baut sich eine Felsbarriere aus hellem Sandstein auf, beige, braun, gelblich. Ein Durchgang ist nicht zu erkennen. Wo soll es dort lang gehen? Doch bald schon schlängelt sich der Pfad durch die Felsen und das erste Haus ist am nahen Horizont zu erkennen. So, wie wir durch die Felsen durch sind, bläst uns ein eisiger Wind entgegen. Trotz meines großen Rucksacks pustet der Wind mich immer wieder zur Seite. Genau eine Stunde ist vergangen und wir sind viertel eins im „Thorong Phedi High Camp" angekommen. Unser Höhenmesser zeigt etwas über 4.800 m.
Der Gebäudekomplex ist sehr groß. Nach einem großen Speisesaal mit Küche reihen sich Flachbauten mit kleinen Zimmern im Karree aneinander. Prem sagt, das Camp wäre für zirka einhundertzwanzig Menschen gebaut. Als es im Oktober so unerwartet stark geschneit hat, war der Pass mehrere Tage nicht passierbar. Damals haben über zweihundert Menschen hier geschlafen.
Wir beziehen unser Zimmerchen, ziehen uns um und hängen die Sachen in die Sonne auf die Leine. Das Zimmer hat zwei winzige Fenster, davor hängen Dederon-Gardinen, an der Wand stehen zwei Holzgestelle als Betten. Den Matratzen ist sofort anzusehen, dass sie schon lange durchgelegen sind. Die Wände sind aus großem Stein, mit Spritzmörtel verputzt und wirken kalt. An der Holztüre zieht jaulend der Wind rein. Man hat gar nicht erst versucht, die Zimmer häuslich zu gestalten. Also verziehen wir uns zu Kaffee und Schokolade in den Aufenthaltsraum. Der große Raum thront wie ein Balkon über dem von unten heraufkommenden Weg. Der Wind heult um das Haus, ich nehme mir einen warmen Platz am Fenster in der Sonne. Kaum vorstellbar, aber schon bald wird es mir am hellen Sonnenfenster zu warm. Die Sonne lässt meinen Kopf glühen. Ich ziehe um. Wieder stehen große Tische im Zimmer und um die Tische herum sind Bänke ohne Lehnen aufgestellt. Schaumstoffauflagen machen die Bänke weich. Die Wände sind aus hellem Holz, auf den Tischen liegen diesmal blaue Tischdecken und rote Mitteldecken, die im hellen Sonnenlicht leuchten. Zum Tagebuch-Schreiben setze ich gern die Brille ab, dann ist es nicht so anstrengend. Doch hier oben ist das Licht selbst im Zimmer so grell, dass ich mit meiner reparierten Gletscherbrille am Tisch sitze und schreibe. Wenn mir jemand erzählt hätte, dass er zum Schutz vor der Sonne im Zimmer die Gletscherbrille auflassen musste, dann hätte ich ihn sicher ausgelacht. Jetzt habe ich Verständnis, wenn man sich die Leuchtkraft der Sonne hier im Hochgebirge nicht vorstellen kann.
Bevor die Sonne unter geht, machen wir noch einen Spaziergang durch das weiträumige Gelände. Ein Pfad führt auf einen Hügel hinter dem Haupthaus, bunte Fähnchen flattern den Weg entlang und oben am Gipfel. Wieder sieht es aus wie ein Kalvarienberg. Die Höhenangabe für das High Camp bezieht sich bestimmt auf den Hügel dort. Wir überlegen kurz, ob wir auch hoch gehen sollen. Dann reicht es uns doch für heute und wir schlendern weiter. Hinter dem Camp haben die Trekker ein riesiges Steinmännlein aufgeschichtet. Ich nutze es als Vordergrundmotiv, um die Schönwetterwetterwolken über Annapurna III und Gangapurna zu fotografieren. Der weitere Weg für morgen ist nur kurz zu

erkennen, es geht in einer festgetretenen Spur über hart gefrorenen Schnee. Mehr sieht man leider nicht.
Bis zum Sonnenuntergang dauert es hier oben schon deutlich länger, denn die Berge ringsherum sind nicht mehr so viel höher als das Camp. Kurz bevor es draußen richtig kalt wird, sichern wir uns einen Platz an den Tischen im vorderen Aufenthaltsraum. Und das hat seinen guten Grund: Das High Camp hat keinen Holzofen und keinen Stromanschluss. Es versorgt sich in allen Dingen allein mit Solarenergie. Unter den Tischen im kleinen Aufenthaltsraum wärmen Heizstrahler die Füße der Gäste. Am wärmsten ist es in der Nähe der Steckdosen. Auf dem Tisch liegt eine große Yak-Woll-Decke, die an den Seiten weit herunterhängt, damit die Wärme nicht entweichen kann. Darüber liegt eine blaue Tischdecke und noch eine rote Mitteldecke. Richtig nett sieht das aus. Man muss dabei bedenken, dass noch immer alles von Trägern hierher geschleppt werden muss. Da ist die Zimmerausstattung des Aufenthaltsraumes eigentlich schon Luxus. Ich erinnere mich an das Tilicho Base Camp, dort ging es vergleichsweise sehr spartanisch zu.
An unserem Tisch sitzen ein junges schwedisches Pärchen, ein belgisches Pärchen und ein spanisch-amerikanisches Paar. Die Schweden waren vorher zwei Monate in Indien unterwegs und werden noch bis Anfang Januar in Nepal bleiben. Die beiden sind ein wenig zu beneiden um die Zeit, die sie für ihre Reisen haben. Wir würden nicht gleich monatelang hintereinander verreisen wollen. Lieber würden wir gern alle zwei Jahre einmal für fünf Wochen ein Stück von der großen, weiten Welt erleben, so wie jetzt. Man kann aber nicht alles haben, wir haben Arbeit und Kinder.
Von den Gesprächen der anderen, wenn sie sich miteinander unterhalten, verstehen wir leider nicht sehr viel. Sie sprechen sehr schnell, mit Vokabeln, die ich nicht kenne, und mit ungewohntem Akzent. Wir erinnern uns, alle sechs schon einmal gesehen zu haben. Vermutlich in Braga in der Lodge. Dann setzen sich zwei Engländerinnen zu uns. Ganz ehrlich erkläre ich Ihnen, dass ich das mit dem Englisch-Sprechen unfair finde. Alle anderen müssen sich hier in einer für sie fremden Sprache mühen, nur Engländer und Amerikaner dürfen in ihrer Muttersprache plaudern. Ich ernte allgemeines Gelächter. Dafür sprechen sie aber auch ganz langsam und deutlich mit mir. Als wir berichten, dass wir am Tilicho Lake waren, sind sie erstaunt und wir werden bewundert. Später erzählen sie uns, dass sie die sehr beleibte Frau in der hellen Wanderhose auch gesehen haben, aber auf dem Weg zurück nach Manang. Es geht mich zwar nichts an, aber ich bin doch ein wenig beruhigt. Die Frau gehörte hier wirklich nicht her.
Prem kommt rein. Er hat auf dem Weg für morgen eine Stunde lang an den vereisten Stellen Stufen in den Weg gehackt und lockeren Schnee darauf gestreut. Jetzt hofft er, dass uns das morgen gegen das Ausrutschen hilft. Mario holt eine dritte Tasse, bittet Prem zu uns an den Tisch und gießt ihm von unserer heißen Zitrone ein. Zum Abendbrot haben wir eine Knoblauchsuppe für jeden und eine kleine Schale Nudeln bestellt. Der Hoteljunge hat unsere Rechnung schon fertig. Hier oben bezahlt man abends auch schon für das Frühstück, damit es am Morgen weniger Hektik gibt. Aber wir haben noch Hunger und

bestellen eine Portion Pommes Frites. Die heißen hier Frensh Finger Chips. Die Chips kommen schnell, auch noch ein Medium Pot Hot Lemon. So muss der Junge noch einmal mühsam die Rechnung addieren.
Das deutsche Mädchen, das wir unterwegs getroffen haben, ist auch da. Und mit ihrem Husten auch nicht zu überhören. Sie kommt aus Bayern und ist mit ihrem Bruder unterwegs. Schon in Deutschland ist sie mit einem schweren Infekt und Antibiotika losgefahren. Den schrecklichen Reizhusten wurde sie einfach nicht los. Jemand verbreitet im Raum das Gerücht, dass dieser starke Wind draußen nicht normal ist. Eher wäre es ein Zeichen dafür, dass es morgen Schneesturm geben wird. Alle laufen zu ihren Guides und fragen besorgt. Auch wir schauen erwartungsvoll auf Prem. Prem schmunzelt. Der Wind ist für Mitte November völlig normal. Kein Grund zur Sorge.
Aufstehen wollen wir morgen früh um halb fünf. Prem hat keinen Wecker. Eigentlich sollte er meine Uhr bekommen. Aber seit wir die Batterie hier in Nepal wechseln lassen mussten, lässt sich die Uhr nicht mehr richtig stellen. Sobald man einen Knopf drückt, stellt sie sich auf Null und lässt mit Mühe noch die einfache Zeit einstellen. Als Wecker ist meine Uhr jedenfalls nicht zu gebrauchen. Wir versprechen Prem, ihn morgen früh zu wecken.
Abends um sechs gehen die meisten schlafen. Draußen hat sich der Sturm gelegt, es ist fast windstill. Der Vollmond steht über der Annapurna III. Vom Schnee wird das Licht so gut reflektiert, dass man ohne Stirnlampe sehr gut sehen kann. Warum bemerke ich erst heute, dass am klaren Himmel Millionen Sterne für uns um die Wette funkeln? Seit Tagen schon schlafen wir unter diesem glitzernden Sternenzelt und nehmen es nicht war. An einem Abend war es uns zu kalt, am nächsten Abend waren wir zu müde. Heute ist uns nicht kalt, heute sind wir noch nicht müde, heute leuchten die Sterne nur für uns. Wie zwei Sternenkinder stehen wir verloren auf dem kalten, weißen Schnee und wärmen uns an dem Anblick der Sterne. Wir kramen Fotoapparat und Stativ heraus und bauen alles etwas entfernt von dem hell beleuchteten Aufenthaltsraum auf. Vereinzelte gelbe Laternen und der leuchtende Aufenthaltsraum verbreiten angenehm dezente weihnachtliche Stimmung. Dabei ist noch ein bisschen Zeit bis zum ersten Advent. Ich experimentiere mit Belichtungszeiten, probiere verschiedene Motive aus. Schade, dass man bei Diafilmen das Bild nicht gleich kontrollieren kann. Hier wäre wirklich die Digitalkamera von Vorteil. Also fotografiere ich lieber ein Bild mehr. Ich suche nach den richtigen Worten, den Sternenhimmel über uns zu beschrieben. Millionen Sterne strahlen über bläulich leuchtenden Gipfeln. Keine Großstadt weit und breit, die Streulicht sendet. Kein Industriebetrieb, dessen Abgase die Luft verstauben. Von einem zum anderen Horizont sieht man nichts als goldene Sternchen. Und ein leuchtender Vollmond wacht wie ein Vater darüber. Wir kuscheln uns aneinander und bleiben schweigend und beeindruckt stehen. Für diese Bilder gibt es keine Worte, die muss man selbst erleben.
Irgendwann wird uns dann doch kalt, wir verkriechen uns in unsere Betten. Das Zähneputzen muss heute ausfallen. Wir haben kein Wasser mehr und es gibt nirgends eine offene Wasserleitung. Noch einmal in die Küche zu gehen und nach Wasser zu bitten, das ist

uns zu peinlich. Im kleinen Zimmer wird uns nicht wärmer. Wir ziehen alles an, was wir mit haben. Die Daunenjacke wird um den Schlafsack außen herum gewickelt, die Windstopperjacke stopfen wir im Schlafsack um die Füße. Fleece-Leggings, langärmliges Shirt und Fleece-Pulli beleiben auf jeden Fall an. Es ist trotzdem schrecklich kalt.
Beim Einschlafen kreisen meine Gedanken schon um die nächsten Tage. Morgen werden wir den Pass erreichen. Morgen haben wir es geschafft. Oder doch nicht? Den Pass schaffen wir bestimmt, das ist nicht mein Problem. Kann sein, dass ich mich überschätze. Was aber ganz sicher unwahrscheinlich ist. Ich kenne mich selbst über viele Touren so gut, dass ich morgen ganz bestimmt oben am Pass ankommen werde. Aber danach müssen wir in vielen Tagen auf der anderen Seite das gesamte Tal wieder nach vorn laufen. Die Tour wird langweilig werden. Wir haben doch alles schon einmal gesehen. Erst die dürren Sträucher und den Schnee, dann einzelne Lebensbäume, später kommen Laubbäume hinzu, zuletzt der Regenwald und die Reisfelder. Alles war auf seine Weise schön anzusehen. Aber jetzt noch einmal?
Das Husten des deutschen Mädchens hört man auch noch zwei Zimmer weiter. Auf der anderen Seite schnarcht jemand. Meine Uhr steigt gänzlich aus und ich verliere das Gefühl für die Zeit. Stattdessen muss ich auf Toilette, wo es doch so schrecklich kalt ist und der Sturm schon wieder pfeift. Das Suchen der Taschenlampe wird mir wenigstens erspart, der Mond leuchtet noch immer taghell.

16.11.2005, Mittwoch Thorong La (5.419m) - Muktinath (3.800m)

Früh um vier klopft Prem aufgeregt an unser Fenster und erklärt, dass wir verschlafen hätten. Die anderen Guides sind aufgestanden und er hat erst gar nicht auf seine Uhr gesehen. So weckt er uns eine gute halbe Stunde zu zeitig. Egal. Mario hat sowieso schlecht geschlafen. Nur ich habe das gute Gefühl, wunderbar ausgeschlafen zu sein.
In der Küche und im Speiseraum herrscht Hektik. Jeder Guide versucht, so schnell wie möglich das Essen für seine Gäste zu organisieren. Wer mit dem Essen fertig ist, kämpft mit seinen Anziehsachen, seiner Stirnlampe und seinem Gepäck. Und dann stehen sie in Gruppen abmarschbereit genau vor der Tür und blockieren alles. Wir sehen uns das Treiben an, frühstücken in aller Ruhe. Mario hat sich wieder Knoblauchsuppe und tibetisches Brot bestellt. Ich mache heute keine Experimente beim Frühstück Wie alle Tage habe ich süßes tibetisches Brot mit Marmelade bestellt. Das schmeckt mir. Es ist sowieso eine Kunst, so früh am Morgen schon etwas zu essen. Für den langen Tag füllen wir nicht nur die Thermoskanne sondern auch zwei Plastikflaschen mit heißem Tee. Die beiden Plastikflaschen wickelt Prem in seine Daunenjacke ein und steckt sie mit-

tig in seinen Rucksack. Dort werden sie bestimmt lange warm bleiben.
Viele Trekker haben Rucksäcke mit Trinksystemen, damit man während der Tour bequem trinken kann. Der Behälter mit dem Wasser kommt in den Rucksack, ein Schlauch führt nach vorn und steckt am Schultergurt. Als ich mir meinen Rucksack für die Tour gekauft habe, wollte mir der Sportladen auch unbedingt ein solches Trinksystem dazu verkaufen. Dann kann ich beim Gehen trinken, muss nicht anhalten und nicht den Rucksack zum Flasche rausholen absetzen. Fast traurig habe ich den Verkäufer damals angesehen. Ich mache doch gern Trinkpausen. Diese Pausen sind die wenigen Momente, in denen ich mich nicht auf den Weg konzentrieren muss und meine Gedanken ganz die Landschaft genießen können. Außerdem sind wir zu zweit unterwegs, wir können uns gegenseitig unsere Trinkflaschen aus den Seitentaschen geben. Bei uns ist niemand auf sich allein gestellt. Heute stecken wir jedoch keine Flasche in die Seitentasche. Aus Sorge vor dem Frost kommt die Thermoskanne in den Rucksack hinein, in Marios Rucksack hinein. Ob den anderen das Wasser in ihren Schläuchen gefrieren wird?
Auch wir machen uns startklar. Daunenjacke, Mütze, Stirnlampe, Buff, Fleece-Handschuhe und Überhandschuhe, Fleece-Leggings, Berghose und Gamaschen, wir ziehen wieder alles an, was wir mithaben. Den Fotoapparat verstecke ich vor der Kälte unter der Daunenjacke, die Wanderstöcke kommen gleich von Beginn an in die Hand. „Auf geht´s".
Der Mond hat eine superlange Nachtschicht eingelegt und leuchtet immer noch. Ohne das Mondlicht wäre es stockfinster, so kann man auch ohne Stirnlame alles gut erkennen. Prems Mühen mit dem Aufhacken des Weges und dem Streuen hat der Wind schon längst wieder verweht. Die Schneeoberfläche ist so hart gefroren, dass man nicht mehr einbricht. Die Spur ist zwei Füße breit in den Schnee getreten und genauso fest. Schnee und Weg sind spiegelglatt. Passt man einen Schritt nicht auf, rutscht man weg. Auf dem vereisten Schnee würde das böse wehtun. In den Alpen hätten wir für so eine Tour die Steigeisen angeschnallt. Wer nimmt schon Steigeisen mit auf den Annapurna-Trek? Üblicherweise ist der Pass im November schneefrei. Prem hat immer wieder erzählt, dass auf seiner letzten Tour im Oktober alle Wege ohne Schnee waren. Es muss heute ohne Steigeisen gehen. Die Stirnlampe wirft scharfe Schatten, so ist der vereiste Weg deutlich zu erkennen. Wir gehen sehr vorsichtig, außerdem tut es gut, sich mit den Stöcken sicherheitshalber etwas abstützen zu können.
Nach wenigen Minuten haben wir das erste Pärchen eingeholt. Im ersten Moment knurre ich vor mich hin, sie könnten uns ja freundlicherweise vorbei lassen. Dann erst erkenne ich das Ausmaß des Problems: Vor uns stehen gut zwanzig Leute und es geht eigentlich gar nicht voran. Eine ganze Weile schleichen wir ihnen am steilen Hang hinterher. Dann wird der Weg etwas flacher. Ohne Vorankündigung schert Prem bergseitig aus und zieht mit zügigem Schritt an allen anderen vorbei. Wir haben Mühe, ihm zu folgen. Für diese Sekunden muss ich mich entschieden, meine Angst vor dem Wegrutschen auf dem glatten Schnee auszuschalten. Ich muss mitlaufen. Wer weiß, wann die nächste Gelegenheit

zum Überholen kommt. Also los. Mario läuft hinter mir. Das Pärchen schließt sich an. Es geht besser, als ich dachte. Kein Wegrutschen. Nur die Überholten schauen uns so hilflos an. Warum eigentlich?

Vorn angekommen bekommen wir das zu sehen, was wir aus endlos vielen Erzählungen schon kannten und doch nicht für möglich gehalten haben. Die Ursache der Langsamkeit ist ein nepalesischer Träger. Überladen ist er sowieso, das allein würde schon reichen, ständig das Gleichgewicht zu verlieren. Stirnlampe hat er auch keine. An seinen Füßen aber trägt er Stoffturnschuhe mit Gummisohlen. Bei uns zieht man diese Canvas-Schuhe im Hochsommer zum Segeln an. Hier ist aber kein Hochsommer, hier ist Schnee, Eis und tiefster Winter. Die Schuhe finden auf dem glatten Schnee nicht einen Halt. Der Mann rutscht immer wieder aus und fällt mit seiner ganzen Ladung auf das harte Eis. Wer hat das zu verantworten? Welche Trekking-Organisation schickt den Mann ohne Ausrüstung über den Pass? Es ist mir zu peinlich, ein Foto zu machen. Wir gehen schweigend weiter.

Neben dem Weg liegen Plastikflaschen mit gefrorenem Wasser. Jemand hat wohl wie immer seine Flaschen draußen an den Rucksack gesteckt. Dass sie so schnell gefrieren, hätte auch ich nicht gedacht. Gefroren ist das Wasser nutzlos, da muss man es nicht mehr über den Pass schleppen. Nur hat derjenige jetzt auch nichts mehr zu trinken. Wieder jemand, der gedankenlos im Hochgebirge losgelaufen ist.

Schon hört man von weitem vor uns das Husten des deutschen Mädchens. Es dauert nicht lange und wir überholen das Geschwisterpaar, ihren Guide und ihren Träger. Sie hustet fast ununterbrochen, dazwischen versucht sie, ein paar Schritte zu gehen. Es muss eine fürchterliche Quälerei für sie sein. Deshalb aber umdrehen und den Pass aufgeben? Ich wäre wie sie weitergegangen, bestimmt.

Ich laufe vornweg, damit der Langsamste das Tempo bestimmt. Es geht immer langsamer voran, nur noch in kleinen Schritten, Schritt für Schritt. Versucht man, schneller zu gehen, beginnt das Herz zu rasen und man bekommt kaum noch Luft.

So allein und nur für uns spüren wir den eisigen Wind jetzt erst richtig. Wahrscheinlich liegt es auch daran, dass wir auf einer ersten Hochebene angekommen sind. Das steilste Stück Weg im Zickzack über Schnee und Geröll liegt hinter uns. Weiter geht es über weite Bergrücken, der Weg ist durchgängig verschneit, kaum ein Stein schaut noch raus. Ab hier ist es wahrlich kein Wind mehr, sondern Sturm, Schneesturm. Der Wind hat den letzten losen Schnee aufgesammelt und peitscht ihn uns ins Gesicht, als ob es schneien würde. Die kleinen Eiskristalle schmerzen im Gesicht. Tief gebückt stemmen wir uns gegen den Wind und kämpfen uns bergauf. Wegen der Höhe geht es sowieso nur sehr langsam. Ich setze einen Fuß vor den anderen, starre die Spur vor mir an und schaue nicht nach oben und nicht ins Tal unter uns. Der Sturm wird unerträglich, das Gesicht tut weh. Trotz der Gletscherbrille treibt der Wind die Eiskristalle in meine Augen. Ich kneife sie zusammen. Weiter geht es Schritt für Schritt, die Stöcke vorsetzen, die Füße nachziehen, wieder die Stöcke vorsetzen, wieder die Füße hinterher. Es ist eine ungewohnte Art, sich anzustrengen. Obwohl ich das Gefühl habe, mich körperlich völlig zu verausgaben, schwitze ich nicht ein bisschen. Der Sturm nimmt mir jegliches Gefühl für die Temperatur um mich herum. Wahrscheinlich sind es zehn Grad minus. Durch den Sturm empfinden wir es aber als sehr viel kälter. Die Kälte hat meine Finger eingefroren. Trotz doppelter Handschuhe mit Windschutz sind meine Hände eiskalt. Jetzt zieht die Kälte an den Armen hoch und will mich ganz erfassen. Ich komme mir völlig verlassen vor in dieser Welt aus Schnee und Sturm. Nur eine getretene Spur vor mir. Die anderen nehme ich nicht mehr wahr. Nichts nehme ich mehr wahr. Ich friere, ich will nicht mehr, ich komme nie oben an. In meinem Kopf hämmert es dagegen: laufen, laufen, laufen. Nur nicht stehen bleiben, dann läufst Du womöglich nicht wieder los. Nicht zurück schauen, es gibt kein Zurück. Du willst über den Pass. Also lauf Mädel. Lauf.

„Katrin, willst Du nicht mal eine Pause machen und etwas trinken?" Marios Stimme höre ich dunkel aus der Ferne. Sie kommt mir wie ein gefahrvolles Raunen vor, das mich von meinem Weg und meinem Ziel abhalten will. Ich antworte nicht und gehe wie mechanisch meinen Weg weiter.

Auf einmal bleibt Prem stehen. Er hat eine windgeschützte Stelle entdeckt. Angenehm. Mario sieht mich verzweifelt an: „Du musst doch mal was trinken." Es ist mir, als würde er mich aus einem Rausch aufwecken. Recht hat er. Ich schaue mich verwundert um, alles sieht ganz anders aus als beim Loslaufen heute früh. Wir müssen schon lange unterwegs sein. Es ist hell geworden. Auf der anderen Talseite kommen gerade die ersten Sonnenstrahlen über die Berge herüber. Als ob sie mich wieder zum Leben erwecken wollen. Es ist bereits halb sieben. Ein großer Schluck vom warmen Tee tut mir gut. Sekunden später ist die Sonne endgültig über den Berg. Wie ein kleines Kind bestaune ich den Schnee, der um uns herum glitzert.

Die Landschaft selbst ist eigentlich nichts Besonderes mehr. Schneebedeckte Berge gibt es in den Alpen und anderswo auch. Mit der Höhe haben die anderen Berge dieses Gigantische verloren, wir sind ihnen näher gekommen. Das Besondere, das Einmalige sind die Umstände, unter denen wir hier sind. Das Besondere ist, dass wir hier sind.

Mit durchgefrorenen Fingern nestle ich den Fotoapparat unter der Daunenjacke hervor und versuche, dem gleißenden Sonnenlicht wenigstens ein Bild vom Aufstieg abzuluchsen. Gern erzähle ich mit meinen Bildern die Geschichten unserer Reisen. Hier und jetzt weiß ich nicht, wie ich diese Geschichte erzählen soll. Deshalb weiß ich auch nicht, was ich fotografieren soll. Ich halte den Fotoapparat mal ins Tal, mal bergauf, mal schräg hinüber und drücke einfach ab.

Der Blick über diese weiße Welt ist nicht endlos. Eher habe ich den Eindruck, als ob eine Kette hoher Berge einen Kranz um uns und den Pass ziehen will. Jeder Horizont wird von Gipfeln gebildet. Über uns wirken sie ganz nah, neben uns sind Annapurna III und Gangapurna deutlich zu erkennen und uns gegenüber reihen sich die Achttausender zu einer Skyline auf.

Weiter gehen wir über den nächsten Bergrücken, dem bis zum Pass sicher noch unzählige folgen werden. Der Wind lässt nicht nach, trotz der großen Rucksäcke schleudert es uns.

Mario läuft jetzt als erster, er will mir etwas Windschutz geben. Leider hilft es nicht viel. Ich bewege mich, trotzdem werden meine Hände nicht wärmer. Auch meine Füße sind kalt, kalt und taub bis zu den Knien hinauf. Es wird nicht besser. Ich höre auf, darüber nachzudenken. Ich gebe mich auf. Aber ich laufe noch, immer weiter.
Manche haben die Kraft und die Nerven, im Aufstieg die Hügel zu zählen, über die man steigen muss, bis man den Pass sieht. Das habe ich mir am Tilicho Lake abgewöhnt. Wenn man die ersten Fähnchen sieht, dann ist man bald da. So einfach klingt die Regel. Und dort sind die ersten Fähnchen. Dort ist der Pass. Wenige Meter noch. Wir sind oben!

Wir stehen am Thorong La.

Es ist halb acht und der Sturm bläst erbarmungslos. Vor uns flattern die sternförmig gespannten Wimpelketten, die den höchsten Punkt am Pass schmücken. Links schmiegt sich ein kleines Steinhaus in eine Senke. Es ist eine Teestation. Wir stellen die Rucksäcke vor dem Teehaus ab und retten uns vor dem Wind nach drinnen. Ein freundlicher Nepali verkauft Tee, den er mit einem kleinen Gaskocher erhitzt. Der kleine Raum ist dunkel, durch das winzige Fenster kommt nur so viel Licht, dass man gerade die Umrisse und Gesichter der Menschen erkennen kann. Ein langer Tisch mit Bänken bietet die Möglichkeit, sich hinzusetzen. Ich krauche nach hinten in die Ecke und werde so schnell nicht wieder aufstehen.
Das schwedische Pärchen und der zeichnende Japaner mit einem Guide und zwei Trägern waren vor uns da. Mario teilt den restlichen Tee aus. Ich muss den Film im Fotoapparat wechseln und habe mit den steifen Fingern große Mühe dabei. Ohne Wind und mit warmem Tee tauen meine Hände langsam auf. Wer schon einmal so sehr an die Finger gefroren hat, der weiß, was jetzt kommt. Die Hände tun entsetzlich weh. Ich habe keine Kraft mehr, diesen Schmerz zu ertragen. Ich weine wie ein kleines Mädchen. Wahrscheinlich kommt auch noch die Erleichterung dazu, auf dem Pass angekommen zu sein. Sicher fällt gerade die Anspannung der letzten Wochen mir ab. Vielleicht weine ich vor Glück. Ich heule. Und alle kümmern sich rührselig um mich. Prem zaubert Handwärmer aus seinem Rucksack. Der nette Schwede gibt mir den Tipp, die Hände unter der Daunenjacke direkt am Körper zu wärmen. Ich lege die Hände mit den Handwärmern direkt auf meine Brust. Danke Euch beiden, es hilft.
Mario ist inzwischen wieder nach draußen gegangen. Jetzt hat er die Aufgabe übernommen, viele schöne Fotos vom Pass aufzunehmen. Heute verlasse ich mich auf ihn, auch wenn ich sonst lieber selber fotografiere. Dafür darf ich hier drinnen windgeschützt sitzen bleiben. Bevor die nächsten kommen, wollen wir noch ungestört die obligatorischen Erinnerungsfotos machen. Ich mummle mich wieder in meine Sachen ein und stelle mich dem abweisenden Sturm draußen. Direkt vor den Fähnchen und mit dem Bergpanorama über dem nächsten Tal als Hintergrund stellen wir uns nacheinander zum Foto auf. Mit Überhandschuhen geht manches Bild daneben. Egal, ich habe genügend Filme mit. Mit meiner

orangefarbigen Daunenjacke, der rot-weißen Mütze und den blau-roten Handschuhen passe ich am besten zu den bunten Gebetsfahnen. Mario hat zur dunkelblauen Hose eine schwarze Daunenjacke an. Nur seine rot-blau-orange gemusterte Mütze leuchtet. Meine beiden Männer stehen stolz und glücklich da. Überschwänglich vor Freude reißen sie die Arme in die Höhe wie ein Felsbezwinger das Eispickel schwenkt. So viel Begeisterung holt dann endlich auch mich aus meiner Lethargie. Wir haben es geschafft! Meine Traurigkeit ist verflogen. Jetzt kann auch ich ins Siegerfoto strahlen. Mario und Katrin am Thorong La. Wird es das je wieder geben?
Immer mehr Menschen kommen den schmalen Pfad zum Pass hinauf. Bunte Punkte reihen sich lose auf einem schmalen Band auf. Jedem Einzelnen ist die Anstrengung anzusehen, doch viel mehr noch die Freude und die Anspannung, die beim Anblick der bunten Wimpelketten endlich abfällt. Da ist es nicht mehr wichtig, dass den meisten ihr Wasser im Trinkschlauch schon seit Stunden eingefroren ist. In der Teestation werden Sie etwas Warmes zu trinken bekommen. Alle Mühen sind für diesen Moment vergessen.
Die anderen gehen in die Teestation, wir steigen in das Kali Gandaki Tal ab.
Wenige Schritte hinter dem Pass schauen wir zum ersten Mal in das Tal auf der anderen Seite. Vor uns ist weiterhin nichts als weißer Schnee. Die glatt geblasene Schneefläche führt geradeaus ins Nichts. Am Horizont stehen die nächsten hohen, schneebedeckten Berge. Dazwischen liegt ein tiefes Tal, dessen Grund wir noch nicht sehen können. Dieses Tal wird noch viel trockner sein. Kein Baum, kein Strauch, kein Grün ist zu erkennen. Die Landschaft hinter dem Schnee scheint nur noch aus hellbrauner, trockener Erde zu bestehen. Über allem leuchtet uns noch immer ein strahlendblauer, wolkenfreier Himmel entgegen.
Zuerst aber stellen wir mit Entsetzen fest, dass uns der Sturm auch nach dem Pass weiter entgegen bläst. Wir wollen nur noch weg hier, nichts wie runter. Der Schnee ist hart gefroren, die Sonne konnte ihn noch nicht auftauen. Der Wind hat den Schnee abgeschliffen. Geblieben sind steile Eisplatten mit scharfen Kanten. Vor uns ist keine getretene Spur mehr, in der wir hinunter laufen können. Stattdessen sieht man, dass die Träger gestern im weichen Schnee auf dem Allerwertesten den Berg hinuntergerutscht sind. Überall sind tiefe, gesäßbreite Rinnen gezogen. Ich erinnere mich an den Träger in den Turnschuhen und kann ich mir gut vorstellen, dass er gar keine andere Möglichkeit hat.
Wenn der Schnee weich wäre, ergäbe es auch für uns eine tolle Schlittenfahrt. So zeitig am Vormittag ist die Oberfläche dagegen noch eine blanke Eisschicht. Schnell würde man an Fahrt gewinnen. Das klingt verlockend nach einer rasanten Partie, aber ohne Steigeisen kann man auf dem vereisten Schnee nicht bremsen. Wir sollten es besser gar nicht erst versuchen, wenn wir uns nicht böse Blessuren zuziehen wollen. Zudem würden die harten, spitzen Eiskristalle unsere Berghosen aufkratzen. Kein Rutschen, wir müssen laufen. Auf dem glatten Schnee möchte ich sehr bedacht laufen. Oft genug bin ich auf solchem Schnee ausgerutscht, das gibt auch unschöne, schmerzende blaue Flecken. Doch statt vorsichtig voranzugehen, rennt Prem los, als ob ihn jemand jagen würde. Er stapft leichtfü-

ßig, fast hüpfend, in die gestern im weichen Schnee gebildeten Fußstapfen und verhindert so, dass er ausrutscht. Wir probieren es auch. Es funktioniert, allerdings sieht es bei mir nicht so leichtfüßig aus. So darf niemand erwarten, dass es bergab weniger anstrengend ist. Zumindest nicht, wenn man in Prems Tempo rast.
Endlich lässt der Wind nach. An einem großen, schneefreien Stein macht Prem Pause. Wir sind in nur eineinhalb Stunden über siebenhundert Höhenmeter abgestiegen. Und das über diesen vereisten Schnee. „Ihr braucht mich nicht mehr zu verheizen, ich war doch schon am Pass völlig k.o. . Warum rennt Ihr eigentlich so?" Keiner fühlt sich für mein Nölen zuständig. Mario zeigt schweigend auf den großen Stein und versucht, mir Gutes zu tun: „Setz Dich, hier ist es windstill, warm und trocken."
Hinsetzen? Soll ich mich wirklich setzen? Ob ich dann wieder aufstehen kann? Meine Beine schmerzen, ich kann nicht einmal mehr einen einzelnen Muskel ausmachen, der besonders weh tut. Setze ich mich jetzt hin, besteht die Gefahr, dass die Beine beim Aufstehen den Dienst verweigern. Das Problem klärt sich ganz schnell und ganz anders. Ich muss nämlich austreten. Als Frau bleibt mir nichts anderes übrig, als mich hinter einen Felsen zu hocken. Hinhocken heißt, ich muss auch wieder aufstehen. Schon das Hinhocken zieht schmerzlich in den Oberschenkeln. Beim Aufstehen protestieren meine Beine zwar energisch, aber sie streiken nicht. Erleichtert im doppelten Sinne lasse ich mich auf dem großen Stein nieder. Jeder von uns verspeist einen Mars-Riegel. Etwas Besseres kann sich keiner vorstellen. Die Mediziner würden unseren Zustand wohl unterzuckert nennen. Uns schmeckt es einfach nur. Für Prem sind europäische Riegel sowieso eine absolute Delikatesse. Er würde sich diese teuren Süßigkeiten niemals kaufen. Es ist ihm anzusehen, wie er genießt. Prem wickelt die nächste Teeflasche aus seiner Daunenjacke im Rucksack. Erst jetzt fällt mir auf, dass er seine Daunenjacke oben am Pass gar nicht an hatte. Den ganzen Weg hat er nur in einem langärmligen Oberhemd und einem Wollpullover darüber ausgehalten. Ich frage ihn, ob er denn nicht gefroren hat. Wie selbstverständlich antwortet er: „Nein". In Anbetracht unserer warmen Teeflaschen traue ich Prem schon zu, dass er sich nicht getraut hat, die Daunenjacke anzuziehen, dann wäre vielleicht der Tee kalt geworden. Ich schäme mich, weil sich Prem abermals für uns geopfert hat. Er ist unser Führer, unser Beschützer, unser Diener. Alles in einem und wir bezahlen so wenig dafür.
Kaum ist der Wind weg, heizt die Sonne mit voller Kraft und ohne den Schatten einer Wolke ein. Wir können die Daunenjacken ausziehen. Weiter geht es, noch lange über den harten Schnee. Die Spur führt links an einer Felskante entlang, wendet sich nach rechts und scheint im trockenen Tal zu verschwinden. Weiter im Tal sind rechts am Hang die ersten Häuser von Mustang zu erkennen. Jetzt im Herbst, wo auch die letzten, mühsam bewässerten Felder geerntet sind, wo die wenigen Obstbäume ihr Laub abgeworfen haben und wo die Sträucher braun sind wie die Erde um sie herum, jetzt wirkt das Land staubtrocken und unbewohnbar. Im Frühling wird sich dem Wanderer ein angenehmer Blick in ein fruchtbares Tal bieten. Weiter unten sind wir froh, dass der Schnee meistens

noch fest ist. An sonnigen Stellen sinken wir mit den Bergschuhen in den nassen Schneematsch ein und müssen die Füße mühsam wieder herausziehen. In kurzer Zeit wird der ganze Hang so aussehen.
Eine knappe Stunde vor Muktinath, noch auf dem letzten Schnee laufend, sehen wir das erste kleine Teehaus. Zwei Steinhäuser mit Wellblechdächern stehen in einer steinigen Einöde an dem Schmelzfluss unseres Gletschers. Der Parabolspiegel glitzert in der Sonne und Tisch und Stühle stehen schon erwartungsvoll auf der Terrasse. Wir werden von zwei älteren Frauen freundlich empfangen. Mario und Prem essen Nudelsuppe. Ich entscheide mich für den nächsten Mars-Riegel. Mit dem Parabolspiegel neben dem Teehaus kann man mit Sonnenlicht heißes Wasser in einem Wasserkessel machen kann. Eine Hilfsorganisation hat vor Jahren wohl einmal diese Sonnenspiegel verteilt, um Holz zu sparen. Ob die Spiegel verwendet werden, weiß ich nicht. Dieser sieht geputzt aus, mehr nicht.
Der Fluss am Teehaus wird später Jhong Kh heißen und ein tiefes, unüberwindbares Seitental des Kali Gandaki bilden. Unsere Seite ist Lower Mustang. Auf der anderen Seite beginnt Upper Mustang, auch einfach nur Mustang genannt. Mustang ist noch immer verbotenes Gebiet und deshalb für Touristen schwer erreichbar. Die Permit kostet gut 600 Dollar pro Woche. Den einzigen Übergang gibt es unten in Kagbeni. Später führen keine Brücken über das Tal. Wer ohne Permit nach Mustang will, müsste hier oben im Quellgebiet die Talseite wechseln. Danach steht aber kein Baum oder Fels, hinter dem man sich verstecken könnte. Wenn man zu den nächsten Orten laufen will, wird man tagsüber auf dem einfarbigen, steinigen Boden sofort entdeckt. Wir bleiben auf unserer Seite.
Es wird steinig, wir laufen in der breiten Geröll-Rinne des Passes. Nur wenige dornige Wachholdersträucher stecken zwischen den Steinen. Um uns liegen nichts als große Steine. Oder doch nicht? Kaum ist die Geröll-Rinne zu Ende, steht ein winzig kleiner blauer Enzian am Wegrand. Dann ist auch schon Muktinath zu sehen. Eine Kette hoher Berge umringt den Ort. Aus ihr ragt ganz im Süden am Ende des Tals eine steile Spitze auffällig und abweisend heraus. Es ist der Dhaulagiri, der nächste Achttausender.
Vor jedem Dorf auf der Annapurna-Runde steht eine Übersichtstafel. Auf schwarzem Grund sind die Wege im Ort mit weißen Linien eingezeichnet. Rote Symbole weisen auf touristische Besonderheiten. Mit Zahlen und in gelber Schrift sind die wichtigsten Lodges jedes Ortes notiert, die sich natürlich immer vornehm Hotel nennen. In Muktinath kommt noch der deutliche Hinweis auf das gesperrte Upper Mustang hinzu. Der Ort beginnt links mit dem großen Klosterkomplex. Wir gehen vorbei, heute nicht mehr. Morgen früh werden wir die Anlage ausgeruht besuchen. Vom Kloster geht es noch einmal steil bergab und über einen kleinen Bach. Dann haben wir den touristischen Teil von Muktinath erreicht, auch Ranipauwa genannt. Wir sind die ersten, die heute vom Pass herunter kommen. Vorsichtig wird mir zum ersten Mal deutlich, dass wir es geschafft haben. Aber gleichzeitig kommt auch das Gefühl auf, dass etwas Wichtiges, etwas lange Ersehntes jetzt endgültig vorbei ist. Wir sind über den Pass drüber und auf der anderen Seite ange-

kommen. Gern hätte ich oben am Pass noch mehr Bilder fotografiert. Der Eindruck wird trotzdem bleiben. Ein Eindruck, den ich sicherlich nie in die richtigen Worte fassen kann. Wer es genau wissen will, der muss den Weg selbst gehen.

Meine Bedenken, dass der Abstieg nur der Aufstieg in umgekehrter Folge sein wird, zerstreuen sich beim Anblick der ersten Häuser. In jeder Hinsicht betrachtet empfängt uns hier eine andere Welt. Dass es hier noch viel trockener ist, haben wir schon von oben gesehen. Die Wege müssen nicht mehr gepflastert werden. Es gibt keinen Regen, der sie aufweichen könnte. Der festgestampfte Lehmboden ist als Weg völlig ausreichend. Sehr breit sind die Wege. Es ist genügend Platz da, der Boden könnte sowieso nicht für Felder genutzt werden. Kleine, ärmliche Häuser gibt es nur noch weit weg vom Hauptweg. Die Lodges sind nicht mehr U-förmig sondern in ihrer Größe und Kompaktheit eher mit dem Kolonialstil zu vergleichen. Der europäische Baustil ist hier schon seit einigen Jahren eingezogen. Wir trotten nur noch mechanisch hinter Prem durch den Ort. Rechts stehen die Lodges, links die Verkaufsstände der Tibeterinnen. Mützen und anderes Gestrick, Fossilien, Schnitzereinen, Steine, Ketten und Anhänger bieten sie an. In der Mittagszeit ist kaum ein Tourist auf der Straße. Obwohl wir bestimmt nicht so aussehen, als ob wir jetzt etwas kaufen wollen, fallen die Frauen mit ihren Angeboten aufdringlich über uns her. Den ganzen Weg laufen sie uns wie ein bunter Drachenschwanz hinterher. Lässt eine Frau von uns ab, reiht sich eine andere ein. Endlich sind wir am Ende der großen Straße angekommen und stehen vor einem großen roten Backsteingebäude. Die Frauen lassen von uns ab, wir beziehen unser Zimmer im „Hotel North Pole". Das Haus bemüht sich um einen westlichen Stil, aber es verliert dabei die Liebenswürdigkeit der Lodges auf der anderen Seite des Pass. Die Zimmer sind modern eingerichtet. Wir haben richtige Betten und ein abgetrenntes Bad mit Dusche und Toilette. Ein Wohlbehagen will aber nicht eintreten. Das Zimmer ist nach Norden ausgerichtet, keine Sonne wärmt uns angenehm. Aus dem Bad dringt ein aufdringlicher Geruch nach Desinfektionsmittel. Jemand hat einen WC-Stein in das Waschbecken gelegt. Alles ist verstaubt. Das WC funktioniert auch nur einmal, dann läuft kein neues Wasser nach. Zumindest die Dusche ist warm und wir können endlich Haare waschen.

Vor der Lodge steht ein großer runder weißer Plastik-Gartentisch mit Stühlen. Es ist Zeit für einen Kakao und einen Milchkaffee. Wie versteinert starren wir beide auf den Tisch, um dann gemeinsam lauthals loszulachen. Unser ewiges Zuckerproblem löst sich endlich in Wohlgefallen auf. Auf dem Tisch steht eine große gedrechselte Holzdose in Form einer Gompa. In der Gompa sind gut 750 Gramm Zucker. Diesmal wird er bestimmt für uns reichen.

Dann starten wir zu einem Bummel durch den Ort. Jetzt, wo wir über den Pass sind, wollen wir unbedingt Ansichtskarten kaufen, schreiben und versenden. In jedem Laden durchforsten wir die Ständer mit den Karten. Es gibt viele verschiedene Karten und in jedem Laden andere Preise. Mir gefallen die länglichen Karten gut, vor allem die mit den Panoramaaufnahmen. Leider gibt es hier kaum Postkarten vom Tilicho Lake, die hätten

wir wohl in Braga kaufen sollen. Letztendlich finden wir aber ausreichend Karten für jeden Geschmack und decken uns ein.
Auch die aufdringlichen Tibeterinnen verdienen ein wenig an uns. Wir kaufen jeder eine dieser bunten Wollmützen und nehmen noch eine für unseren Kleinen mit. Ich bevorzuge die Mützen mit dem Fleecefutter. Die sind zwar wärmer, dafür kratzt die Wolle nicht direkt auf der Haut.
Prem hat uns schon erzählt, dass es im Tal unten im Flussbett sehr viele versteinerte Fossilien geben soll. Bei einer Tibeterin finden wir etwas ganz Besonderes. Der schwarze Stein ist ohne Beschädigungen in zwei Teile aufgebrochen. Wenn man ihn öffnet, sieht man das versteinerte Fossil innen. An keinem anderen Stand haben wir etwas vergleichbar Schönes gesehen. Der Preis ist recht hoch. Erstaunlicherweise lässt die gute Frau auch nicht mit sich handeln. Wir bezahlen, das ist uns das Andenken wert.
Mario kauft noch einen zweiten Anhänger, die Augen Buddhas in Yak-Horn geschnitzt. Der Talisman soll sein Auto beschützten. Dann müssen wir unsere Permits beim ACAP Check Point abstempeln lassen. Der Offizier hat sein Büro auf der Sonnenseite der Straße unter einem Vordach eingerichtet. Er ist nett und freundlich, eine angenehme Begegnung. Auf Nachfrage darf ich ihn sogar fotografieren.
Auf der Dachterrasse des „Bob Marley Hotels“ haben es sich inzwischen einige der Touristen bequem gemacht, die wir in den letzten Tagen getroffen haben. Das „Bob Marley“ wird in allen Reiseführern empfohlen, weil hier abends eine Travestie-Show stattfindet. Prem fragte uns nur, ob wir nachts schlafen wollen, dann sollten wir besser nicht hier übernachten. Die beiden Schweden grüßen uns freundlich, die zwei deutschen Mädchen haben den Pass schon gestern geschafft und trödeln hier noch einen Tag zur Erholung. Im Laden unter dem „Bob Marley“ kaufen wir noch einmal Postkarten und werden dabei von dem Transvestiten bedient. Der kleine Mann sieht wirklich richtig niedlich aus. Zwei kurze, geflochtene Zöpfe, gezupfte Augenbrauen und Ohrringe lassen ihn wie ein junges Mädchen wirken. Erst an der Stimme erkennt man den Mann in ihm. Wir schmunzeln.
Ein hölzerner Pflug mit einer Metallspitze lehnt an einer weiß getünchte Hauswand, als würde er in das örtliche Museum einladen. Das Haus ist kein Museum, der Pflug ist noch in Gebrauch. Daneben steht ein Webstuhl aus Holz, auf dem bunte Schals gewebt werden. Die Frau am Webstuhl versucht, doppelt zu verdienen. Als ich den Fotoapparat anhebe, wehrt sie energisch ab. Foto gibt es nur gegen Gebühr. Wenn das klappt, hat sie ihren Lohn schon verdient, ohne den Schal verkaufen zu müssen.
Die Frauen tragen Hosen und einen langen Rock darüber, ein langärmliges Shirt, eine enge, gebundene Weste und ein buntes Tuch um die Hüfte. Das Kopftuch haben sie fesch nach hinten gebunden. So wirken sie weder altmodisch noch weltfremd.
Zum Abendbrot trifft sich alles an dem großen Tisch im Speiseraum. Wir frösteln, lassen die Jacken an und die neu erstandenen Mützen auf dem Kopf. Marios Mütze wirkt dezent, weil sie aus verschiedenen Brauntönen gestrickt wurde. Meine Mütze ist knallbunt in rot, orange, blau und grün geringelt. Viele Fremde sitzen am großen Tisch, aber auch

das französische Pärchen vom Tilicho Base Camp. Wie selbstverständlich werden Glutöfen unter den Tisch gestellt. Die brennen rauchfrei und es wird schnell angenehm warm im Zimmer. Endlich tauen meine kalten Füße auf. Wir essen noch einmal Yak-Steak mit Knoblauchsoße. Prem meint, dass er sich heute besser ein großes DhalBat verdient hat. Auch die Nudelpfannen und Spaghetti sehen sehr schmackhaft aus. Jedes Essen in dieser Lodge ist sehr empfehlenswert. Vor allem erscheinen die Speisen deutlich abwechslungsreicher. Endlich einmal mehr als gebratene chinesische Nudeln in verschiedenen Varianten im Wechsel mit gebratenem Reis mit derselben Auswahl an Zugaben. Die junge Frau, die uns bedient, hat moderne Kleidung an und eine große Schürze eng darüber gebunden. Den schwarzen Schal hat sie über ihre Haare und um den Hals geschlagen, so wird ihr stupsnasiges, freundliches Gesicht noch betont.
Uns gegenüber sitzen zwei Engländer mit ihrem Guide. Ich versuche, ihren Gesprächen zu lauschen. Hoffnungslos, ich kann nicht einmal verstehen, worüber sie sich unterhalten. Also schaue ich ihnen beim Kartenspielen zu. Da spielen diese Engländer doch tatsächlich entgegen dem Uhrzeigersinn. Ihr nepalesischer Guide spielt vergnügt mit. Na klar, sie alle fahren ja auch Auto auf der anderen Seite.
Beim Schlafengehen zeigt Prem auf die Porter, die am Kücheneingang sitzen. „Die versaufen ihren Lohn mit Whisky." Prem sagt das nicht nur abwertend, er sagt es mit sehr viel Abscheu, mit maßlosem Ekel und mit Sorge um deren Familien, die auf das Geld warten.
Nach so einem Tag kann man nicht einschlafen, auch wenn man noch so müde ist. Ich denke darüber nach, warum ich heute am Aufstieg so mutlos und verzweifelt war. Irgendetwas in meinem Kopf hat keine Signale mehr an mich heran gelassen. Meine Augen waren offen, trotzdem bin ich mit geschlossenen Augen gelaufen. Wir hatten sehr viel Zeit, trotzdem habe ich gedrängelt, trotzdem wollte ich nicht stehen bleiben. Es gab keinen Zweifel, dass wir den Pass erreichen, trotzdem war ich voller Selbstzweifel und Angst. Immer wieder wird über Extrembergsteiger berichtet, die sich in schwierigen Situationen selbst aufgeben. Ist das meine Form von Höhenproblemen gewesen? Arbeitet mein Gehirn in extremer Höhe nicht mehr normal? Menschen mit Höhenkrankheit werden stur und überschätzen sich selbst. Mir ist es gerade andersherum ergangen. Ich bin eigentlich selbstbewusst, zielstrebig, zweckoptimistisch und sehr rational im Denken. Nur heute nicht. Heute habe ich grundlos an mir selbst gezweifelt. Ich habe mich selbst nicht wieder erkannt.

Mario kuschelt sich an mich, sein Streicheln und seine Liebe zerstreuen meine Gedanken. Zufrieden schlafen wir miteinander ein.

17.11.2005, Donnerstag Muktinath – Kagbeni (2.800m)

Am nächsten Morgen erwache ich spät aber sehr

gut ausgeschlafen. Am Frühstückstisch schmunzeln wir über das französische Pärchen. Wie bisher gewohnt haben sich die beiden zu zweit einen Small Pott Kaffee bestellt. Ohne zu bedenken, dass die Größe der Potts in jeder Lodge verschieden ist. Small Pott ist nicht gleich Small Pott. Und in dieser Lodge ist der Small Pott besonders klein. Das haben wir schon gestern Abend beobachtet und uns heute besser für jeden ein großes Glas Milchkaffee bestellt. Bei den beiden Franzosen reicht es für eine halbvolle Tasse für jeden und zwei lange Gesichter.

Wir schlendern ohne Gepäck zum Tempelbezirk hinauf. Auf der Dachterrasse des „Bob Marley Hotels" frühstückt Goldlöckchen mit seiner Holden. Auch wenn wir innerlich noch immer über ihn lachen, es freut uns ehrlich für die beiden, dass auch sie heil über den Pass gekommen sind. Über Muktinath scheint schon die Sonne. Der Tempelbezirk liegt noch im Schatten, nur die Bergspitzen dahinter leuchten weißgelb. Eine einzige winzige Wolke steht über dem Dhaulagiri und sieht dem Wind zu, der eine Schneefahne über den Gipfel treibt. Alle Seiten des Berges sind steil und scharfkantig. Selbst für den Laien ist zu erkennen, dass dieser Gipfel besonders schwer zu ersteigen sein muss. Links hinter dem Tempelbezirk kommt der Weg vom Pass herunter. Wir versuchen, den Pass zu erkennen. Vergeblich, ein Bergrücken davor nimmt jede Sicht. Gern hätte ich heute noch einmal zum Pass hinauf geschaut, voller Bewunderung über mich selbst meiner Leistung gehuldigt. Die Selbstverherrlichung muss ausfallen bis die Bilder zu Hause fertig sind.

Das Besondere der Tempelanlage in Muktinath ist es, dass hier buddhistische und hinduistische Tempel und Kloster in einer gemeinsamen Anlage erreichtet wurden. Über einer breite Freitreppe erwartet uns ein schwarzes, massives, schmiedeeisernes Tor. Auf beiden Seiten neben dem Tor stehen überdimensional große, rote Gebetsmühlen. Das Tor ist nicht verschlossen, wir treten ein.

Meine ersten Zweifel an der Gottesfürchtigkeit der heutigen Nutzer der Anlage kommen schon an der großen Gebetsmühlenmauer. Eine defekte Gebetsmühle wurde durch eine leere Blechdose ersetzt. Die Dose mit der Aufschrift „Milchpulver" passt in der Größe genau zu den anderen Gebetsmühlen. Aber würdevoll sieht es nicht aus. Hoffentlich stimmt wenigstens die gelbe Bemalung mit der blauen Schrift die Götter weiterhin wohlgesonnen.

Auffälligstes Bauwerk ist ein buddhistischer Tempel mit 108 Wasserspeiern. Wieder diese magische Zahl 108. Das hölzerne Tempel-Tor, die Türkassetten und der Torbogen über der Tür sind filigran und aufwendig mit geschnitzten Hindu-Motiven verziert. Über der Tür flattert eine typisch hinduistische, leuchtend gelbe, kurze Gardine im Wind. Tatsächlich kommt hinter dem Tempel Wasser aus kleinen figurenförmigen Wasserspeiern an der Wand. In einem Halbkreis wurde eine Wand errichtet, an dieser sind kleine Buddha-, Kuh- und Elefantenköpfe, aus denen Wasser läuft. Vermutlich hat man das Schmelzwasser der Berge weiter oben gesammelt und zu dieser Anlage geführt. Im Sommer kommen die Gläubigen, um sich an diesem heiligen Wasser rein zu waschen. Jetzt ist der Boden vom Wasser gefroren und ich muss beim Fotografieren auf jeden Schritt aufpassen, damit

ich nicht ausrutsche. Gegenüber steht eine wassergetriebene Gebetsmühle. Leider ist sie schon sehr restaurierungsbedürftig. Wasser für ihren Antrieb gibt es auch lange nicht mehr. Gern hätte ich die Konstruktion einmal in Betrieb gesehen.
Nicht weit entfernt steht der Tempel der ewigen Flamme, ein hinduistisches Bauwerk. Äußerlich erwartet uns ein kleines, unauffälliges Gebäude. Respektvoll ziehen wir am Eingang unsere Schuhe aus. Drinnen bin ich, ehrlich gesagt, schon enttäuscht. Der Tempel ist aufwendig, bunt und teuer ausgestattet, da gibt es nichts auszusetzen. Auf weinrotem Stoff stehen goldene Figuren, zwei große Figuren sind besonders aufwendig gearbeitet. Aber bei der Werbung, die für diese ewige Flamme gemacht wird, hätte ich schon mehr erwartet als zwei kleine Feuerzeug-Flämmchen. Hinter einem dicken Eisengitter flackern zwei winzige bläuliche Flammen. Sie sind kaum zu erkennen. Mein Fotoapparat streikt, dieses Nichts bekomme ich nicht scharf gestellt. Es ist nicht die einzige Stelle auf der Erde, an der Erdgas auf natürliche Weise aus der Erde tritt. Weil sich die Menschen das Phänomen nicht erklären konnten, haben sie es für heilig erklärt und mit einem Tempel umbaut. Weiter reicht unser Interesse für die Kulturbauten heute nicht. Wir ignorieren die Spendenbox, ziehen unsere Schuhe wieder an und gehen zurück in den Ort, um unsere Rucksäcke zu holen. Beim Weiterlaufen erklärt Prem uns die Berge um uns herum. Auf unserer Seite steht links der Tilicho Peak, jetzt von der anderen Seite, und rechts der Nilgiri North. Auf der anderen Talseite ist ganz links und nur sehr klein der Mukut Himal zu erkennen, rechts davon ragt unübersehbar der Dhaulagiri und fast vor uns der Tukuche Peak. Auf der rechten Seite des tiefen Tals vor uns fahren wir mit den Augen die staubtrockene Landschaft ab. Das ist Upper Pisang. Was ist daran so besonders, dass die Menschen für eine Reise dorthin viel Geld ausgeben? Wir können es nicht ausmachen. Unser Blick fällt auf Jharkot, das malerisch auf einem Felsvorsprung vor uns liegt. In diese Richtung wird uns der Weg heute führen. Jetzt ist erst einmal Zeit für ein zweites Frühstück. Wir setzen uns an den Wegrand und essen den Rest unserer Backwaren auf. Dann verschwindet unser letzter Mars-Riegel in mir, Mario darf noch einmal kosten.
Inzwischen lassen wir uns von Prem den Unterschied zwischen Hindus und Buddhisten erklären. Man verzeihe mir, wenn die Erklärung nicht wissenschaftlich exakt ist. Ich gebe einfach das wider, was ich bei Prem verstanden habe. Hindus und Buddhisten verehren denselben Gott, Shiva oder Buddha. Hindus glauben, ihr Shiva lebt in jedem Gegenstand. Das Getreide ist Gott, der Teller ist Gott, das Brot ist Gott. Hindus töten Tiere und benutzen Blut als Opfergabe und zur Seligsprechung, nur die Kühe werden als heilige Mutter verehrt. Buddhisten verkörperlichen ihren Gott in der Buddha-Figur. Buddhisten töten keine Tiere und essen kein Fleisch. Beide Religionen verehren Gott in verschiedenen Inkarnationen.
Das ist nicht leicht zu verstehen, ich versuche, wenigstens die Symbole den Religionen zuzuordnen. Ein Tempel ist ein hinduistisches Bauwerk, eine Gompa und eine Stupa gehören zum Buddhismus. Erstaunlich ist für uns aber, dass die verschiedenen Religionen hier in Nepal ohne Zank und Neid gemeinsam in den Dörfern wohnen. Prem bestätigt

uns noch einmal, dass es im täglichen Leben völlig egal ist, welcher Religion man angehört. Daran wird die Wertigkeit eines Menschen nicht gemessen. Dafür gibt es in Nepal die Kasten. Das ist ein anderes Thema.

Wir erreichen Jharkot. Aus der Nähe erkennt man den veränderten Baustil. Die Häuser sind verputzt und weiß getüncht. Es gibt keine offenen Balkone mehr aber noch immer die originalen Flachdächer. Oben im Ort steht ein großer weinroter Klosterbau. Wir haben heute schon genug Klosteranlagen besichtigt und ziehen ohne Besuch weiter. Um den Ort, seine Gärten und kleinen Felder mit Wasser zu versorgen, hat man Teile des Schmelzwasser-Flusses in kleinen Kanälen am Berg entlang vom Fluss weg und auf die Felder geführt. Aufwendig wurden diese Kanäle in den Stein geschlagen oder aus Stein und Lehm gebaut. Ähnliches haben wir bereits in Europa als Suonen oder Waalwege gesehen. Die Technologie wurde sicher noch häufiger auf der Erde erfunden. Prem fühlt sich für Nepal stolz, dass in Europa auch solche Wasserläufe wie hier gebaut werden. Ich werde ihm nicht sagen, dass die offenen Wasserwege bei uns noch aus dem Mittelalter stammen und meist nur noch als touristische Attraktion betrieben werden. Für die Wirtschaft hat man längst Rohrleitungen verlegt hat. Die hier in Nepal sind die offenen grünen Rinnen eine Augenweide, Mittelalter und Tourismus in Einem.

Vor den Häusern und auf den Dächern liegt der Dung der Tiere zum Trocknen. Hier oben gibt es keine Bäume, mit deren Holz gefeuert werden könnte. Der getrocknete Tierkot ergibt einen ebenbürtigen Ersatz. Eine Kreuzung aus Kuh und Yak weidet am Wegrand das letzte braune, dürre, harte Gras. Diese Tiere werden seit einigen Jahren gezüchtet, weil sie die Robustheit der Yaks mit der Nutzbarkeit der Kühe verbinden.

Rechts neben dem Weg glitzert ein kleiner Teich in einer Senke ungewöhnlich in der Sonne. Es ist mehr ein flacher Tümpel. Am Ufer gibt es kaum Bewuchs, nur trockenes, niedriges, gelbes Gras wächst. Wir gehen näher heran. Wer hätte erwartet, dass das Wasser klar und durchsichtig ist? Die Sicht reicht bis zum Grund, heller, sandiger Boden ist zu erkennen. Der Boden ist mit dunklen Flecken und Mustern überzogen. An einem solchen Riss tritt eine deutliche, kräftig lila-rote Farbe aus, die das besondere Glänzen des Teiches verursacht. Über deren Herkunft können wir nur vermuten.

Hinter dem Ort kommen wir auf die Straße, die von Jomsom nach Muktinath führt. Auch hier ist der Ausdruck Straße sicher übertrieben. Das breite, steinige Band durchschneidet den Berghang wie eine tiefe Wunde. Vom Flughafen in Jomsom werden die reichen Pilgerer mit Motorrädern auf dem steinigen Fahrweg nach Muktinath gebracht, damit sie nicht laufen müssen. Schön sieht die Straße nicht aus, sie macht die trocken-staubige Landschaft noch trostloser. Parallel zur Straße stehen Strommasten. Auch wenn die Leitungen funktionstüchtig aussehen, verbessern sie den unschönen Anblick nicht. Auf der breiten Straße geht es zwar landschaftlich hässlich dafür aber zügig und bequem voran.

Eins ums andere Mal drehen wir uns um. Muktinath verschwindet im Braungrau der trockenen Erde. Einzig zwei schneebedeckte, über sechstausend Meter hohe Felskolosse, die den Pass zwischen sich zwängen, bleiben erhaben und deutlich sichtbar. Erst aus dieser

Entfernung sind endlich große Teile des Passes einzusehen. Auf diesen Blick zurück habe ich gewartet. Noch einmal möchte ich sehen, was wir geleistet haben. Gegen diese beiden gigantischen Berge wirkt der Pass unbedeutend und klein. Man muss schon genauer hinsehen, um die Höhe und Steilheit des Abstiegs zu erkennen. Erneut fühle auch ich mich klein und unbedeutend. War es wirklich so eine besondere Leistung, den Pass zu überqueren? Als Antwort entscheide ich mich für ein eindeutiges Ja. Das stärkt mein Selbstvertrauen und mein Selbstwertgefühl. Wer an dieser Leistung zweifelt, der möge sie selbst erst einmal vollbringen. Ich baue das Teleobjektiv auf den Fotoapparat. Mit einem Mal wird mir das Ausmaß des Passes vollständig erkennbar. Durch den Sucher der Kamera leuchtet das Kloster von Jharkot als heller Punkt im Vordergrund. Dahinter drängt das Eis des Gletschers die schmale Rinne vom Pass herunter. Aus der Ferne ist der Weg über den Schnee nicht zu erkennen. Unbezwingbar scheint der Pass, kalt, steil und abweisend. Jetzt gibt es keine Zweifel mehr. Wer den Pass bezwungen hat, kann berechtigt stolz auf sich sein.

Der Fluss schlängelt sich rechts unten im Tal. An den steilen Wänden nach oben sind durch unterschiedliche Auswaschungen auf beiden Seiten bizarre Felsformen entstanden. Links steht eine Gruppe spitzer, runder Pyramiden. Rechts erkennt man Löcher in der Wand. Am Ende des Tals bilden herbstlich bunte Laubbäume an beiden Flussufern einen auffälligen Farbunterschied. Diese Zeichen des Lebens mitten in dieser leblosen, staubigen, vertrockneten Landschaft muten unwirklich an. Doch vorerst fesseln uns die Löcher in der gegenüberliegenden Felswand. Wie längliche Wespennester hängen sie weit oben über dem Fluss. Wer will, kann sie auch mit dem Mundloch einer kleinen Pfeife vergleichen. Schmale Spuren führen durch den losen Sand zu den kleinen Höhlen hinauf, sie werden also besucht oder benützt. Entstanden sind die Höhlen im weichen Sandstein auf natürliche Weise. Wozu sie ursprünglich verwendet wurden, ist bis heute nicht geklärt. Man vermutet, dass die kühlen Räume zur Lagerung verderblicher Speisen genutzt wurden. Seit über hundert Jahren meditieren Mönche in der ungestörten Abgelegenheit der Höhlen. Mir ist es unverständlich, wie man an der fast senkrechten Wand ohne Hilfsmittel zu den oberen Höhlen kommt. Wahrscheinlich sieht das Ganze aus der Ferne viel gefährlicher aus, als es in der Nähe wirklich ist. Über Kagbeni selbst gibt es auch noch einmal solche Höhlen, aber in deutlich geringerer Anzahl und Höhe.

Oberhalb von Kagbeni zweigt der direkte Weg links in das Tal des Kali Gandaki ab. Hier abzubiegen ist etwas für Eilige, wir haben Zeit, wenden uns nach rechts und besuchen Kagbeni. Kaum bin ich am Abzweig vorbei und zielstrebig in Richtung Kagbeni unterwegs, ruft mich Mario aufgeregt zurück. Ich hätte etwas verpasst, das müsste ich unbedingt sehen. Aufgeregt zeigt er auf den Boden vor ihm. Ich vermute eine besondere Schlange oder einen schönen Schmetterling und beeile mich, damit das Tier nicht vor mir verschwunden ist. Die Eile ist unbegründet. Marios berechtigte Aufregung gilt einem mit blauer Farbe beschriebenem Stein, der direkt an der Wegkreuzung liegt. „Kagbeni -> E-Mail“ steht da geschrieben. Steinzeit und Moderne miteinander vereint. Dieser Stein ist

das beste Sinnbild für ganz Nepal. Es ist schwer vorstellbar, dass es mitten in dieser Öde, in der die Zeit seit Jahrhunderten stehen zu bleiben scheint, einen funktionierenden Internetanschluss geben soll. Wie zum Beweis pflügt ein Bauer den Stalldung mit einem hölzernen Pflug und zwei Kühen davor in seinen trockenen Acker.
Am steilen Rand zum tiefen Flusstal haben wir einen eindrucksvollen Blick auf Kagbeni. Oberhalb des Ortes hat man an beiden Seiten des Flusses Gärten und Felder angelegt. Sie bilden die wenigen Farbtupfer, weil sie mit dem Wasser aus dem Fluss über Kanäle bewässert werden. Hauptsächlich sind es Apfelbaumplantagen. Jetzt sind die Felder braun, die Bäume kahl. Trotzdem ist der rotbraune Farbton sehr angenehm als Gegensatz zum gelbgrauen Stein überall.
Die neue Straße führt in großen Serpentinen bergab. Kagbeni liegt an der Mündung des Gletscherflusses in den Kali Gandaki. Der Kali Gandaki hat zwischen den steil aufragenden Bergwänden ein breites und ebenes Flussbett geschaffen. Die wirkliche Breite ist schwer zu schätzen. Das Flussbett besteht überwiegend aus weißem Kies und bietet keine Anhaltspunkte für die Entfernung. Vielleicht sind es einhundertfünfzig, vielleicht dreihundert Meter von einem zum anderen Rand. Das Flussbett liegt um diese Jahreszeit weitgehend trocken. Der Fluss sucht sich kleine Rinnen im Kies. Die hellen Steine brechen das Sonnenlicht, das Flussbett erscheint als eine einzige, vereiste Fläche. Wie eine Festung thront das große graue Kloster von Kagbeni auf einem Hügel über dem Ort. Klobig und abweisend wirkt es, weil die Wände keine Fenster haben und nicht mit Schmuck verziert sind.
Wind setzt ein, unangenehmer, sandiger Wind. Wir haben es plötzlich eilig und nehmen die Abkürzung, laufen gerade bergab, kreuzen immer wieder die Straße und sind sehr schnell unten. Prem hat uns schon offeriert, dass wir uns in Kagbeni entscheiden müssen. Entweder beziehen wir eine schöne Lodge mit einem komfortablen Zimmer, Bad und Warmwasser, oder wir bekommen schmackhaftes Essen. Wir entscheiden uns für die schöne Lodge. Was die Qualität des Essens betrifft, wird Prem hoffentlich gründlich übertreiben. Gestern hätte jedes Gericht bestens geschmeckt.
In Kagbeni führt uns Prem in das „New Asia Trekkers Home“. Das Zimmer hat ein Bad, alles ist sehr sauber. Leider bewahrheitet sich beim Mittagessen Prems Vorhersage: Wir haben uns für das schön Zimmer entschieden und müssen jetzt mit dem schlechten Essen vorlieb nehmen. Ich bestelle Spaghetti carbonara und bekomme Nudeln in süßer Milchsoße mit Würstchen. Spaghetti mit Gemüse und Käsesoße sind auch nicht besser. Das Gemüse ist ein abstoßend riechendes Kraut und schmeckt etwa so wie die Pizza in Timang. Beides ist einfach nur ungenießbar. Wir lassen das Essen stehen, gehen auf Stadtrundgang und suchen als erstes eine German Bakery. „Fresh Bakery“ steht über der Tür. Hoffnungsvoll und hungrig treten wir ein. Leider ist der Kuchen für eine frische Bäckerei recht altbacken. Die beiden Käsebrötchen verschwinden in Mario als Vesper. Ich kaufe die bekannten Peanuts-Kekse, die schmecken sicher. Dazu eine Rolle Toilettenpapier nepalesischer Qualität und großformatige Ansichtskarten mit Panoramablick über das Anna-

purna Gebiet. Als Käseliebhaber müssen wir auch einmal von dem angebotenen Yak-Käse kosten. Das kleine Stück Käse hat einen europäisch hohen Preis, leider hält der Geschmack nicht mit. Die Konsistenz ist eher wir Gummi. Wir schneiden ihn in dünnen Scheiben, auch so lässt er sich nur schwer kauen. Geschmack hat der Käse eigentlich keinen, er ist einfach nur sehr lasch und fade. Zumindest haben wir Yak-Käse gekostet und können mitreden.
Jetzt aber ab in das Internet-Studio „Yak Donald“ und die lange überfällige E-Mail an unsere Tochter geschrieben! Von außen betrachtet traut man dem alten, traditionellen Steinbau nicht zu, dass innen moderne Computer mit Internet-Anschluss über Mobilfunk zur Verfügung stehen. Durch eine niedrige Tür geht es in die dunklen Räume. Soweit man in der Dunkelheit etwas erkennen kann, ist hier alles mit großer Sorgfalt eingerichtet. Der Fußboden hat Auslegware gegen den Staub, die Computer stehen an einer Wand, davor warten moderne Bürostühle auf die Internetnutzer. Es werden noch mehr Dienstleistungen angeboten. Speicher der Digitalkamera kann man auf CD brennen. Sicher würde man auch einen Kaffee oder Tee bekommen. Wir beeilen uns. Die Funkverbindung ist schneller als mein Modem zu Hause. Nach sechs Minuten ist unsere Nachricht an Lisa abgeschickt. Wir sind stolz, der Preis ist es auch.
Prem begleitet uns auf einem Stadtrundgang. Nur selten kann und muss er etwas erklären. Oft habe ich den Eindruck, dass er die Orte erst durch unsere Betrachtungen selbst genauer kennen lernt. Die Häuser hier sind noch enger und verwinkelter zusammengebaut, als wir das bisher gesehen haben. Es gibt keine offenen Balkone mehr. Vom bisherigen Baustil sind nur noch Flachdächer übrig. Die Wege führen eng zwischen den Häusern hindurch. Oft sind Häuser über die Wege gebaut, dass es einen Tunnel ergibt. Dabei kann man die Bauweise genau betrachten. Die Wände sind meist aus großen runden Flusssteinen mit Lehm gemauert und weiß gestrichen. An einem solchen Durchgang kann man die Deckenkonstruktion genau studieren. Über die beiden Mauern links und rechts liegen drei dicke, gehobelte Balken. Diese drei Balken werden mit geschälten aber sonst nicht weiter bearbeiteten Baumstämmen belegt, zwischen den Stämmen bleibt immer etwas Abstand. Jeder dieser Stämme hat nicht mehr als zwölf Zentimeter Durchmesser und ist auch nicht unbedingt gerade gewachsen. Anschließend folgen quer darüber dünne Stämmchen und Äste, um die Lücken aufzufüllen.
Die Menschen müssen sich und ihre Häuser gegen den Wind schützen. In dem breiten Tal beginnt jeden Tag kurz nach zehn Uhr vormittags ein kräftiger Wind talaufwärts zu blasen. Nachmittags gegen zwei wird der Wind unerträglich. Dabei ist der Wind selbst nicht das größte Problem. Gefährlich und sehr unangenehm sind die großen Mengen Staub, die der Wind aufsammelt und mit sich führt. Die feinen Körner sammeln sich in der Nase und reiben in den Augen. Oft kann man richtige Sandstürme erkennen.
Auch Kagbeni hat einen uralten Chorten. Früher stand der Chorten wie ein Stadttor am Ortseingang. Inzwischen ist der Ort gewachsen, der Chorten von Häusern umgeben. In Folge der vielen Umbauten wurde der Weg und damit auch der Durchgang durch den

Chorten immer wieder aufgeschüttet. Jetzt ist der Durchgang gerade noch einen Meter hoch, der Chorten weniger ein Tor als ein Hindernis. Bückt man sich trotzdem und geht hinein, kann man eine mit wunderschönen bunten Mandala-Malereien verzierte Decke bewundern. Die Grundfarbe ist Blau, dazu Rot, Grün und Gold. Aber anders als in Ngawal müssen hier die Malereien mit einem Gitter geschützt werden.

Eine ganze Muliherde trampelt über eine schmale Holzbrücke, die über den Gletscherfluss führt. Ich gehe diesmal ganz unbeschwert darüber, hält sie die Mulis, dann hält sie auch mich. Ein kleiner Teil der Häuser mitten im Ort ist terrassenförmig an den Klosterhang gebaut. Eine lange und gut erhaltene Gebetsmühlenmauer steht zwischen den Häusern, genau an einer solchen Terrasse. Damit alle Vorbeigehenden bequem die Gebetsmühlen drehen können, wurden zwei Reihen übereinander angebracht. Beim Hinweg auf dem unteren Weg werden die unteren Gebetsmühlen gedreht, beim Rückweg auf dem oberen Weg die oberen. Die bewohnten Häuser sehen alle sehr gepflegt aus. Nur bei den unbewohnten darf man nicht so genau hinsehen. Der Wind hat schon begonnen, die Häuser von oben abzutragen. An manchen Häusern stehen nur noch die Wände der dritten Etage. Auch das Gewirr der Stromleitungen hat noch längst nicht die Verhältnisse von Kathmandu erreicht. Vor einem kleinen, weiß gestrichenen Haus sitzt eine Großmutter mit ihrem einjährigen Enkelkind auf einer staubigen, grün-beige gemusterten Decke in der Sonne. Die Großmutter spinnt weiße Wolle von Hand auf eine kleine Spindel, das Kind schaut interessiert zu. Als wollten die beiden das friedliche Bild eines intakten Familienlebens darstellen.

Am Grenzübergang zu Upper Mustang muss ich Mario bremsen. Es gibt keinen Grenzbalken. Der Posten hat sich in den Schatten gestellt und ist nicht sofort zu sehen. So erkennt Mario nicht, dass er direkt an der Grenze steht. Wir wollen keinen Ärger und versuchen gar nicht erst, unerlaubt weiter zu gehen. Der Blick nach Upper Pisang bleibt trostlos, abweisend und enttäuschend. Im breiten Flussbett voller runder Steine fließt nur ein kleines Flüsschen. Am rechten Rand sieht man den schmalen Weg weiter ins Land hinein. Links ist ein kleines Dorf zu erkennen, das dem trockenen, steilen Berg mühsam ein paar Felder abgerungen hat. Über dem Dorf steht ein winziger Tempel, darüber erneut nur trockenes Gestein und schneebedeckte Berge.

Auf dem Rückweg machen wir einen Abstecher zum Kloster. Der Eintritt kostet Geld. Wir sind nicht geizig, aber für das x-te Kloster müssen wir keinen Eintritt bezahlen. Auch von außen gibt es genug zu sehen. Wie schon in Pisang fallen uns die vielen Sonnenzeichen auf, die den nazistischen Hakenkreuzen so ähneln. Wir wissen, dass die Zeichen hier eine andere Bedeutung haben. Aber es bleibt so ein ungutes, nazideutsches Gefühl. Auch wenn es hier völlig unberechtigt ist.

Gegen den Wind haben wir uns, obwohl es eigentlich warm ist, die Windjacken angezogen. Mario freut sich schon seit Tagen, im Flussbett Fossilien suchen zugehen. Ich habe Prem gewarnt. Beim Steine sammeln ist Mario schlimmer, als wenn ich Pilze suchen würde. Er findet garantiert kein Ende. Das kann Stunden dauern. Wir ziehen trotzdem los.

Marios Begeisterung steigert sich von Stein zu Stein. Auf den ersten Blick besteht das Flussbett nur aus weißen Steinen. Erst wenn man genauer hinsieht, findet man schwarzes Lava-Gestein dazwischen. In diesen schwarzen Steinen sind die Fossilien eingeschlossen. Manche Steine sind schon zerbrochen, andere muss man selbst aufschlagen. Immer wieder findet Mario kleine aufgebrochene Versteinerungen. Nur ich kann mich nicht begeistern. Der staubige Sand an den Steinen ist mir unangenehm an die Finger. Zum richtigen Aufschlagen der noch geschlossenen Steine fehlt uns das Werkzeug. Aber Mario ist schon im Trance. Mein Blick schweift zu Prem, er möge mich erlösen. Aber auch das wird eine Fehlanzeige. Prem ist ebenfalls ins Steineklopfen abgetaucht. Nach knapp drei Stunden bin ich durchgefroren und will endlich zurück. Die Sonne ist schon hinter den Bergen verschwunden. Schließlich sehen die beiden ein, dass es für heute reicht. Anerkennend muss ich feststellen, dass Mario einige schöne Fossilien gefunden hat. Das Prachtexemplar aber hat Prem entdeckt. Es ist eine große zweiteilige Versteinerung und wir werden es von ihm an Lisa schenken.
In der Lodge duschen wir erst einmal ausgiebig. Das Bad bemüht sich um europäischen Standard. Als Besonderheit ist eine richtige Sitztoilette mit Spülkasten eingebaut, die dieses Mal sogar funktioniert. Die Dusche hängt an der Wand gegenüber. Weil es aber keine Duschkabine und keinen Vorhang gibt, wird das ganze Bad beim Duschen nass. So ein sauberes Bad und dazu richtig warmes Wasser muss man lange ausnutzen. Wir mussten ja auch lange dafür wandern. Anschließend waschen wir mit vereinten Kräften große Wäsche. Oben auf der Dachterrasse ist zwar keine Sonne mehr. Aber die Funktionsfaser trocknet im Wind sicher auch ohne Sonne ganz schnell. Von der Dachterrasse haben wir einen umfassenden Blick auf den Fluss und unseren morgigen Weg ins Tal. Ich hole den Fotoapparat, um wieder einmal Eindrücke einzusammeln. Beim Blick von der Dachterrasse in den Garten grinst Prem. „Katrin“, ruft er. „Komm mal her, das ist hier bestimmt was für Dich.“ Wenn Prem schon so hämisch lächelt, kann mich nur Schreckliches erwarten. Und so ist es auch. Beim Blick nach unten stockt mir der Atem. Einmal mehr muss ich mit ansehen, wie mitten auf dem Hof das Fleisch eines Tieres zerlegt wird. Ich brauche nicht zu erzählen, dass der Boden natürlich auch hier nicht sehr sauber ist Die schwarze Haut einer Kuh oder eines Yaks liegt ausgebreitet mit der behaarten Seite nach unten auf dem steinernen Boden. Auf dem Leder wird das Fleisch in kleine Portionen aufgeteilt zu werden. Auf der staubigen Plane daneben liegen die Eingeweide sorgfältig sortiert, Herz, Lunge, Leber, Niere und das Darmgeschlinge. In einer großen Schüssel dahinter steht noch das Blut des Tieres. Um das Fell herum hocken die Männer, die das Tier zerlegt haben. Passend zum Rot von Fleisch und Blut tragen sie rote Trainingsjacken oder weinrote Wollmützen. Mir ist die Lust auf Landschaft vorerst vergangen. Dann zeigt Prem weiter hinten im Garten auf ein Beet mit grünen, porreeartigen Pflanzen. „Das ist das Kraut, das Dir so gut schmeckt.“, spottet er mit einem Lächeln, dem man eigentlich nicht böse sein kann. Ich befürchte, wir haben Prem zu viel von unserer deutschen Art von Späßen beigebracht. Er beherrscht diese Ironie schon sehr gut.

Etwas weiter flussabwärts in Richtung Jomsom ziehen besorgniserregend dunkle Wolken über dem Tal auf. Aber Prem versichert wortreich, dass sie ganz bestimmt keinen Regen bringen. Morgen früh wird keine Wolke mehr da sein. Wir wollen es glauben.

Der Speiseraum ist groß und für viele Gäste ausgelegt. Lange Tische sind aufgestellt, keine individuelle Ecke. Also setzen wir uns mitten an einen großen Tisch, diesmal beide mit dem Rücken an die Wand. Das Abendbrot wird auch nicht schmackhafter als das Mittagessen. Die Tomatensuppe muss reichen Ich hatte mir zur Abwechslung Momos bestellt. Die Momos mit Kartoffeln und Käse sind aber wieder mit diesem Kraut gekocht, das so abscheulich schmeckt. Mario isst die Momos mit dem Kraut, seine Spaghetti Carbonara übernimmt Prem. Mich ekelt es.

Zwei ältere Japaner setzen sich uns schräg gegenüber. Gesprächspartner sind wir ihnen keine, sie ignorieren uns glattweg. Vermutlich sind sie von höherer Geburt, denn ihr Guide ist ein Brahmane. Auch sind sie nicht zum Trekking hier sondern auf Pilgertour nach Muktinath. Doch entweder haben die beiden keinerlei Tischsitten oder es gilt in Japan als Zeichen der Gastfreundschaft, wenn man beim Essen schrecklich laut schmatzt und schlürft. Wir sind zum Glück schon mit dem Essen fertig, sonst wäre mir der Appetit endgültig vergangen.

Die Guides vertreiben sich die Zeit, bis ihr Essen kommt, indem sie gegenseitig mit ihren bewundernswerten Massagekünsten zu prahlen. Zum Beweis setzen sie sich auf einer Bank alle hintereinander und jeder massiert seinem Vordermann die Schultern. Prem steckt natürlich mittendrin. Wenn es um Massage geht, will er auf keinen Fall fehlen. In dieser Hinsicht prahlt er sicher zu Recht, denn anschließend erklärt er den anderen ausführlich, worauf sie besonders achten müssen und welche Massagen bei geplagten Trekkern noch beliebt sind. Wir haben schon einen tollen Guide.

Die meisten Gäste sind um sieben auf ihre Zimmer verschwunden. Die Belegschaft sitzt vor dem Fernseher, zumindest solange Strom da ist. Wir bekommen einen Gluteimer unter den Tisch und schreiben fleißig Urlaubskarten. In Jomsom ist eine Poststation, dort wollen wir die Karten auf ihre Reise schicken. Das französische Pärchen hat sich wieder in derselben Lodge einquartiert. Sie sitzen am Nachbartisch und bestellen zur Verdauung zwei Glas Apple-Brandy. Als ob sich die Lodge für den Miniatur-Kaffee heute Morgen in Muktinath entschuldigen will, bekommt jeder ein Sto-Gramm-Glas[1] Whisky. Na dann mal Prost.

Der Strom fällt aus, das Fernsehen ist beendet. Prem setzt sich zu uns. So haben wir Zeit, ausgiebig und in Ruhe zu diskutieren. Diesmal wollen wir Prem erklären, dass er nicht nur im Heute leben kann. Er muss sich auch Gedanken um seine Zukunft machen. Wie lange will er noch als Guide durch die Berge laufen? Was macht er, wenn er es gesundheitlich nicht mehr schafft? Mit dieser Art Gedanken will Prem sich nicht anfreunden. Er ist gern Guide und er würde gern sein Leben lang Guide bleiben. Deshalb will er sich kei-

[1] Sto-Gramm russische Bezeichnung für hundert Gramm, entspricht etwa 100ml

ne anderen Gedanken machen. Wir halten gegen, erklären etwas von Vorsorge. Letztendlich überfordern wir Prem wohl für heute. Er streikt: „Wenn ich jeden Tag über meine Zukunft nachdenken soll, bringe ich mich um." Wir wollen an seinem Selbstmord nicht schuld sein, beenden den Abend und wünschen ihm eine gute Nacht. Es ist dreiviertel neun und die dunklen Wolken sind fast alle verschwunden. Prem hat irgendwie immer Recht.

18.11.2005, Freitag Kagbeni – Marpha (2.670m)

Wir stehen dreiviertel sechs auf, um ohne Wind möglichst weit vorwärts zu kommen. Ohne Wecker wären wir dreiviertel sechs noch nicht aufgewacht. Das Aufstehen fällt so zeitig am Morgen schon recht schwer. Knurrend quäle ich mich aus meinem warmen Schlafsack. Jedes Kleidungsstück leistet meinen halbherzigen, frierenden Anziehbemühungen widerspenstigen Protest. Für sechs Uhr haben wir Frühstück bestellt, schon zehn nach sechs kommt der Kaffee. Punkt sieben Uhr gehen wir los.

Zuerst folgen wir der neuen Straße in leichtem Auf und Ab bis Eklebhatti. Die Straße verläuft am linken Talrand, der Fluss fließt rechts. Dazwischen liegen die Felder. Die meisten sind abgeerntet und gepflügt und in ihrer steingrauen Farbe nicht vom unbearbeiteten Land zu unterschieden. Auf einigen wenigen Feldern stehen noch die braunen Halme. Apfelbäume wachsen an den Rändern, Steinmauern grenzen die Felder ab, selten sieht man kleine Sträucher oder Hecken. Das erste Motorrad kommt uns knatternd entgegen. Hier fährt man keine kleinen Maschinen. Vorn ist ein protziger, glänzender Rammschutz angebaut. Der Fahrer trägt sogar einen Helm.

Eklebhatti erreicht man auch von Muktinath direkt, wenn man oben m Abzweig nicht rechts nach Kagbeni sondern gleich links flussabwärts Richtung Jomsom geht. Im Ort habe ich keine Wohnhäuser gesehen, nur fünf große Lodges. Die Lodges sind allesamt nicht mehr die Neuesten. Prem meint, dafür gebe es hier im Gegensatz zu Kagbeni sehr gutes Essen. Kommt man von Muktinath, ist hier ein schöner Platz für ein Lunch. Die Sonne ist noch nicht über dem Berg, Noch liegt Eklebhatti im Schatten, wirkt kalt und wenig einladend. Außerdem haben wir gerade gefrühstückt. Also nehmen wir hier noch keine Kostprobe der Kochkünste.

Hinter dem Ort laufen wir dann direkt im trockenen Flussbett. In den nächsten Tagen wird der Weg noch öfter der Einfachheit halber im Flussbett verlaufen. Umso mehr macht es mir Sorgen, dass ich Mario und Prem in ihrer Leichtfüßigkeit nicht folgen kann. Das Flussbett besteht aus runden Steinen, die größten so groß wie ein Kinderkopf. Die beiden laufen, als ob sie Asphalt unter den Füßen hätten. Mir kullert jeder Stein unter den Füßen weg. Ständig knicke ich seitlich weg oder stolpere über einen hoch stehenden Stein. Bei jedem Schritt muss ich mich konzentrieren, zum Landschaft betrachten muss ich stehen bleiben. Eine Freude ist das für mich nicht.

Weil ich trotzdem so tapfer weiterlaufe, bekomme ich zur Belohnung ein wunderschönes Fotomotiv. Der Mond steht noch hoch am Himmel und spiegelt sich mit Schnee und Bergen in einem stillen Nebenarm des Flusses. Weißer Mond auf blauem Himmel, graue Berge mit weißen Spitzen, gelblich leuchtend von der Morgensonne angestrahlt. So verträumt passt das Bild gar nicht in diese raue Landschaft. Mario meint, so schlimm könne der Weg doch gar nicht für mich sein, wenn ich sogar den Mond am Himmel entdecke. Stimmt ja gar nicht. Ich habe den Mond als Spiegelbild im Wasser gesehen, immer den Kopf nach unten auf den Weg gerichtet.

Der Weg durch den Fluss wirkt zuerst recht eintönig. Aber es wird nicht langweilig. Mulikarawanen sind mit uns unterwegs. Die Berge drängen den Fluss und uns eng zusammen und ragen steil neben uns auf. Man bekommt wirklich das Gefühl, in einer tiefen Schlucht zu laufen. Hinter einer besonders engen Kluft erscheint das nächste Tal noch breiter. Noch liegen die Häuser am Rand des Tals im dunklen Schatten, nur das Kloster oben am Berg leuchtet schon in der Sonne. Darüber haben wir zum ersten Mal einen ungehinderten Blick auf den Dhaulagiri. Der Achttausender zeigt sich als steile, dreikantige Pyramide mit messerscharfen Kanten. Im Gegensatz zum Tal, wo es noch fast windstill ist, muss dort oben starker Wind blasen. Unter wolkenlosem Himmel hängt am Gipfel ein weißer Schleier. Das ist keine Wolke. Das ist der Schnee, den der Sturm am Berg entlang nach oben bläst. Schon vom Zuschauen wird mir kalt.

Ein großer blauer Traktor kommt uns entgegen, auf dem einachsigen Hänger hat er große Steine geladen. Die Maschine wirkt neu. Ich staune, wer sich hier einen nagelneuen Traktor leisten kann. Es muss also auch reiche Menschen hier geben. Wenig später steht ein großer gelber Schaufelbagger am Flussufer. Es sieht so aus, als ob man mit der Baumaschine versucht, dem Fluss Land abzugewinnen. Wir betrachten das mit Skepsis, solche Eingriffe in die Natur sind schon in vielen Tälern der Erde mit Naturkatastrophen und Hochwassern beantwortet worden. Wir fragen Prem, wie diese Maschinen hier her gekommen sind. Die Straße endet hinter Jomsom, gefahren sind die Fahrzeuge sicher nicht. Unsere Vermutung ist, dass sie mit dem Flugzeug oder einem Hubschrauber hergebracht wurden. Prem sieht uns abermals verständnislos an. So reich sind die Menschen nun auch wieder nicht, berichtigt er uns. Die Maschinen wurden in Einzelteile zerlegt, mit Mulis und Trägern transportiert und am Ziel wieder zusammengebaut. Wir antworten mit ähnlich verständnislosen Gesichtern. Wer würde bei uns einen Schaufelbagger zum Transport zerlegen?

Schon nach zwei Stunden kündigt sich Jomsom an. Zuerst stehen nur kleine, einstöckige, weiße Häuser parallel zur gepflasterten Straße. Auf der anderen Straßenseite wachsen Apfelbäume. Trotzdem ist gut zu erkennen, dass hier ein größerer Ort folgen wird. Aber anders als in den Orten am Beginn unserer Reise sieht hier alles sauber und gepflegt aus,

Häuser, Straße, Menschen. Über das breite Flussbett führt eine große Brücke aus einer stabilen Eisenkonstruktion. Nicht nur wegen ihrer auffällig blauen Farbe fällt mir beim Anblick der Brücke das Blaue Wunder in Dresden ein. Die Stahlkonstruktionen sind sich sehr ähnlich. Endlich bekomme ich eine Brücke, die nicht schwankt und schaukelt. Die Häuser im Ortszentrum sind aus Stein gebaut, verputzt und zweistöckig im Stil einer Westernstadt gestaltet. Für eine Distrikt-Hauptstadt ist diese zwar sorgfältige aber untypische Bauweise sicherlich angemessen, auch wenn von der nepalesischen Lebensart nicht mehr viel zu erleben bleibt. Der Tourismus ist hier schon seit vielen Jahren die Haupteinnahmequelle. Also hat man den Ort so gestaltet, wie es die Touristen vermeintlich erwarten. Die Touristen kommen tatsächlich in Scharen, wer will da noch etwas gegen den Baustil sagen.
Wir biegen hinter der Brücke kurz nach rechts zum Post Office ab. Die Post öffnet erst um zehn, die Bank daneben auch. Aber die kleine Bäckerei davor hat schon geöffnet. Die Schokohörnchen sind etwas altbacken, dazu kaufen wir zwei Zimtschnecken, setzen uns auf die Mauer vor der Bank und lassen uns unser zweites Frühstück schmecken. Ich hebe den Kopf nach oben, um die Pause für einen Blick auf die Berge um uns zu nutzen. Verblüfft traue ich meinen Augen kaum. An der hohen glatten Felswand über uns hat jemand in großen weißen Buchstaben geschrieben: „Welcome for Climbing". Armer Mario, hier ist jemand mit Deiner Idee schon schneller gewesen. Natürlich: hier ist ein Flughafen, hier sind moderne Lodges, hier ist es warm und trocken fast das ganze Jahr. Hier können sich die Kletterer wohl fühlen. Warum habe ich eigentlich noch keinen Nepal-Bericht in einer europäischen Kletterzeitschrift gelesen?
Wir haben keine Lust, noch länger auf das Öffnen von Post und Bank zu warten. In Jomsom gibt es noch eine Bank, das nächste Post Office ist in Marpha. Also ziehen wir weiter, noch einmal an der Brücke und an einem großen Militärobjekt vorbei. Am Wachposten für das Objekt wollen wir zügig vorüber gehen. Nur Prem hält an. Erst jetzt erkennen wir, dass der vermeintliche Wachposten ein Police Check Point für die Guides und Träger ist. Der Posten fordert Prem auf, sich auszuweisen. Ohne dass wir ein Wort nepalesisch verstehen, merken wir sofort, dass der Posten überaus unfreundlich, ja sogar richtig aggressiv ist. Im Gesicht des Soldaten spiegeln sich Unsicherheit, Angst und Wissen um die eigene Überlegenheit wider. Das ist eine gefährliche Mischung. Für einige Minuten sieht es so aus, als ob er Prem jeden Augenblick gefangen nehmen wird und wir den armen Kerl die nächsten Tage nicht wieder sehen werden. Erst als wir unsere Permits zeigen und mehrfach bestätigen, dass Prem unser Guide ist, lässt er Prem weiter gehen. In sicherer Entfernung erklärt uns Prem, dass der Soldat ihm vorgeworfen hat, ein Maoist zu sein. Das ist absurd. Erstens ist Jomsom kein Maoisten-Gebiet. Zweitens wird kein Maoist allein und am hellen Tag durch Jomsom wandern. Drittens verdienen die Maos kein Geld als Guides oder Träger. Der Soldat wusste das vermutlich auch. Von neuem bestätigt sich unsere Vermutung, dass die Soldaten mehr das eigene Volk tyrannisieren als dass sie die Maoisten jagen.

Kurze Zeit später kommt der Police Check Point für uns Touristen. Nett und freundlich werden wir bedient. Als wir unsere Dokumente einpacken wollen, erklärt uns der Offizier umständlich, dass wir das nicht tun sollen. Ich verstehe nur nicht, warum. Zum Glück kann Prem die Worte deuten. Keine fünfzig Meter weiter ist das APAC Office. Dort müssen wir unsere Dokumente nochmals vorlegen. Können sich die beiden Organisationen nicht auf eine gemeinsame Kontrolle einigen? Auch hier will der Bürokratie schon ausreichend gehuldigt sein.

Die nächste Bank hat bereits geöffnet. Abgesehen von der gut leserlichen Beschriftung erkennt man Banken in Nepal auch daran, dass sie immer von mindestens zwei Offizieren bewacht werden. Diese Posten tragen dunkelblaue Uniformen, auf einer Seite am Gürtel eine Pistole und auf der anderen Seite ein Ghorka-Messer. Die Ghorkas sind groß gewachsene Männer, die sich als tapfere und erfolgreiche Krieger weit über die Grenzen Nepals hinaus einen Namen gemacht haben. Ihr geschmiedetes Stichmesser ist berühmt und auch als Souvenir eine Attraktion. Den Wachposten traue ich sehr wohl zu, dass Sie im Ernstfall eher von dem Messer als von der Pistole Gebrauch machen. Unser getauschtes Geld reicht sicher noch bis nach Pokhara zurück. Aber wir wollen nicht, dass wir am Ende etwas nicht kaufen oder nicht unternehmen können, weil das Geld knapp wird. Deshalb wollen wir noch einmal Geld tauschen. Vor der Bank ist ein Bankautomat. Wir könnten also auch Geld mit der Bankkarte abheben. Das ist mir dann doch zu unsicher. Wir gehen in die Bank hinein. Wenn es draußen trotz Tourismus noch wie im Amerika vor hundertfünfzig Jahren aussieht, hier drinnen herrscht ganz bestimmt Gegenwart. Computer, Drucker, elektronische Sicherheitstechnik. Bedient werden wir auf Englisch, sehr korrekt aber auch sehr freundlich. Während des gesamten Vorganges steht ein weiterer Wachposten immer dicht hinter uns. Wir haben inzwischen gelernt, dass uns das Sicherheitspersonal nicht beunruhigen muss, auch wenn wir diese Bewachung nicht gewohnt sind. Kurze Zeit später stehen wir mit ausreichend Geld versorgt wieder auf der Straße. Unser französisches Pärchen hat uns eingeholt und steht etwas aufgelöst vor dem Bankautomaten draußen. Die Frau hat ihre Kreditkarte in den Automaten gesteckt und versucht, Geld abzuheben. Aber weder Geld noch die Kreditkarte kamen wieder heraus. Bargeld zum Umtauschen haben sie auch keins mitgenommen. Das sieht nicht gut aus. Der Wachposten kümmert sich höflich um die beiden, wir können sowieso nicht helfen und gehen weiter.

In Jomsom gibt es fast alles, was zu einer richtigen Stadt gehört. Und was es noch nicht gibt, das wird schnellstens gebaut. Zum Beispiel ein Fünf-Sterne-Hotel am Rand des Stadtzentrums. Ob das wirklich sein muss? Die Motorradwerkstatt sieht dagegen überaus eigenwillig aus. Hämmernd schlägt man auf die Maschinen ein, bei uns repariert man hoffentlich anders. Hämmernd geht es auch weiter. Straßenbauarbeiter sollen die Straße bis nach Marpha weiterführen. Meine ablehnende Haltung zur Straße wird noch dadurch verstärkt, dass ständig Motorräder an uns vorbeirasen. Sie knattern und lärmen. Vor allem aber wirbeln sie unangenehm viel Staub auf. So ist das Laufen nicht mehr schön. Auf der anderen Flussseite gibt es noch einen unverbauten Weg. Ganz sicher geht man dort landschaftlich viel schöner. Wir bleiben trotzdem auf der Straße. Die andere Seite liegt noch lange im Schatten. Bisher wirkten alle Orte erst in der Sonne angenehm und schön. Außerdem verläuft der Weg auf der anderen Talseite nicht eben am Fluss sondern immer am Berghang auf und ab. Wir erkaufen uns die Sonne und die Bequemlichkeit der Straße auf dieser Seite mit hässlichem Staub, Lärm und Schotter.

In Syang wird das Tal endlich breiter, bunte Felder und große Apfelplantagen bestimmen das Bild. Abwechselnd geht es mal auf Teilen der Straße, mal im Flussbett und mal auf dem alten Weg voran. Hebt man den Kopf, sind auf beiden Seiten des Tals allenthalben neue, hohe Berge zu sehen. Prem nennt klangvolle Namen, kein Berg ist unter siebentausend Metern hoch. Ich kann mir die Namen nicht mehr merken, es sind zu viele. Der Weg ist abwechslungsreicher geworden, trotzdem überkommt mich eine missmutige Stimmung. Ich habe genug vom Wandern. Ich habe genug gesehen. Bis hier her war alles aufregend und interessant. Aber alles, was ich sehe, will ich mir auch in meinen Gedanken und meinen Fotos bewahren. Wieder und wieder suche ich nach interessanten Motiven. Doch es fällt mir immer schwerer. Knapp drei Wochen sind wir jetzt schon unterwegs. Länger hat noch nie ein Urlaub bei uns gedauert. Kann man vom Urlaub auch mal genug haben? Ich muss es schaffen, die Landschaft und die Geschehnisse einfach an mir vorbeilaufen zu lassen, nur noch mein Hier-Sein zu genießen, mich beim Wandern zu erholen. Ein kleines Propellerflugzeug brummt über unseren Köpfen hinweg in Richtung Jomsom. Die kleine Abwechslung tut mir gut. Schon geht es etwas besser.

Halb elf kommt der tägliche Talwind auf, anfangs ist er aber kein Problem. Zügig gehen wir weiter, immer leicht bergab. Nach einer großen Wegbiegung haben wir unvermittelt einen wunderschönen, freien Blick auf das breite Tal mit Marpha und seinen Äpfelgärten. Nicht ohne Grund wird Marpha auch die Apfelhauptstadt von Nepal genannt. Apfelkuchen, Apfeljuice, Apfelbrandy. Jeder kommt auf seinen Geschmack. Der Fluss fließt ganz links in dem ebenen Tal, der Ort drängt sich an die rechte Talseite. Dazwischen liegen die mit kleinen Steinmauern abgetrennten Felder. Jede Parzelle ist nicht größer als ein kleiner Schrebergarten. Die Äcker sind geerntet und gepflügt. Schwarze Erde und nur wenige Steine zeigen an, dass der Boden hier fruchtbarer ist als oben in den Bergen. Eine Frau in nach vorn gebückter Haltung hackt mit einer kurzstieligen Hacke den Boden. Ich bekomme schon vom Zusehen Rückenschmerzen. Ihr Mann scheint beweisen zu wollen, dass fruchtbarer Boden auch reichere Bauern hervorbringt. Er pflügt den restlichen Acker mit einem Pflug und kann es sich leisten, zwei Kühe davor zu spannen. Über die ungerechte Arbeitsteilung haben wir schon mehrfach den Kopf geschüttelt. Wir können sie doch nicht ändern und schauen uns lieber die Wassergräben genauer an. Das Bewässerungssystem durchzieht die Äcker und wird mühevoll und aufwendig gepflegt. Daneben wächst ein Wald aus Apfelbäumen.

Eine Muliherde kommt uns entgegen. Das Leittier ist mit zwei großen, weißen Zuckersäcken links und rechts beladen. Ansonsten sieht es aber eher wie ein überdimensionales

Einhorn aus. Auf dem Kopf trägt einen besonders auffälligen Schmuck. Ähnlich einer Krone ragt eine Spitze empor, die zweimal größer als der Kopf selbst ist. Weiße und rote Tücher sind um die Spitze gewunden und flattern im Wind, längliche blaue Quasten hängen neben Ohren und ein geflochtenes Band ziert die Stirn. Wir gehen aus dem Weg, das Tier ignoriert uns und trottet mit gesenktem Kopf weiter.

Spätestens an den ersten Häusern im Ort fällt auf, dass Marpha anders gebaut ist als die anderen Städte. Natürlich steht ein großes Kloster mitten über der Stadt. Auch in Marpha sind die Häuser zweistöckig mit den üblichen Flachdächern. Aber die Häuser sind, wenn auch verwinkelt, in Reihen zu Straßenzügen angeordnet. Alle Häuser sind verputzt und weiß gestrichen, auffällig weiß gestrichen. Sehr schön hebt sich das in den oberen Etagen verbaute dunkle Holz vom weißen Grund ab. Die Gassen sind höchstens drei Meter breit. Unter den großen Platten der Straße verläuft die Kanalisation. Manche Platte wackelt gefährlich, reingefallen ist aber noch niemand. Mopeds rasen hupend durch die schmalen Gassen, als wären wir in Italien. Da nützt auch ein vorsorglich aufgehängtes 20 km/h Verkehrsschild nichts. Bis wir unsere Lodge am Ende des Ortes erreichen, haben wir schon die erste Stadtbesichtigung hinter uns. Prem bringt uns in das „Hotel Mount Villa", die Namensgebung ist meistens sehr eigenwillig. Uns soll es egal, wenn sonst alles angenehm und in Ordnung ist. Glatt verputzte und weiß gestrichene Wände, eine sauber gehobelte Holzbalkendecke und ein richtige Doppelbett lassen keine Zweifel aufkommen. In dieser Lodge werden wir gut schlafen. Die Zivilisation in Form einer relativ stabilen Stromversorgung ist hier schon eingezogen. Das Licht auf den Zimmern funktioniert, im Speiseraum dudelt ein Radio und das vorbereitete Essen wird in einem mannshohen Tiefkühlschrank aufbewahrt. Die Chefin des Hauses ist eine junge Thakali. Sie hat einen ernsten und unfreundlichen Blick. Im Herzen aber sollen die Thakali sehr nette Menschen sein, vielleicht sind sie ein bisschen aufdringlich wie die Tibeterinnen in Muktinath. Bevor die Frau auch nur ein Wort zu uns sagen kann, bekommt sie von Prem eine Grundsatzpredigt: „Das sind Deutsche, die wollen nicht belästigt werden. Verkneife es Dir, ihnen ständig etwas anzubieten. Wenn die beiden etwas wollen, dann kommen sie selbst und fragen. Lass sie in Ruhe." Sie traut sich tatsächlich kaum, eine Frage an uns zu stellen. Aber schon bald ist sie auch zu uns freundlich, rau aber herzlich.

Marios Hühnerbein zum Mittagessen ist ein Genuss, riesengroß und gut gewürzt. Meine Nudeln waren dafür auch schon mal besser. Dazu haben wir uns Apfelsaft bestellt. In Marpha muss man unbedingt den Apfelsaft kosten. Es ist Saft aus frisch gepressten Äpfeln. Wir haben ihn 1:1 mit Wasser verdünnt, dann hilft er sehr gut gegen den Durst. Es ist Mittag und nicht viel Betrieb im Restaurant. Neben uns sitzen nur noch zwei israelische Frauen mit ihrem Guide, die hier übernachten werden. Sie sind den ersten Tag auf dem Jomsom-Trek unterwegs. Man merkt ihnen an, dass sie mit den Gepflogenheiten in den Lodges noch nicht vertraut sind. So wollen sie ihr Mittagessen gleich nach dem Essen bezahlen. Ihr Guide hat einige Mühe, ihnen zu erklären, dass erst am nächsten Morgen alles zusammen bezahlt wird. Die Lodges haben wirklich recht großes Vertrauen, dass ihre

Gäste am Morgen noch da sind und bezahlen.
Wir machen uns ohne Gepäck auf einen großzügigen Streifzug durch den Ort. Gleich am Ortseingang steht weit oben am Fels eine weinrote Stupa und wacht über den Ort. Dort wollen wir hinauf. Es ist gar nicht so leicht, den Weg zu finden. Im Zickzack geht es steil herauf, die Nachmittagssonne brennt heiß und trocken. Zuletzt führt es nur noch eine schmale Spur am steilen Hang entlang, teilweise muss man über große Steine klettern. Oben angekommen sind wir erst einmal zutiefst enttäuscht. Die auffällige Stupa ist nur ein weinrot bemalter Fels. Kein Eingang, keine Gebetsmühle. Dann aber entschädigt uns der Ausblick von hier oben für die Mühe des Aufstiegs. Wir haben eine herrliche Aussicht auf die Stadt und die Felder ringsherum. Sehr genau kann man die Häuser und Straßen erkennen, die Dachterrassen und die Menschen dazwischen. Am Rand der Dachterrassen wird das gesammelte Holz für den Winter gestapelt. Es trocknet in der Sonne und dient gleichzeitig als Geländer. Dazwischen wird Getreide, Mais, Reis und Hirse zum Trocknen ausgelegt. Die weißen Häuser, das dunkelbraune Holz und die verschiedenen Gelb- und Braun-Töne des Getreides ergeben einen schillernden Farbkontrast. So fällt es gar nicht auf, dass jetzt im Herbst das Grün fehlt. Schade ist eigentlich nur, dass nachmittags die Sicht schon wieder diesig wird. Das Ende des Regenschattens kündigt sich allmählich an, die ersten Wolken ziehen auf. Wir bleiben noch eine Weile sitzen und lassen Beine und Seele baumeln. So macht mir der Urlaub doch wieder Freude.
Auf dem Rückweg in den Ort lohnt es sich, auch zu den oberen Etagen der Häuser hinaufzuschauen. Oft schmücken dreigeteilte, glaslose Holzfenster die Vorderfront. Das Holz ist ähnlich schön geschnitzt wie schon oft auf unserer Tour. Ab Marpha sind die Fensterrahmen aber nicht mehr bunt bemalt und auch nicht schwarz. Als Farbe wird warmes, braunes Weinrot genutzt, was dem Holz einen feierlichen Ton verleiht. Die kleinen Läden im Ort haben alle ein ähnliches Angebot. Teppiche, Wollwaren, Schmuck und Apfelbrandy werden zum Kauf angeboten. An jedem Laden empfängt eine aufdringliche Verkäuferin die Kunden. In einem solchen Teppichladen stehen zwei deutsche Damen, jede so gut fünfundfünfzig Jahre alt und diskutieren, welchen der beiden quadratmetergroßen Teppiche sie kaufen werden. Wir staunen nur über so viel Unvernunft. Die anderen kaufen, wir gehen.
In der Lodge sind wir im Augenblick die einzigen Gäste, der Speiseraum wirkt für uns beide etwas überdimensioniert. Wir setzen uns ans Fenster und bestellen, was man in Marpha zum Vesper bestellt: Apfelkuchen. Mit Milchkaffe und heißer Schokolade kombiniert ergibt es eine überaus entzückende Komposition. Prem hat inzwischen versucht, unsere Ansichtskarten im Post Office abzugeben. Erfolglos, das Office hat bereits seit fünfzehn Uhr geschlossen, er war zu spät. Wir erzählen ihm empört vom Teppichkauf der Damen. Er sieht es mit einem Lächeln „Die Träger werden die Teppiche schon wegbuckeln. Wenn Ihr auch einen Teppich wollt, das ist kein Problem. Kauft ihn Euch, ich werde ihn für Euch tragen.“ Prem, das geht zu weit! Wir kaufen keinen Teppich. Schon gar nicht, wenn Du ihn für uns schleppen musst.

Nach dem Vesper ziehen von Süden noch mehr dicke Wolken auf. Diesmal kommen sie näher, weil wir weiter nach Süden gewandert sind. Wir vertrauen darauf, dass die Wolken keinen Regen bringen, und schlendern zum Kloster hinauf. Es ist offen und niemand verlangt Eintritt, wir fühlen uns willkommen, so ist es angenehm. Große Teile des Klosters wurden von einem Niederländer zu einem Meditationszentrum umfunktioniert. Durch ein Fenster können wir in ein Schulzimmer sehen. Auffällig liegt der dünne, lange Stock auf dem Lehrertisch und will nicht zu unseren Vorstellung von einem Meditationszentrum passen.
Beim Rundgang um das Kloster bleiben unsere Blicke entsetzt und fassungslos an der dahinterliegenden Felswand stehen. Die Wand ist fast senkrecht und besteht aus lehmiglosem Gestein, das bei jedem Regen mehr und mehr nach unten gespült wird. Weit über dem Boden kleben zwei aneinander gebaute Hütten an der Wand. Es ist eine Einsiedelei. Die äußeren Teile der Hüttenböden sind mit schrägen Balken im Gestein abgestützt. Balken und andere Holzteile liegen hangabwärts verstreut. Die deutlich sichtbare Gefahr besteht nicht nur darin, dass die Hütten selbst nach unten abstürzen könnten. Die Gefahr sind vor allem die großen Steine in der losen Wand. Direkt über den Hütten liegen bereits die nächsten Felsbrocken von über einem Kubikmeter Größe abrutschbereit. Es gibt auch keinen Zweifel, dass die Häuser bewohnt sind. Bunt im Wind flatternde Gebetsfahnen sind der untrügliche Beweis für bewohnte Häuser. Bereits der schmale Pfad im losen Gestein zu den Häusern würde mich das Fürchten lehren. Immer wieder erzählt man sich in Nepal Geschichten von Bergrutschen und Geröllawinen aller Art. Doch noch nie habe ich davon gehört, dass eine Einsiedelei abgerutscht und zerstört worden wäre. Sicher hält Buddha seine wachende Hand darüber beziehungsweise darunter.
Um alle vier Seiten der Klostermitte sind Gebetsmühlen aufgestellt. Bevor wir daran drehen können, erledigt es eine ältere Frau vor uns, die bestimmt schon die fünfte Runde Gebetsmühlen dreht. Wir wollen sie nicht stören und überlassen ihr die Gebetsmühlen. Diesmal wird uns kein Gott dafür böse sein. Noch einmal bewundern wir den erhabenen Blick aus der Höhe. Die bunten Gebetsfahnen vervollständigen den Farbkontrast angenehm belebend. Minutenlang versuche ich, diese Farbenvielfalt und die Kontraste mit dem Fotoapparat einzufangen.
Während ich den Fotoapparat wieder verstaue, höre ich Mario hinter mir laut und deutlich rufen. Er ruft nicht nach mir, aber wen ruft er dann? Ich schaue auf und sehe ihn ganz aufgeregt über die Dächer winken. Tatsächlich, ganz weit drüben auf einem Flachdach steht André, einer von unseren Jungs, und fotografiert. Mit Handzeichen verständigen wir uns. Die Jungs wohnen im „Dhaulagiri Hotel" und wir gehen sie besuchen. Das Hotel liegt mitten im Ort. Eng und verwinkelt wurde es zwischen die anderen Häuser gebaut. Der Platz reicht nicht für einen großen Speiseraum. Stattdessen gibt es kleine, individuelle Bereiche für zehn bis fünfzehn Personen. Der Raum hat nur ein kleines Fenster. Die Dunkelheit betont die anheimelnde Atmosphäre und wirkt eher angenehm als störend. Ich fühle mich sofort wohl. Wir setzen uns zusammen und plaudern ausgiebig, als ob wir uns

Wochen nicht gesehen hätten. Langsam überkommt mich eine säuselnde Schläfrigkeit, so könnte ich den ganzen Abend verbringen. Die Jungs sind genau den gleichen Weg gegangen wie wir, nur haben sie in anderen Lodges geschlafen. Auch sie hatten keine Probleme am Pass, wir freuen uns. Dann erzählen sie von einem Träger, der ohne Jacke, Mütze und Handschuhe am Pass unterwegs war. Der Mann hätte es wohl nicht geschafft oder sich zumindest gefährliche Erfrierungen zugezogen, wenn sie ihm nicht eine Jacke und Handschuhe geborgt hätten. Wenn ich nur daran denke, wie ich trotz der dicken Jacke und der guten Handschuhe gefroren habe, wird mir noch immer ganz kalt. Abermals bekommen wir den traurigen Beweis, dass es also noch immer verantwortungslose Trekking-Organisationen gibt. Die Drei wollen so schnell wie möglich nach Kathmandu zurück, ihr Flugzeug geht zwei Tage eher als unseres und sie wollen noch etwas „erleben". Mario grinst, die Drei schmunzeln zurück. Mit der Zeit wird es voll im Hotel, eine große Gruppe zieht ein. Wir schreiben uns gegenseitig die Telefonnummern auf und verabschieden uns herzlich.

Bei uns in der Lodge ist es ruhig geblieben. Zum Abendbrot trinken wir frisch aufgebrühten Sanddorn-Tee. Diesmal erwischt die Pott-Größe uns. Der Big Pott ist gerade einmal so groß wie ein Small Pott. Das erklärt natürlich auch den günstigen Preis. Aber der Tee schmeckt, wir müssen nur mehrere Kannen bestellen. Beim Tee diskutieren wir mit Prem weiter über seine Zukunft. Er will unbedingt weiter als Guide arbeiten. Also wollen wir gemeinsam überlegen, wie er zu mehr Trekking-Aufträgen kommt. Er sagt, dass er sehr gern mit Japanern und mit Deutschen auf Tour geht. Wir denken, dass er dann mehr Werbung in Japan und in Deutschland machen muss. Immerhin erkennt er schon selbst, dass er sich über seine Zukunft Gedanken machen muss. Heute ist er bereit, darüber nachzudenken. Für Japan können wir ihm nicht helfen, für Deutschland vielleicht. Ich schlage ihm vor, eine eigene Homepage in Deutschland einzurichten, damit mehr Deutsche auf ihn aufmerksam werden. Er schaut mich ungläubig an. Wie soll das gehen, das ist doch viel zu teuer, ich kann doch nicht Deutsch? Erst als ich ihm erkläre, dass kleine Internetseiten bei uns fast nichts kosten und ich sie ihm liebend gern einrichte, wird er zuversichtlicher. Ich freue mich, dass ich etwas für Prems Zukunft tun kann. Es ist mir nicht genug, nur Geld zu geben. Manche Dinge kann man auch mit Geld nicht kaufen, für diese Dinge braucht man gute Freunde.

19.11.2005, Sonnabend Marpha – Ghasa (2.010m)

Auch heute stehen wir sehr zeitig auf, um die Morgenruhe zu nutzen. Aus der Ferne klingt eine Musik, die ich so noch nie gehört habe. Ruhig, dunkel, langsam und gleichförmig klingt sie. Es ist nur Gesang, keine Instrumente sind zu erkennen. Mönchsgesänge, es sind Mönchsgesänge oben vom Kloster.

Beeindruckt bleiben wir auf dem Balkon vor dem Zimmer stehen. Der ganze Ort scheint noch zu schlafen. Kein eifriges Treiben der Mulikarawanen, keine knatternden Mopeds, keine lachenden Touristen, keine schreienden Marktfrauen. Nicht einmal die Gebetsfahnen rascheln im Wind. Nur dieser Gesang schwebt über uns. „Om mani padme hum" Man sieht förmlich, wie sich die Mönche bei jedem Wort mit dem Oberkörper andachtsvoll nach vorn wiegen. Diese Musik kann man sicher nicht an einem hektischen Tag hören. Dazu braucht man Ruhe, äußere und innere Ruhe. Man muss mit sich und der Welt zufrieden sein, abschalten können. Für den Beginn eines neuen Tages, der uns hoffentlich noch einmal viele gute Eindrücke bringen wird, ist der Gesang der Mönche eine angenehme Einstimmung. Es tut gut, so etwas Eindrucksvolles zu erleben.
Zum Frühstück gibt es noch einmal Apfelkuchen, weil der so gut geschmeckt hat. Wir erzählen Prem von den Mönchen, die oben im Kloster singen. Er schmunzelt mitleidig und zeigt uns den CD-Player auf der Treppe zum Nachbarhaus. Aus ihm kommt diese wunderbare, verzaubernde Musik. Schade, dass die Musik nicht wirklich von Mönchen hier im Kloster gesungen wurde. Fast sind wir ein bisschen enttäuscht. Unsere Thakali-Wirtin sorgt sofort wieder für gute Stimmung. Sie zeigt uns die CD und Mario schreibt sich den Titel ab. Wir werden uns diese Musik in Pokhara ganz bestimmt kaufen. So hat die Enttäuschung sogar etwas besonders Gutes. Wir können diese wundervolle Musik mit nach Hause nehmen.
Unser Weg führt weiter auf der neuen Straße oder im Flussbett vorwärts. Freude kommt beim Laufen auf der Straße nicht auf. Mehr ergreift mich ein Gefühl von Pflichterfüllung. Inzwischen sind mir Staub und Hässlichkeit der Straße fast lieber als die rollenden Steine im Flussbett. Auf der Straße geht es ohne Anstrengung und schnell voran. Wer dieser Landschaft etwas mehr Schönheit abgewinnen will, der muss genauer hinsehen. Das Tal wird beim Laufen schmaler. Die Felswände rücken zusammen und werden einer Schlucht immer ähnlicher. Einzelne kleine Nadelbäume halten sich am steilen Berghang. Das grelle Licht der schneebedeckten Felsen im Hintergrund leuchtet und blendet intensiv, weil unser Tal davor noch im dunklen Schatten liegt.
Die Straße steigt am Hang leicht an, um eine Engstelle im Tal zu überwinden. Vor uns bilden kleine Nadelbäume schon ein dünnes Wäldchen. Mitten darin liegt eine riesige schräge Felsplatte von gut fünfzehn Metern Seitenlänge. In die glatte Oberfläche ist in übergroßen Zeichen das heilige Mantra „Om mani padme hum"[1] eingemeißelt. Die zwei bis drei Meter großen Symbole sind wie die Gebetsfahnen weiß, grün, gelb und blau angemalt. Der überdimensionale Mani-Stein beeindruckt. Wie wunderschön muss dieser Stein aussehen, wenn die Sonne am Nachmittag die schieferähnliche Oberfläche glitzern lässt. Dann entfaltet er seine volle übersinnliche und ergreifende Wirkung.
Allerdings scheint heute der Tag gekommen zu sein, an dem Nepal mir in Sachen Brücken endgültig den letzten Nerv rauben will. Ich habe in den vergangenen Wochen schon

---

[1] wichtigster buddhistischer Gebetstext, „Oh Du Juwel im Lotus" - Buddha soll aus einer Lotusblüte entsprossen sein

einige Brücken erlebt und überlebt. Heute aber werden die Brücken über den Fluss immer abenteuerlicher. Die erste ist lediglich wackelig und etwas morsch. Ein Geländer sieht man hier wohl sowieso als entbehrlichen Luxus an. Die zweite besteht nur noch aus drei dünnen Hölzern, keines ist mehr als fünfzehn Zentimeter dick. Damit ich mich auch wirklich richtig fürchte, hat der Nachtfrost das Holz mit Raureif überzogen. Bestimmt werde ich von dieser Brücke abrutschen und in den Fluss fallen. Wenigstens ist das Wasser recht flach. Ich stelle mich der Aufgabe, schiebe meine Wanderstöcke auf volle Länge, stütze mich mit ihnen im Wasser ab, balanciere behutsam über das glatte Holz und überlebe auch diese Brücke. Warum lobt mich eigentlich niemand? Ich hätte auch laut heulend vor der Brücke stehen bleiben können. Stattdessen war ich gerade so tapfer und mutig. Aber Mario und Prem laufen weiter. Sie können sich meine Ängste nicht einmal ansatzweise vorstellen. Wie kann man wegen einer morschen, vereisten Brücke so ein Gezeter machen? Ungelobt und unverstanden laufe ich schweigend weiter. Das breite Flussbett will kein Ende nehmen.
Dann geht es eine Weile gut voran, im Rahmen dessen, was es in einem Flussbett für mich gut vorangehen kann. Krönender Abschluss der Tortour aber ist „Brücke" Nummer drei. Zwei alte Strommasten aus eloxiertem Stahl liegen leicht verbogen dicht nebeneinander, darunter hat man den breiten Fluss in ein tiefes, enges Bett gezwängt. Das Wasser ist tief und die Strömung rauscht beachtlich. Prem ist in Nullkommanichts über die Masten rüber. Vom anderen Ufer aus sieht er mich noch immer vor den Masten stehen. Da fällt ihm ein, dass es ja ein Problem mit mir gibt. Was nun? Mario nimmt mir den Fotoapparat ab, schweigend. Für mich klingt es trotzdem, als ob der Apparat trocken bleiben soll, wenn schon ich ins Wasser falle. Ich danke schweigend für das Mitgefühl. Flussaufwärts und flussabwärts suche ich das Tal ab, ob es nicht noch eine flache Furt irgendwo durch das Wasser gibt. Ich will nicht über diese Brücke. Prem schüttelt den Kopf, ich muss hier herüber. Also schiebe ich langsam einen Fuß auf den Mast, dann den anderen Fuß auf den anderen Mast. Die Stöcke stecke ich zur Balance vor und hinter mir in den Spalt zwischen den beiden Masten. Linken Fuß vorwärts schieben, rechten Fuß vorwärts schieben, Stöcke vorsichtig herausziehen und weiter vorn wieder einstecken. Es geht vorwärts. Langsam sicherlich, aber vorwärts. Mario hat den Fotoapparat startklar und wird das Drama für die Nachwelt verewigen. Er kann sich getrost Zeit lassen, das Drama dauert noch eine Weile. Prem fuchtelt auf der anderen Seite aufgeregt mit den Armen. Gern würde er mir helfen. Aber mir ist nicht zu helfen. Beginne ich zu wackeln, balanciert er für mich aus, komme ich ins Straucheln, fängt er mich in Gedanken auf. Wie durch ein Wunder falle ich nicht von den Masten herunter. Ende des Dramas, ich bin drüben und habe wieder festen Boden unter den Füßen. Fragt mich jetzt bitte keiner, wie Mario über die Brücke gekommen ist. Es ist mir schon peinlich. Gerannt ist er natürlich. Mario und Prem haben noch eine Weile über mich zu lästern. Und kommt da nicht eine hohe Mauer am Wegrand meinem Mario wie gerufen. Ganz oben auf der Mauer läuft er und hält seinen Stock am langen Arm vor sich wie eine Balancierstange. ‚Siehst Du, Katrin, so muss man das machen.'

sagt er schweigend mit einem liebevollen Feixen. Zum Glück weiß ich nur zu gut, was ich an ihm habe. Die beiden hätten mich bestimmt aus dem Wasser gezogen, auch wenn sie selbst dabei klatschnass geworden wären. Da dürfen sie sich auch mal berechtigt über mich lustig machen.

Gerade sind wir wieder einmal über loses Gestein vom Flussbett hinauf zur neuen Straße gekraxelt, als uns zwei Frauen entgegenkommen, die Prem schon von weitem aufgeregt und herzlich begrüßen. Die beiden Frauen sind mit einem eigenwilligen Gemisch aus Gegenwart und Tradition bekleidet. Sie haben lange Hosen, Pullover und feste Schuhe an. Aber über den Hosen tragen sie noch bunte, gerade, lange Röcke. Um Kopf und Schultern sind breite Tücher geschlungen. Prem stellt uns die Frauen stolz vor: „Das sind Freunde, wir kennen uns gut." Uns wundert nichts mehr, die Einheimischen hier kennen wohl alle unseren Prem. Wer will auch nicht so einen umsichtigen, freundlichen und intelligenten Bergführer seinen Freund nennen? Wir lassen die Drei plaudern und laufen schon langsam weiter.

Tukuche liegt vor uns, noch im Schatten der großen Berge. Prem hat uns gestern schon die Geschichte von einem Holländer erzählt, der sich in eine Nepalesin verliebt hat und hier zu ihr nach Tukuche gezogen ist. Er hat eine Lodge eröffnet mit einer Bäckerei, die sehr gut sein soll. Besonders schwärmt man wohl vom Capuccino, den es hier gibt. Also machen wir Rast in der Dutch-Bakery am Ortseingang. Weil bei unserer Ankunft Haus und Straße davor noch im Schatten liegen, wirkt alles grau, verlassen und trostlos. Das Haus ist wirklich sehr aufwendig gebaut. Innen hängen Fotos, wie es vorher ausgesehen hat und wie der große, zweistöckige Holzbau entstanden ist. Die Räume sind klein und gemütlich, alles hat schon den Flair eines kleinen Cafehauses irgendwo in Europa. Wir laden Prem ein, kaufen Nuss- und Apfelkuchen und bestellen drei Becher Capuccino. Der Kuchen ist vorzüglich, Capuccino habe ich schon besseren getrunken. Allerdings sind die Preise wirklich europäisch. Ich schlucke beim Bezahlen, lasse mir Prem gegenüber aber nichts anmerken. Er würde sich schämen und sich hundert Mal entschuldigen.

Inzwischen ist die Sonne richtig über den Berg gestiegen und leuchtet in die schmale Gasse. Das warme, orange Morgenlicht wärmt angenehm und zeichnet scharfe Konturen. Die freundlichen, kleinen Häuser links und rechts sehen alle neu hergerichtet aus, die Straße dazwischen ist sauber gepflastert. Diese Szene könnte genauso gut in einem verträumten Dorf irgendwo in Europa entstanden sein.

Der eigentliche Ortskern von Tukuche wird von riesigen, alten Handels- und Lagerhäusern geprägt. Leider hat der Ort seine Bedeutung als Handelszentrum an den Tourismus andernorts verloren. Die großen Häuser stehen leer. Dabei sehen sie wunderschön aus und sind sehr aufwendig gebaut. Die untere Etage ist aus Flusssteinen gemauert, nicht verputzt und weiß getüncht. Das große, zweiflügelige Tor hat die Form eines Rundbogens, die Fensterrahmen sind aus geschnitztem Holz. Rotbraun gestrichenes Holz bestimmt die darrüber liegenden Etagen. Die bestehen aber nicht wie bisher einfach aus Holzbrettern. Nein, jedes Brett ist geschnitzt. Verzierungen schmücken die Balkone, Lochschnitzereien die Lüftungsfenster für die oberen Speicher. In diesen Häusern steckt so viel Arbeit drin. Es ist schade, dass sie jetzt verfallen. In Einzelfällen hat man versucht, die Gebäude als Hotel umzubauen. Doch Tukuche ist üblicherweise nur ein Durchgangsort, hier übernachtet kaum jemand. Auch wir ziehen weiter.

Hinter Tukuche stehen die ersten richtigen Laubbäume, mit jedem Meter bergab werden sie dichter, bald bildet sich ein richtiger Wald. Durch Kobang müssen wir im wahrsten Sinne des Wortes durch. Auf dem Weg durch den Ort sind die Häuser über den Weg gebaut, es bilden sich lange Durchgänge. Es wird derselbe Baustil verwendet wie in Kagbeni am Beginn des Tales. An den engsten Stellen stehen größere Kinder und betteln. Bei uns bleiben sie erfolglos, sie sollten besser zur Schule gehen.

Am Wegrand wächst ein hohes Kraut, das auffällig nach einem ätherischen Öl riecht. Die Pflanzen mit ihren schmalen Blättern sind noch grün, die öligen Samenkapseln stehen gebündelt nach oben. Prem, der sonst jede Pflanze mit Namen kennt, zuckt mit den Schultern. Wir überlegen noch eine Weile. Weil wir aber auf keine Lösung kommen, packen wir einige Samenkapseln in eine Folientüte, machen zur Bestimmung ein Foto und schnuppern noch eine Weile an unseren jetzt ätherisch duftenden Fingern. Lustig sieht es aus, wie Mutti Ente vor uns mit ihren winzigen gelb-braunen Küken einen Rundgang im Ort macht. Wir passen auf, dass wir die Kleinen nicht mit unseren Bergschuhen zertreten.

Am Flussufer wachsen große Zirbelkiefern. Zuerst sind mir die heruntergefallenen dünnen Äste mit den langen Nadeln und die schlanken langen Zapfen auf dem Kiesbett des Flusses aufgefallen. Erst dann habe ich die mächtigen Nadelbäume über uns wahrgenommen. Links über dem Fluss tauchen die nächsten schneebedeckte Berge auf, markant der Nilgiri mit seinen drei Gipfeln. In Larjung müssen wir länger Rast machen, damit ich mir in aller Ruhe und ohne jede Eile das Farbenspiel der Berge rechts über dem Fluss ansehen kann. Wir rasten und sitzen auf einer langen Mauer, die eine Reihe einzeln stehender Häuser von Weg und Fluss trennt. Vor uns setzt sich der Dhaulagiri so auffällig in Szene, dass ich das Wechselspiel der Farben kaum beschreiben kann. Von unten nach oben leuchtet es wie aufeinander gesetzt: grüne Wiese, graue Mani-Steine, braune Baumstämme, gelbes Laub, grüner Nadelwald, grauer Fels, weißer Schnee, blauer Himmel. Ich bin ganz in mich zusammengerutscht und schaue mir dieses Bild an, gedankenlos träumend. So ein Zusammenspiel kann nur die Natur komponieren. Geistig völlig abwesend lasse ich die Farben ineinander verlaufen und genieße diese Harmonie. Niemand musste sich für diesen schönen Anblick plagen, er ist einfach nur da. Ich träume weiter, bis Mario mich fragt, ob ich nicht mal den Dhaulagiri mit den schönen gelben Bäumen davor fotografieren will. Es sähe doch so schön aus. Natürlich, sofort.

Der Dhaulagiri ist als einer der schwersten Achttausender berüchtigt. Der einfachste Aufstieg zum Gipfel soll über die uns zugeneigte Nordflanke gehen. Aber selbst diese Felswand ist so steil, dass sich kaum Schnee darin hält und der zugehörige Gletscher erst weit unten am Fuß des Berges beginnt. Dazu muss dort oben am Gipfel ein unbeschreiblicher Sturm blasen. Hier unten ist es noch fast windstill. Am Gipfel aber hängen weiße Wölk-

chen, obwohl es keine Wolken am Himmel gibt. Es sind wieder die Schneefahnen. Der Sturm bläst den losen Schnee deutlich sichtbar über den Gipfelgrat. Mich friert schon vom Zusehen und von einem einfachen Aufstieg kann bestimmt keine Rede sein.
Bis zur Brücke vor Kokhethanti folgen wir dem Straßenbau. Die Brücke ist angenehm stabil. Dahinter kraxeln wir in dichtem Mischwald steil bergan auf den alten, breiten Wanderweg. Für kurze Zeit geht es endlich einmal wie auf einem richtigen Wanderweg weiter bergab. Die Höhenlinien auf der Karte haben einen bösen Gegenanstieg eingezeichnet. Zum Glück stimmen sie nicht. Der Wald lichtet sich und unvermittelt stehen wir am Fluss. Vor uns liegt Kokhethanti. Weil es so nah am Ufer gebaut ist, sieht es mehr wie ein kleiner Hafen aus, dem das Wasser fehlt. Im Ort kommt uns ein Traktor mit Hänger entgegen. Ich frage schon nicht mehr, wie der Traktor hier her gekommen ist. Auf dem Hänger sitzen eng beieinander Frauen und größere Kinder. Wo wollen die denn hin? Prem erklärt: nach Jomsom. Natürlich, heute ist Samstag. Der Samstag hat in Nepal die Bedeutung wie unser Sonntag. Sie machen einen Sonntagsausflug.
In Dhampu wird das breite Flussbett endlich zu Ende sein. Von weitem sieht man schon deutlich die kleine Felsbarriere, die den Fluss dann endgültig in ein enges Tal zwängen wird. Bis dahin führt links am Rand der originale Wanderweg ohne Höhenmeter entlang. Daneben bildet der Fluss noch einmal eine besonders breite, staubige Ebene. Statt auf den Wanderweg einzubiegen, stiefelt Prem zielsicher im Flussbett vorwärts. Mir bleibt nichts anderen übrig, als mitzugehen. Das Ende ist nah, ich werde es ertragen. Noch einmal stiebt eine Herde Mulis an uns vorbei, noch einmal überholen uns staubende Motorräder, noch einmal bläst der Wind uns den feinen Sand des trockenen Flusses ins Gesicht.
Mitten im Geröll des trockenen Flusses bleibt Prem stehen und zeigt auf die Landschaft links über uns. Sie ist großartig anzusehen. Weißgrauer Kies glitzert im Flussbett, gelbgrüne, alte, knorrige Weiden am Ufer hängen über dem nicht vorhandenen Wasser, dunkelgrüne Nadelbäume ragen schlank und erhaben auf. Wie eine Krone steht über allem eine weiße Bergkette unter der Endlosigkeit des wolkenlosen Himmelsblaus. Diese zauberhafte Landschaft versteckt zwischen ihren Anhöhen und Wäldern den wunderbaren Titi-See. Die Aussicht von seinem Ufer soll von besonderer Schönheit und Weitsicht sein. Man kann eigentlich nicht weitergehen, ohne dem See einen Besuch abzustatten.
Prem erzählt von einem Holländer, den er vor zwei Jahren hier her geführt hat. Oben am Titi-See sollen die besten Marihuana-Pflanzen der Gegend wachsen. Geplant war eine Trekking-Tour von drei bis vier Tagen. Der allein reisende Mann war schon bei seiner Ankunft deutlich von seiner Heroinsüchtigkeit gezeichnet. Die beiden wanderten bis Dhampu und quartierten sich dort ein. Am nächsten Morgen führte Prem den Mann zum Titi-See und zu den Marihuana-Feldern. Es war Frühling, die Pflanzen blühten und gaben das beste Haschisch ab. Prem wartete geduldig, bis der Mann ausreichend Haschisch für sich gesammelt hatte. Prem wartete geduldig in der Lodge, bis der Mann seinen Rausch ausgeschlafen hatte. Und am nächsten Morgen ging Prem mit ihm genauso geduldig wieder zum See, am über nächsten auch und wieder und wieder. „Der Mann sagte mir im-

mer wieder, dass er mich sehr lieb hat. Ich war der einzige Mensch, der ihm keine Vorwürfe machte. Warum sollte ich auch. Er bezahlte mich dafür, dass ich ihn zu den Marihuana-Feldern bringe. Mehr erwartete er von mir nicht. Er zahlte gut und ich hatte keine weiteren Touren geplant. Warum sollte ich ihm erklären, dass das Haschisch nicht gut für ihn ist. Er wusste es doch selbst. Und für mich war es leicht verdientes, gutes Geld. Nach zwei Wochen hat er von ganz allein um die Rückreise gebeten." So wirtschaftlich unbegabt ist unser Prem ja gar nicht, wie es bisher den Anschein machte. Die Geschichte des abhängigen Mannes erschüttert mich schon. Im gleichen Maße beeindruckt mich aber auch Prems Erkenntnis, die Dinge, die er sowieso nicht ändern kann, zu seinem Vorteil auszunutzen. Da steckt eine geistesgegenwärtige Berechnung drin, die man dem kleinen freundlich lächelnden Mann gar nicht zutraut. Prem geht weiter in Richtung Dhampu, ich bin ihm heute ganz ehrlich dankbar, dass er keinen Abstecher mehr zum See unternehmen will.

Vor den Stufen in Dhampu machen wir kurz Halt und schauen noch einmal auf die Berge hinter uns zurück. Über dem staubigen, grau-trockenen Flussbett steht ein Kranz grüner Bäume, darüber reihen sich die Gipfel mit ihren weißen Spitzen wie ein Bilderrahmen auf. Dhaulagiri, Tukuche Peak und die drei Nilgiri-Spitzen ragen stolz ganz oben heraus, als warten sie nur darauf, dass man ihre Namen nennt. Straße und Fluss können in mir kein Wehleid erwecken, nach ihnen werde ich mich nicht zurücksehnen. Trotzdem spüre ich, dass dieser Blick zurück eines der Bilder sein wird, die auch ohne Foto in meiner Erinnerung bleiben. Die Flussebene hat eine unbeschreibliche Weite, vermutlich gerade deshalb fühle ich mich von der Steilheit und Höhe der Berge erdrückt.

Wie über eine Türschwelle treten wir am Ende des Flussbetts in eine andere Welt. Mit dem breiten Flussbett ist augenblicklich auch die Trockenheit verschwunden, nichts ist mehr karg, steinig, staubig und trocken. Überall um uns herum lassen sich sattes Grün, Wiesen, Sträucher, großblättrige, immergrüne Laubbäume, liebevoll gepflegte Gärten wunderschön ansehen. Von nun an herrschen dichte, dunkelgrüne Wälder, große, ebene Ackerflächen und leuchtend grüne Wiesen. Über allem wacht mit schneeweißem Haupt die Annapurna, die Göttin des Reichtums und der Ernte.

Bis Kalopani geht es leicht bergan, der Ort liegt auf einer Anhöhe weit über dem Fluss und ist im Gegensatz zu den Bergdörfern bisher deutlich von der Landwirtschaft geprägt. Große Steinplatten bilden den Hauptweg durch den Ort. Die Häuser stehen direkt am Weg, dahinter beginnen die Felder. Am höchsten Punkt im Ort machen wir Rast. Es ist Punkt zwölf und Zeit für ein Mittagessen. Überall blühen gelbe Studentenblumen an den Mauern, nur an den abgeernteten Feldern und einzelnen kahlen Obstbäumen merkt man noch, dass eigentlich schon Winter ist. Im Garten der „See You Lodge" sind runde Plastiktische, Stühle und Sonnenschirme aufgestellt. Wir sind die einzigen Gäste und machen es uns bequem. Das Essen wird eine Weile dauern, denn der Wirt ist allein im Haus und kocht alles frisch für uns. Nach einem Glas Sanddornjuice spaziere ich durch den Ort auf der Suche nach Fotomotiven. Obwohl heute Samstag, also Feiertag ist, sind besonders vie-

le Mulikarawanen unterwegs. Oder starten so viele Mulikarawanen, weil heute Samstag ist? Als für wenige Augenblicke endlich einmal Ruhe im Ort einzieht, kräht ein Hahn laut und auffällig. Er steht auf einer Mauer und plustert sich prahlend auf. Schon habe ich das erste Fotoobjekt gefunden. Gegenüber, auf einem freien Feld steht majestätisch ein großer, dunkelgrüner Nadelbaum. Noch ist der Himmel wolkenfrei, Nilgiri South, Bahara Shikhar und Annapurna South posieren über dem Baum fürs Foto. Durch das Teleobjektiv hole ich mir einen Detailblick auf die Nilgiri-Spitzen. Der Wind pfeift wieder Schneefahnen über die Gipfel, die Sonne strahlt sie wirkungsvoll von der Seite an.
Das schlechte Gewissen treibt mich wieder zur Lodge zurück. Ich habe Mario mit Prem und ohne Dolmetscher allein gelassen. Wie sollen sich die beiden ohne meine Übersetzung unterhalten? Meine Sorge ist ganz unbegründet. Vergnügt beobachte ich vom Tor aus die Szenerie. Mario sitzt zurückgelehnt im Stuhl, in einer Hand halt er ein halbvolles Saftglas. Mit der anderen Hand gestikuliert er intensiv. Prem steht vor ihm und benutzt beide Hände zum Erzählen. Die beiden unterhalten sich offensichtlich sehr angeregt. Prem ohne Deutsch, Mario mit sehr wenig Englisch. Ich habe allerdings nicht den Eindruck, dass ich fehlen würde. Ganz im Gegenteil, die beiden kommen gut ohne mich aus, ich würde jetzt nur stören. Also warte ich am Tor, bis sie mich bemerken.
Große weiße Wolken ziehen auf, zeigen an, dass auch die Luft feuchter wird, und nehmen uns die Sicht auf die Berge. Gefahr bringen sie keine, regnen wird es nicht. Unbesorgt und gut gesättigt wandern wir weiter.
Kalopani und der darauf folgende Ort Lete gehen direkt ineinander über. Die Soldaten in der Polizeistation in Lete sind endlich wieder deutlich freundlicher und lassen uns unbehelligt weiter ziehen. Die Häuser stehen nur noch lose am Weg verstreut, dazwischen liegen eingezäunte Wiesen und Felder. Hinter Lete führt der Weg steil bergab. Als es kurz vor Kaiku in einer schmalen, sandigen Rinne sehr steil bergab geht, kommt uns auch noch eine Muli-Karawane hinterher gerannt. Eigentlich gehen die Mulis bergab sehr langsam, aber nur, wenn der Weg über steinige Treppenstufen führt. Auf diesem natürlichem Untergrund laufen die Tiere viel schneller als wir Menschen. Insbesondere aber laufen sie viel schneller als ich, der ich auf jeden Schritt achten muss. Mir wird vor den schwer beladenen, überbreiten Tieren bange. Als sie zu nahe kommen, retten wir uns auf eine kleine Anhöhe an der Seite. Hier warten wir lieber ein paar Minuten und lassen die Tiere vor.
Der Fluss schlängelt sich ganz unten im tiefen Tal, man hört ihn nicht einmal mehr rauschen. Eine große Hängebrücke überspannt ein Seitental. Dahinter ist ein Erdrutsch über dem Fluss am steilen Hang zu erkennen. Der Weg führt inzwischen wieder quer durch den breiten Schrund des abgerutschten Gesteins. Aus unserer jetzigen Perspektive ist es kaum vorstellbar, ohne Angst vor dem Abrutschen über den Erdrutsch zu gehen. Zum Glück werden wir später, wenn wir auf diesem Weg gehen, nicht mehr sehen, wie steil und lose der Fels unter uns ist.
Unten an der Brücke in Kaiku gibt es einen Muli-Stau. Von beiden Seiten wollen Mulikarawanen über die Brücke. Gegenverkehr ist auf den Hängebrücken im Gebirge nie mög-

lich, dazu sind die Brücken zu schmal. Erstaunlicherweise gelingt es den Mulitreibern auch ohne Ampel oder Funkgerät, die Mulis immer nur in einer Richtung auf die Brücke zu lassen. Die Muliherde vor uns ist so groß, dass sie die fast einhundert Meter lange Brücke vollständig in Beschlag nimmt. Zu allem Ärger bleiben die Mulis auch noch mitten auf der Brücke stehen. Ich käme nicht auf den Gedanken, auf dieser hohen Brücke über einem tiefen Tal mit einem reißenden Fluss darunter stehen zu bleiben. Die Mulis sehen das offensichtlich anders. Wir folgen gleich hinter den Mulis über dir Brücke, noch bevor die Tiere von der anderen Seite loslaufen. Das Geländer der Hängebrücke ist sehr niedrig und nach außen gebogen, immer wieder bleiben die Mulis stehen. Das ist nichts für meine Nerven. Schönen Dank auch.

Auf der anderen Seite geht es wieder bergauf. Bergauf sind uns die Mulis zu langsam. Sehr mühsam weil halb rennend und immer wieder außen am Wegrand entlang überholen wir die Muli-Karawane. Dann gehört der Weg endlich wieder uns allein. Das Wegstück durch den Erdrutsch haben wir durch unsere Überholmanöver wirklich nicht bemerkt.

Die ersten Bambus-Häuser mit Dächern aus Reisstrohmatten stehen in den Gärten. Jetzt haben wir die raue Bergwelt endgültig hinter uns gelassen. Hier unten gibt es weder Schnee noch Frost, im Sommer bringt der Monsun reichlich Regen, artenreiche immergrüne Bäume und Sträucher wachsen, Schmetterlinge flattern Mario zur Freude. Am Wegrand stehen Vorratsspeicher in einer gewagten Konstruktion aus ungehobelten Holzstämmen. Unten sind sie offen wie ein Durchgang, darüber befindet sich der geschlossene Vorratsspeicher. Für uns ist kaum vorstellbar, dass diese instabilen, baufälligen Speicher über Generationen stehen. Ähnliche, uralte Speicher haben wir schon in den Julischen Alpen gesehen. Dort hatte ein mutiger Bauer sogar sein Auto unter einem solchen Speicher geparkt.

Vor einer kleinen, primitiven Hütte sitzt eine junge Frau mit ihrem etwa einjährigen Sohn. Der kleine Mann hat eingenässt. Die Frau nimmt eine Hose, die zum Trocknen auf dem Holzzaun hängt, zieht die nasse Hose aus, die trockene Hose an und hängt die nasse Hose auf eben jenen Holzzaun wieder zum Trocknen auf. Bis der Junge das nächste Mal eingepullert hat, ist die nasse Hose wieder trocken.

Halb drei sind wir im kleinen Flecken Ghasa. Gleich am Ortseingang steht das große „Florida Guest House“. Wir beziehen ein Eckzimmer hinten im neuen Haus im Hof. Das eigene Bad am Zimmer kostet einen deutlichen Aufpreis. Dafür ist das Wasser warm. Und weil das noch immer keine Selbstverständlichkeit ist, zahlen wir gern. Der Speiseraum im Vorderhaus hat große Fenster und ist deshalb sehr schön hell. Am großen Tisch mit dem Heizer untendrunter sitzt eine Gruppe von acht jungen Israelis. Noch ist es warm genug, da brauchen wir den Heizer nicht. Die Acht sind ganz unterschiedliche Typen, negride oder marokkanische Jungen und europäisch aussehende Mädchen. Alle wirken sehr unsauber und ungepflegt. Dazu sprechen sie durcheinander und sehr laut. Uns ist das mehr als unangenehm. Sicher tun wir ihnen damit unrecht, aber auf uns wirken sie gefährlich

wie Terroristen. Wir trinken wieder Kaffee und heiße Schokolade aus großen Gläsern und verschwinden noch einmal auf einen kleinen Spaziergang durch den Ort.
In den Gärten entdecken wir die wundersamsten Pflanzen und Bäume. An einem strauchartigen Baum mit großen Blättern hängen eiergroße rote Früchte, die wir nicht kennen. Wenige Meter weiter steht ein ausladender Baum, an ihm hängt mangogroßes, schrumpeliges, grünes Obst. Auch das können wir nicht deuten. Wie freuen wir uns da, als wir im Garten gegenüber mehrere kleine Zitronenbäumchen entdecken.
Auf dem Rückweg zur Lodge kommen uns die Jungs entgegen. Sie drehen um, folgen uns in unsere Lodge und wir okkupieren den großen Tisch mit dem Heizer darunter. Wieder bringt Prem den Gluteimer für uns geschleppt. Wieder trinken wir heißen Apfeltee aus frisch gepressten Äpfeln. Wieder sei aufgepasst, der Big Pott ist sehr klein. Die Lodge wirbt mit dem Untertitel „Continental Restaurant", was leider schlichtweg übertrieben ist. Hinter dem hochtrabend formulierten „Chicken Stroganoff" auf der Speisekarte verbirgt sich ein einfaches Hühnerfrikassee, zugegeben recht schmackhaft.
Aus dem Gluteimer qualmt es unangenehm. Der Rauch riecht aufdringlich süßlich nach verbranntem Fleisch. Prem kriecht unter den Tisch und wühlt mit der nachten Hand in der heißen Glut. Ich habe Sorge, dass er sich wegen uns die Finger verbrennt. Er hört mir gar nicht zu, sondern sucht nur weiter. Es dauert eine ganze Weile, dann bringt er ein großes Knochenstück zutage. Alle gemeinsam sind wir Prem für seine selbstlose Hilfe zu Dank verpflichtet.
Dreiviertel neun ziehen wir ins Bett, die Israelis feiern noch einen Geburtstag, Sterne sind keine zu sehen, es ist auffällig warm, die feuchte Luft lässt die Sachen klamm werden.

20.11.2005, Sonntag Ghasa – Tatopani (1.100m)

Von der Feier der Israelis seht noch eine leere Flasche Wein, eine leere Flasche Brandy und der kalte Geruch nach Kneipe im Speiseraum. Wir sind es schon gewohnt, morgens immer die ersten zu sein. Mein Toast entpuppt sich erfreulicherweise als ein aufgeschnittenes Baguette. Damit fällt mein Frühstück deutlich reichlicher aus als die sonst üblichen zwei bis drei dünnen Toastscheibchen.
Zuerst muss uns Prem jetzt endlich erklären, was das für eigenwillige Bäume sind, die wir gestern gesehen haben. Schon beim Baum mit den roten Eiern grinst Prem bis zu den Ohren: „Das sind die Tomaten, die Dir so gut schmecken, Katrin." Tomaten? Am Baum? Prem erklärt uns den Unterschied. Tomaten sind eigentlich mehrjährige Pflanzen. Nur erfrieren sie in Europa. Hier gibt es aber keinen Frost, deshalb wachsen die Tomatenpflanzen zu großen Sträuchern heran. Dieser hier sei besonders groß geworden. Skeptisch denke ich mir, dass es höchstens eine ferne Verwandtschaft zu unse-

ren Tomatenpflanzen sein kann. Schon die Blätter der Sträucher hier sind anders geformt und viel größer. Vom Geschmack wollen wir besser gar nicht erst reden. Nur das Fruchtfleisch der ganz reifen Tomaten schmeckt annähernd. Die Schale und die unreifen Früchte sind jedenfalls bestimmt nicht mein Geschmack.
Den Baum mit den schrumpeligen Mango-Früchten gibt es nicht. Was da auf dem Baum wächst, sind die Früchte einer Schlingpflanze, die am Baum hinauf gewachsen ist. Eine optische Täuschung sozusagen. Essen kann man diese Früchte auch, aber Prem warnt, sie würden nicht besser schmecken als die leckeren Tomaten. Wir verzichten dankend.
Heute stimmen die Höhenlinien in der Karte. Es geht hoch und wieder runter, natürlich mehr runter. Der Weg ist durchweg steinig, mal gewachsener Fels, mal lose Steine. Prem mahnt zur Eile. Wenn wir in Tatopani auch ein schönes Zimmer haben wollen, dürfen wir nicht so spät kommen. In Tatopani wollen alle übernachten. Tatopani heißt übersetzt „Heiße Quelle". Das erklärt den zu erwartenden Ansturm sofort. Prem bietet uns an, vornweg zu laufen. Wir könnten dann ohne Hast hinterdrein bummeln. Ohne Prem zu gehen macht aber sicher nur halben Spaß. Wir lassen uns deshalb auf seinen zügigen Schritt ein. Letztendlich bin ich ja die einzige, der das wirklich Mühe bereitet.
Hinter Ghasa müssen wir an einer Kaserne vorbei. Seit dem Vorfall an der Kaserne in Jomsom habe ich so ein ungutes Gefühl beim Anblick von Soldaten. Am Ende des Kasernenzaunes aber bleibe ich trotzdem wie angewurzelt stehen. Da ist er wieder, dieser rosa blühende Baum, den wir schon auf der anderen Seite des Passes gesehen haben. Prem, was ist das? „Kirschen." Kirschen? Ich zweifle an meinen Englisch-Kenntnissen. Es ist November, im November blühen keine Kirschbäume. Als ob es völlig selbstverständlich wäre, erklärt Prem: „Die brauchen über den Winter eben etwas länger, bis sie reif sind." Die Zeit reicht gerade noch für ein Foto, schon rückt ein Zug von etwa dreißig Soldaten zum Kasernentor in unsere Richtung aus. Nichts ist schlimmer, als hinter einer Kolonne Soldaten hinterherlaufen zu müssen. Soldaten haben ein unangenehmes Tempo, zum Mitlaufen zu langsam, zum Überholen zu schnell. Also beeilen wir uns, damit wir vor ihnen auf dem Weg sind. Nur noch schnell einen Blick auf die erste Palme rechts am Wegrand.
Die Eile nützt uns nur bis zur nächsten Brücke. Von einer Anhöhe geht es steil bergab. Das Flusstal ist an dieser Stelle sehr eng. Trotzdem ist die Brücke lang und hoch. Auf der anderen Talseite führt der Weg als schmaler Pfad auf halber Höhe an der Wand entlang. Auf unserer Seite der Brücke ist eine Polizeistation und wir müssen unsere Ausweise vorzeigen. Mario erledigt das für uns, die Soldaten überholen uns, ich will inzwischen den Gänsemarsch der Soldaten fotografieren. Der Posten gibt sich dieses Mal nicht mit den Ausweisen zufrieden, stellt Mario unverständliche Fragen und der ruft mich berechtigt um Hilfe. Nichts wäre mir unangenehmer als Ärger mit diesen Polizeiposten. In äußerst schlechtem Englisch fragt er mich letztendlich nur nach dem Woher und Wohin, ich antworte geduldig. Mein Foto mit den Soldaten auf der Brücke wird nun nichts mehr, sie sind schon weiter gegangen.
Nachdem wir unsere Sachen wieder verstaut haben, schaut mich Mario fragend an: „Sind

die Soldaten jetzt alle zusammen über die Brücke?" Natürlich. Ich verstehe Marios Frage nicht. „Wenn die alle zusammen über die Brücke gehen, brauchen die Maos nur einen Sprengsatz für die Brücke und alle Soldaten stürzen mit einem Mal in den Tod. Gehen die Soldaten dicht hintereinander auf dem Pfad weiter, braucht die Maos nur mit dem Maschinengewehr einmal an der Wand entlang zu schießen und treffen alle auf einmal. So fangen die nicht einen Maoisten." Es sind wohl die Maoisten, die um die Dummheit der Soldaten wissen und sie gerade deshalb nicht umbringen. Prem murmelt nur leise vor sich hin, dass das hier kein Maoistengebiet ist. Fünfhundert Meter weiter wenden die Soldaten und laufen in derselben Art und Weise wieder zurück. Dort hinten fängt Maoistengebiet an. Langsam verstehe ich, warum die Menschen hier eher den Maoisten trauen als den eigenen Soldaten. Die Soldaten verhalten sich nicht wie die Beschützer der einfachen Menschen in Nepal. Die Soldaten beschützen die Menschen nicht, sie tyrannisieren ihr eigenes Volk. So stellt es sich für uns leider bei jeder Begegnung dar. Jetzt bekomme ich mein Foto von der Kolonne Soldaten im Gänsemarsch an der Wand entlang.
Die Bäume um uns werden größer und dichter, Bambus wächst am Wegesrand. Unter einem dicken Baum zeigt Prem auf dessen Blütenrispen. Sie sehen aus wie die Blütenstände der wilden Karde[1]. Wir kommen gar nicht dazu, uns darüber zu wundern, dass der nächste Baum im November Blüten trägt. Prem pflückt eine Rispe und drückt die einzelnen Blüten in unsere aufgehaltenen Hände aus. Dicker dunkler Sirup fließt heraus. Wir kosten. Der Blütennektar schmeckt angenehm fruchtig und süß. Gemeinsam pflücken wir Blüten und naschen den Honig bis unsere Hände fürchterlich kleben.
Der Dschungel hat uns wieder, die Weihnachtsterne blühen überall. Die Luft ist nicht mehr so klar und trocken wie oben in den Bergen. Die niedrigeren Berge um uns sind nicht mehr kahl, an den Hängen wachsen Wald und Wiese. Schon vom zeitigen Morgen an ist es dunstig. Die Weihnachtssterne sind keine kleinen und kompakten Pflanzen wie bei uns im Supermarkt. Über die Jahre sind dünne, lange Zweige gewachsen, die kaum noch Blätter tragen. Wahrscheinlich gerade deshalb sind die Blüten an den Enden der Zweige um vieles größer. Manche Blüte erreicht fast dreißig Zentimeter im Durchmesser. Hinter einem grünen Bergkamm ist die Annapurna South nur noch durch einen dünnen Wolkenschleier zu sehen. Wären da keine Schneeberge im Hintergrund, ich würde mich in diese wunderbar verträumten Bilder aus Vietnam versetzt fühlen. Eine ganz andere Landschaft umgibt uns, deren Schönheit ich erst allmählich begreifen werde.
In dem kleinen Ort Kochepani kurz vor einer Brücke stehen im Schatten großer Bäume einstöckige, gemauerte, weinrot-weiß gestrichene Häuschen. Unter dem vorgezogenen und mit flachen Steinplatten gedeckten Dach bieten die Frauen ihre Waren zum Verkauf an. Eine freundliche Frau empfiehlt uns ihren frischen Joghurt aus einem großen Glaskrug. Sie trägt traditionell einen langen, schmalen, schwarzen Rock und eine dezente, karierte Bluse. Ihre etwa sechzehnjährige Tochter steht gelangweilt an der Seite und zieht

[1] Disteläbnliches, unkrautartiges, sehr hohes Gewächs, wird gern für Trockensträuße und Gestecke genommen und besonders zur Weihnachtszeit silbern oder golden angesprüht

ein Gesicht wie ein Mädchen bei uns, das gern mit den Freundinnen in die Stadt gehen würde und stattdessen der Mutter zu Hause helfen soll. Sie hat sich auf ihre Weise chic angezogen, trägt einen modernen, großkarierten Stufenrock über einer blauen Jeans, dazu eine schon lange aus der Mode gekommene schwarze Bundjacke. An den Füßen steckt sie barfuss in hellblauen Badelatschen. Offensichtlich ist das Mädchen nicht nur gedanklich schon weit von der Tradition ihrer Eltern entfernt. Ich schaue wieder zurück zum gläsernen Krug mit dem weißen Joghurt. Prem hat uns gelernt, bei allen angeblich frischen Dingen wie Milch, Eier und rohem Fleisch sehr zurückhaltend zu sein. Wir sollten besser darauf verzichten als Darmprobleme zu bekommen. Hier wehrt Prem lachend ab. Er kennt die Frau, hier ist alles wirklich ganz frisch, den Joghurt müssen wir unbedingt kosten. Ich bin skeptisch, weil ich schon zu Hause von allen Sorten kalter Milch Blähungen bekomme. Dann siegt meine Neugierde. Ich kaufe mir ein Glas Joghurt. Der Joghurt ist dick, fast wie Quark, auch nicht so sauer wie bei uns, dafür fast stückig. Hier ist garantiert keine Chemie drin. Es war eine gute Idee, den Joghurt zu kosten, er schmeckt erfrischend. Und Probleme habe ich auch keine bekommen.

Diesmal gibt es keine neue Straße, noch nicht. Trotzdem kommen wir recht gut voran. Schon halb elf sind wir zum Lunch in Dana. Vorzüglich und empfehlenswert ist Marios Knoblauch-Käse-Crouton-Suppe. Links grüßt noch einmal die Annapurna South, bevor sie sich am dunstigen Himmel in dicke Wolken hüllt. Wir überholen das französische Pärchen. Hundert Meter weiter vorn rennt ihr Guide schlürfend vornweg und wirbelt dabei so viel Staub auf, dass man hinter ihm nicht gehen kann. Ich gebe mir Mühe, noch etwas schneller zu laufen, um an ihm vorbei zu kommen. Das ist aber gar nicht nötig. Am nächsten Abzweig bleibt er stehen, zieht ein missmutiges Gesicht und nölt die beiden Franzosen an. Der Mann ist mir in jeder Hinsicht überaus unangenehm. Was haben wir doch für einen tollen Guide.

Am Wegrand grüßt eine Gruppe Blattkakteen mit ihren gelben Blüten meinen Mann und Kakteenfreund Mario, weiter vorn läuft eine Gruppe schwer beladener Träger. Erst jetzt fällt mir auf, dass hier schon lange kein Einheimischer mehr Bergschuhe an den Füßen trägt. Die meisten laufen in Badelatschen. Ein kleiner, von der Last schon gekrümmter Mann läuft barfuss ohne jegliches Schuhwerk. Ich starre auf seine Füße und komme dabei selbst ins Stolpern. Die kleinen Füße sind vorn unnatürlich breit. Ausgetretene Schuhe kennt man schon. Aber der Mann hat breitgetretene Füße. Um unter der Last der Ladung einen besseren Halt zu haben, sind seine Füße immer mehr in die Breite gegangen. Erst hat er wahrscheinlich kein Geld für Schuhe gehabt, jetzt kann er keine Schuhe mehr tragen, weil er in normale Schuhe nicht hineinpasst. Selbst die bei uns erhältlichen extra weiten Schuhe wären ihm bestimmt zu eng. Schmunzelnd stelle ich fest, dass der Vergleich mit Entenfüßen wohl am ehesten zutrifft.

Das Tal wird enger, die Wände steiler. Sofort wird die Landschaft wieder karg, abweisend und unwirtlich. Dem Flusstal sieht man an, wie der Fluss hier zur Regenzeit hausen muss. Große Schuttberge liegen an Stellen, wo jetzt längst kein Wasser mehr fließt.

Viertel eins haben wir Tatopani erreicht. Was sind wir heute gerannt! Mitten im Ort biegt Prem in eine Lodge ab, schwatzt kurz mit dem Wirt und kommt vor Freude hüpfend mit dem Zimmerschlüssel auf uns zu. Mitten im Hof steht ein zweistöckiges, quadratisches Haus, dessen obere Zimmer wie Vogelhäuschen wirken. Das Vogelhäuschen ist unser! Nach drei Seiten haben wir große, helle Fenster. Alles ist aus Holz gefertigt, das große Doppelbett steht schon mitten im Zimmer. Wir sind von unserer Suite begeistert. Ein Fenster führt auf den Balkon. Wir treten hinaus und schauen schweigend auf das vor uns entstehende Landschaftsbild. Wenn jemand so ein Bild malen würde, ich würde es für erfundenen Kitsch halten. Jetzt und hier und direkt vor uns ist es aber echt und beeindruckend: Am Boden blühen die roten Weihnachtssterne zwischen grün-gelben Orangenbäumen, dahinter fließt der Fluss. Die Berge sind unten vom Dschungel dunkelgrün, oben aus hellgrauem Fels. Flache Schichtwolken umspielen den schneebedeckten Gipfel des Nilgiri South, dass nur noch ein kleiner Teil der Spitze herausschaut. Genau so ergeht es dem blauen Himmel, der aus den Wolkenlücken strahlt. Abrupt muss ich den Genuss des Anblicks unterbrechen. Mein Blick fällt auf den Balkon des Nachbarzimmers. Die Balken, auf denen der Balkon liegt, sind morsch und durchgefault, so dass er nicht mehr lange halten wird. Erschrocken trete ich von unserer Balkonbrüstung zurück und will rückwärts in das sichere Zimmer. Mario beruhigt: „Unser Balkon sieht von unten nicht so aus, ich war schon nachschauen." Aufatmen.

Die Lodge heißt „Dhaulagiri", obwohl der Dhaulagiri aus dem Tal in Tatopani überhaupt nicht zu sehen ist. Schön, ja wunderschön ist es hier trotzdem. So stelle ich mir einen Garten Eden vor: grüne Bäume voller Orangen, Mandarinen und Zitronen, weinrote Sträucher am Boden, blühende Weihnachtssterne und Hibisken, Vögel zwitschern, Wasser rauschen, Grillen zirpen, Schmetterlinge flattern. Große Feigenbäume bilden Blätterdächer über lauschigen, verträumten Plätzen im Garten. Nur vereinzelte Obstbäume ohne Laub zeigen an, dass wirklich schon November ist. Wir duschen mit warmem Wasser aus einem Elektroboiler und setzen uns auf die Terrasse am Restaurant. Urlaub, wir haben Urlaub. Heute wird mir das zum ersten Mal richtig klar. Sitzen bleiben, nichts tun, genießen, einfach nur genießen. Nirgends dürfte das leichter fallen als hier. Ich sitze unter Orangenbäumen und es geht mir richtig gut. Zur obligatorischen heißen Schokolade und dem Milchkaffee bestellen wir heute noch Zitronen-Quark-Kuchen und Schokoladenkuchen. Frage mich bitte keiner, welcher besser schmeckt. Heute und hier schmeckt alles.

Am Nachbartisch lassen sich vier deutsche Herren nieder. Ich hätte nicht gedacht, dass man auch Deutsche so schlecht im Alter schätzen kann. Vermutlich sind sie alle noch keine Fünfzig. Mit ihren kleinen, leeren Tagesrucksäcken, den dicken Bäuchen und ihren feisten Gesichtern sind sie deutlich fehl am Platz hier. Erfreulicherweise unterhalten sie sich dezent und leise. Das ist für Deutsche ja leider keine Selbstverständlichkeit.

Selbstredend müssen wir den heißen Quellen in Tatopani einen Besuch abstatten. Als touristische Attraktion sind sie bestens ausgeschildert. Etwas unterhalb des Ortes direkt am Fluss ist eine Art Swimmingpool aus Beton in den Erdboden eingelassen. Um das gesamte

Becken herum sitzen Menschen und lassen die Füße ins Wasser baumeln. Daneben sind Hütten aus Holz und Wellblech aufgebaut, in denen Massagen in allen Varianten angeboten werden. Wir sehen uns das Treiben aus der Ferne an und entscheiden einstimmig, dass wir an dieser Fleischbeschau nicht teilnehmen müssen. Ein Erinnerungsfoto muss sein. Ich nutze mein Teleobjektiv, um nicht als Spanner verjagt zu werden.
In einem kleinen Laden im Ort hat sich Mario in eines der Ghorka-Messer verliebt. Als Souvenir gibt es diese Messer in allen Größen und Varianten. Was uns stört, sind die touristischen und damit völlig unechten Gravuren in den Messern. Grüße aus Nepal oder ähnliches steht da. Wenn es ein Messer sein soll, dann nur in der originalen Ausführung, wie es die Wachposten heute noch tragen. Dieses eine macht einen soliden Eindruck. Mario ist sich nicht sicher, ob er dem Verkäufer trauen soll. Also muss sich Prem jetzt auch noch als Einkaufsberater nützlich machen. Prem und Mario ziehen los, ich bleibe bei einem Glas frisch gepresstem Orangensaft in meinem Garten Eden sitzen. Die beiden werden sich schon verstehen, da bin ich ganz sicher. Es dauert auch nicht lange, sie kommen zurück und strahlen wie zwei Kinder, die ein neues Spielzeug bekommen haben. Schön, wenn man Menschen noch mit so einfachen Dingen glücklich machen kann. Mit ein wenig schlechtem Gewissen werden wir das recht schwere Messer morgen zu den Sachen geben, die Prem für mich trägt. Immerhin ist es noch um vieles leichter als die Teppiche der deutschen Frauen in Marpha.
Wer die Zeit hat, verbringt einen zweiten Tag in Tatopani, genießt und erholt sich. Wir hätten die Zeit, aber uns zieht es zum nächsten Ziel. Wir wollen noch auf den Poon Hill, den ausgewiesenen Aussichtsberg auf die Annapurna. Dafür müssen wir morgen 1.600 Höhenmeter aufsteigen. Ich habe lange mit mir gerungen, ob ich überhaupt noch einmal zum Poon Hill hinauf will. Wir waren doch schon oben am Pass, eigentlich reicht es. Aber kann man von dieser Landschaft wirklich genug gesehen haben? Verpassen wir vielleicht etwas, was wir so schnell nicht wieder sehen? Wer weiß, ob wir noch einmal nach Nepal kommen. Jetzt sind wir hier, also wollen wir auch alle Attraktionen erleben. Prem und Mario haben mir versprochen, dass wir zwischendurch noch einmal übernachten, wenn ich den Anstieg nicht an einem Tag schaffe. Ich bin beruhigt und zuversichtlich.
Zum ersten Mal gibt es abends keinen Heizofen. Wahrscheinlich ist es gar nicht so kalt. Nur sind wir müde und hungrig und empfinden es dadurch kälter, als es wirklich ist. Das Abendbrot gibt es im Haus. Weil selbst hier unten im Tal kurze Stromausfälle die Normalität sind, erwärmen Kerzen und Menschen den schmalen Raum schnell. Bei Kerzenschein und in warme Sachen eingemümmelt genießen wir Schaf-Steak mit Knoblauchsoße und geriebenem Käse, Reis, Pommes, Gemüse und einen kleinen Salat. Köstlich.
Heute in einer Woche ist bereits der erste Advent. Uns ist noch gar nicht weihnachtlich zumute. Die Weihnachtssterne draußen und der Kerzenschein drinnen könnten vielleicht eine gute Umrahmung geben. Doch im Grunde genommen ist das unser Sommerurlaub. Wer denkt im Sommerurlaub schon gern an Weihnachtsschmuck und Lebkuchen? Prem stutzt. Advent, Weihnachtsschmuck, Weihnachtskekse - was ist das? Prem ist doch Christ

und Weihnachten ist ein Fest für alle Christen. Feiert man in Nepal Weihnachten ganz anders? „Was macht Ihr zu Weihnachten?", fragen wir Prem. „Wir gehen in die Kirche." Und dann? Es gibt kein „und dann". Die Kirche ist ein von außen unscheinbares Haus, in dem ein Altar aufgebaut ist. Nicht einmal Kirchenglocken läuten. Obwohl die wenigsten Nepali christlich sind, ist auch in Nepal der erste und zweite Weihnachtstag ein Feiertag. Der unterschiedliche Glaube stört die Menschen kaum. Ihnen ist nur wichtig, dass sie an diesem Tag nicht arbeiten müssen und feiern dürfen. Was Nepali unter feiern verstehen, haben wir am Beginn unserer Tour deutlich gezeigt bekommen. Sie schmücken überall mit bunten Lichterketten, machen laute Musik und trinken weit mehr Alkohol, als sie vertragen. Weihnachtliche Stimmung, wie wir sie kennen, kommt so bestimmt nicht auf. Wir erzählen Prem von unserem Weihnachten, von der Suche der Menschen nach Ruhe und Geborgenheit, nach Frieden und Freude und Miteinander, von unserem silbern geschmückten Weihnachtsbaum mit den Kerzen, von Weihnachtspyramiden und leuchtenden Kinderaugen. In Nepal sind es die Menschen, die Besinnung im weihnachtlichen Sinn nicht kennen, in Deutschland ist es der Kommerz, der Ruhe und Besinnung immer schwerer macht.

21.11.2005, Montag Tatopani – Ghorepani (2.750m)

Frühstück gibt es halb sieben auf der Gartenterrasse. Selbst in dünner Hose und Fleecejacke ist es nicht kalt. Als wir viertel acht starten, ist schon dichter Muli-Verkehr auf der Strecke. Inzwischen ängstigt es mich auch kaum noch, wenn der Weg in Stufen in die steile Wand geschlagen wurde. Tief unter uns quirlt der Fluss durch die enge Stelle, das Geländer hat man sich wie überall gespart. Papageien zwitschern in den Bäumen versteckt. Der Morgendunst zaubert fantastische Bergbilder.
Auf der einzigen großen Brücke heute passiert dann das, was schon lange hätte passieren müssen. Mario geht vor mir über die Brücke, Prem wartet hinter mir. Als Mario drüben ist, gehe ich los. Ich bin noch nicht ganz in der Mitte der Brücke, da kommen mir drei Mulis entgegen. Mario versucht vergeblich, die Tiere aufzuhalten. Sie schieben ihn beiseite und laufen auf die Brücke. Die Mulis selbst wären ja nicht so breit, dass es wirklich Probleme geben würde. Aber an beiden Seiten haben sie dicke Säcke angebunden, so dass jedes Tier fast einen Meter breit ist. Richtig problematisch wird es, weil die Mulis genau mittig über die Brücke gehen und nicht einen Zentimeter zur Seite ausweichen. Ich will aber nicht von der Brücke geschoben werden. Nach der ersten Schrecksekunde löse ich mich aus meiner Erstarrung und gehe bis zum nächsten senkrechten Seil. Ich schiebe mich an den Brückenrand, das Seil genau hinter mir. So werde ich nur in das Seil fallen und kann mich bestimmt daran festhalten. Noch immer hoffe ich auf einen Mulitreiber, der die Tiere zu-

rückruft. Umsonst. Sie kommen auf mich zu, ich bin schon längst nicht mehr in der Lage, einen vernünftigen Gedanken zu fassen. Alle drei schieben sich an mir vorbei, würdigen mich nicht eines Blickes und trotten weiter. Aber sie haben mich auf der Brücke stehen gelassen. Mit letzter Kraft laufe ich über die Brücke zu Mario hinüber, dann versagen mir meine zitternden Knie. Warum passiert so etwas immer mir? Die Mulis laufen bergab nach Beni, wir biegen links in das Seitental nach Ghorepani ein.
Es gelingt mir schnell, meine Panik zu überwinden und die nächsten Schritte zu gehen. Als Versöhnung dürfen wir bei einem Blick zurück ein Bild wie aus dem Märchenbuch erleben. Das steile, enge Flusstal liegt noch im Morgendunst. Nur die schneebedeckten Spitzen des Nilgiri werden von der Sonne schräg angestrahlt und sind die einzigen Lichtblicke. Der reißende Fluss schlängelt sich als helles Band gut erkennbar durch den unteren Bildteil. Mitten über dem Fluss nimmt eine Muli-Karawane die gesamte Hängebrücke für sich in Anspruch. Ohne die Mulis wäre die Brücke im trüben Nebel kaum zu erkennen. Entschuldigen sich die Mulis mit diesem Bild bei mir für Ihre Artgenossen? Ich nehme die Entschuldigung an.
Den Rest des Tages geht es steil bergauf. Die Sonne hat den Dunst aufgelöst, wir wandern kurzärmlig in der warmen Sonne. Der größte Teil des Weges besteht aus Steinplatten, die zu Stufen aufgelegt sind. Die Schrittlänge und Höhe der Stufen stimmt nicht immer, dadurch laufen sie sich nicht rhythmisch. Doch der Vorteil von Stufen bergauf ist, dass man sehr schnell vorwärts kommt. Auch bleibt der obligatorische Schmerz in den Füßen und den Fußgelenken fast aus, dafür wird der Oberschenkelmuskel mehr beansprucht. Ich habe mir wieder von Mario die Stöcke geborgt und kann die Last so sehr gut auf Arme und Beine verteilen. Wider Erwarten habe ich kaum Mühe, mit den beiden mitzuhalten, und komme zügig voran.
Der Blick auf die Steinstufen lohnt sich nicht nur, um ein Stolpern zu verhindern. Viele Stufen wurden aus Marmor verbaut. Besonders schön ist der hier verwendete rosa-beige Marmor. Das Rosa einer dieser Stufen sieht wie eine Rose aus. Warum nutzt man diese Marmorplatte hier in den Bergen als normale Stufe und nicht als Treppe zu einem Palast? Prem winkt ab. Stufen für die Mulis sind wichtiger als Palaststufen.
Die Wiesen und Felder um uns sind von sattem Grün. Es ist eine Wohltat für die Augen. Auf kleinen Hügeln stehen riesige, rosa blühende Kirschbäume, deren Wuchs eher an alte deutsche Eichen erinnert. Mit jedem Schritt höher wird der Taleinschnitt links von uns tiefer, die Luft trockener und kälter.
Auf einer kleinen, ebenen Lichtung mitten in den Bergen hat jemand einen Swimmingpool mit breiter Treppe angelegt. Halb elf ist eine gute Zeit für das zweite Frühstück. Wir setzen uns an den Rand des Beckens und Prem erklärt uns, wozu der Pool wirklich gebaut wurde. Es ist ein Wasserbecken für die Wasserbüffel. So kann man sich irren. Dann dauert es auch nicht lange und eine Büffelkuh kommt über die Wiese. Sie läuft um uns herum, steigt die Stufen am Beckenrand hinab und taucht bis zum Bauch in das Wasser ein. Es stört die Büffeldame überhaupt nicht, dass wir noch immer am Beckenrand sitzen. Eine

weitere Büffelkuh schlendert behäbig zum Wasserbecken, ein kleines Kalb folgt ihr. Wir erleben Tierpark live.
Kurze Zeit später kommen wir an einem großen Rastplatz vorbei. Auf der gemauerten Gepäck-Bank der Träger liegt eine große Hantelstange für Gewichtheber. Beim ersten Anblick glaube ich an eine Requisite aus der „Fred Feuerstein“ Verfilmung. An einer langen Eisenstange sind links und rechts dicke, große, runde Steinscheiben mit Holzkeilen befestigt. Die Scheiben sind nur grob gehauen, nicht mit Werkzeug gesägt. Es wird uns auch nach längerem Umsehen und Nachdenken nicht klar, wer hier mit welchem Ziel Gewichtheben trainiert. Wundersames Nepal, denken wir uns, und laufen weiter.
In Shika haben wir schon die Hälfte der Höhe bis Ghorepani geschafft. Es ist erst halb zwölf. Ich staune über mich selbst, wie gut ich trotz der Anstrengungen der letzten Wochen und trotz des Gepäcks vorwärts komme. Jetzt ist es für mich keine Frage mehr, dass wir den Weg bis Ghorepani heute noch schaffen. Gerade habe ich mir erfolgreich großen Mut zum Weiterlaufen zugesprochen, als Prem in den Vorgarten der letzten Lodge im Ort abbiegt und erklärt, hier gibt es jetzt Mittagessen. Ich diskutiere, es ist noch zu zeitig. Prem hält gegen. Hier ist es schön, weiter oben kommen keine guten Restaurants mehr. Mit der Zeit habe ich gelernt, dass Prem sowieso Recht hat. Also machen wir Mittagspause.
Schon bekommen wir die zurückgewonnene Höhe zu spüren. Es wird kühl. Ähnlich Biertischgarnituren sind lange Tische und Bänke im Garten aufgestellt, an denen wir essen werden. Um nicht zu frieren, ziehen wir die Fleecejacken an. Bis hier her war es so angenehm warm, dass ein kurzärmliges Shirt völlig ausreichte. Prem ruft uns in die kleine Küche. Drinnen ist es wärmer. Wieder dürfen wir in einer traditionellen Küche beim Essenkochen zusehen. Wieder erstaunt es mich, wie eine einzelne Frau mit so wenigen Zutaten und Geschirr an einer kleinen Kochstelle binnen kurzer Zeit drei verschiedene Essen kocht. Ich habe noch keinen richtigen Hunger, deshalb koste ich heute den Schokoladenpudding. Zwar bekomme ich mehr eine Puddingsuppe, aber für mich ist das jetzt gerade das Richtige.
Nach dem Mittagessen wird es nicht wieder richtig warm. Nicht nur die Höhe macht es kühler, auch die Luft ist viel feuchter. Die Wolken haben sich zugezogen, Nebenschwaden hinterlassen überall ihre nassen Spuren. Meine Stimmung hätte jetzt warme Sonne gebraucht. Der Weg zieht sich und ich verspüre immer stärker eine gewisse Lustlosigkeit. Ich fühle mich nicht kraftlos, nein, zum Laufen reicht es ganz sicher noch. Aber irgendwie bin ich insgesamt geschafft. Es reicht jetzt langsam.
Irgendwann lichtet sich der Wald. Doch erst ganz weit drüben auf dem nächsten Bergkamm erkennt man Ghorepani. Es ist also noch immer sehr weit. Mein Schritt wird langsamer und langsamer. Keiner schimpft mit mir. Mario nölt nicht einmal, als uns vier beladene Mulis überholen. Und Mulis gehen bergauf wirklich nicht schnell.
An einer Gruppe zweistöckiger Häuser mit blau gestrichenen Holzbalkonen sind wir schon fast vorüber, als Prem aufgeregt auf einen solchen Balkon zeigt. Widerwillig bleibe

ich stehen. Eigentlich ist mir inzwischen alles egal. Ich will nichts mehr sehen, ich will nur noch meine heutige Etappe hinter mich bringen. Was gibt es jetzt schon wieder zu bewundern? An den Häusern kann ich nichts Auffälliges entdecken. Prem zerrt mich näher ran an das Haus. Tatsächlich, auf dem Balkon liegen abgesägte Baumstämme von etwa fünfzig Zentimetern Länge und dreißig Zentimetern Durchmesser aufgebockt. Um die Stämme schwirren auffällig viele Bienen. Sind das Bienenstöcke? Prem erklärt uns geduldig, dass die Stämme ausgehöhlt und an den Seiten wieder mit Wachs verschlossen werden. Nur ein kleiner Eingang bleibt frei. So haben sich die Menschen ihre Bienenstöcke gebaut und die wilden Bienen kultiviert. Bei uns werden die Bienenstöcke bunt bemalt, damit sich die Bienen nach Hause finden. Prem lacht. Nepalesische Bienen finden sich auch in einfarbige Bienenstöcke, sie sind doch etwas Besonderes. So war es doch interessant, angehalten zu haben.
Dreiviertel drei haben wir endlich Ghorepani erreicht. Den Ort kann man nicht verwechseln, man erkennt ihn sofort. Ich weiß nicht, was Ghorepani auf Deutsch heißt, aber „Blaues Dorf" wäre sicher richtig. Fast alle Häuser im Ort sind mit blauem Blech verkleidet und blau angestrichen. Dabei ist der Ort nicht einmal klein, überall blaue Häuser.
Durch einen kleinen Durchgang links hinter den Häusern an der Straße kommen wir zum „The Sunny Hotel". Rechts steht das zweistöckige Hauptgebäude, links reihen sich kleine Hütten auf. Jedes dieser Häuschen hat ein Spitzdach, ein kleines Vordach, dunkle Holztüren und ein mit aufgestellten Gehwegplatten abgegrenzten Vorgärtchen. So würde man diese Hütten eher an der norwegischen Fjord-Küste als in Nepal erwarten. Leider passt das Wetter auch besser nach Norwegen. Es ist nasskalt und nebelverhangen. In jeder Hütte gibt es zwei Zimmern und zu jedem Zimmer ein eigenes Bad Auch das Bad ist an den Wänden mit blauem Blech ausgeschlagen. Ein Erlebnis der besonderen Art wird das Duschen. Wir haben schon warme und kalte Duschen erlebt, Durchzug und Waschen aus dem Bottich. Heute soll es besonders warm werden. Vom Hauptgebäude führt eine einzige Heißwasserleitung zu den Hütten. In der Dusche gibt es nur einen Wasserhahn für diese Leitung. Da wir die erste Hütte sind, bekommen wir das heißeste Wasser. Aber es gibt kein kaltes Wasser zum Mischen. Mario erträgt es gerade so, er duscht sowieso gern sehr heiß. Für mich ist nichts zu machen. Ich würde mich verbrühen. So stehe ich neben der Dusche und lasse nur einzelne Tropfen an mir herunter rinnen. Die Wassertemperatur ist einfach zu viel des Guten.
Draußen kommt die Sonne gar nicht mehr durch den Dunst durch, es wird nicht lange dauern, und der Nebel drückt sich auf den Ort. Über eine Freitreppe mühen wir uns zum Aufenthaltsraum in der oberen Etage des Hauptgebäudes gegenüber. Vermutlich hat man von hier oben bei schönem Wetter eine besonders gute Aussicht. Anders kann ich mir nicht erklären, warum man den müden Wanderer noch so weit hoch quält. Mitten im riesigen, hellen Aufenthaltsraum steht ein großer Ofen. Bei genauer Betrachtung macht mir die Konstruktion allerdings ein wenig Sorge. Der Ofen ist nämlich nur ein großes, altes Ölfass. Die Wasserleitung führt als Spirale durch den Ofen, deshalb ist unser Duschwas-

ser so heiß. Um den Ofen herum gibt es ein Holzgerüst zum Trocknen der Sachen, dahinter stehen vier schmale Bänke zum Aufwärmen. Prem macht sich lang zu einem verspäteten Mittagsschläfchen. Ich suche wieder einmal nach einer Lösung, meine noch immer kalten Füße zu wärmen. Damit die Wärme des Ofens überhaupt an meine Füße kommen kann, ziehe ich meine Schuhe und auch die Socken aus. Die Schuhe stelle ich an den Ofen, für die Socken nutze ich das Holzgestell. Eingemummelt in meine kuschelige Fleecejacke, noch immer die dicke, bunte Wollmütze auf dem Kopf und die nackigen Füße auf den Ofenrand gestellt, klemme ich auf der lehnenlosen Bank. Zum Wohlfühlen fehlt mir jetzt nur noch etwas zum Anlehnen. Mario erkennt mein Problem und holt mir einen der vielen Plastik-Gartenstühle an den Ofen. Auf Sitz und Lehne des Stuhls legt er zwei dicke Polster, so ist es wunderbar angenehm. Wir vespern Kaffee und Kuchen und bewegen uns noch einmal nach draußen, um den Souvenirständen im Ort einen Besuch abzustatten. Die Verkäuferinnen sind nicht so aufdringlich wie unten im Tal. Trotzdem kaufen wir nichts. Was sollten wir jetzt auch brauchen?
Seit Muktinath sind mehr Touristen, Träger, Guides und Mulis unterwegs als auf der anderen Talseite. Mit dem Aufstieg nach Ghorepani habe ich den Eindruck, dass es noch mehr geworden sind. Ghorepani und der Poon Hill werden als kleine Fünf-Tages-Tour für Wenigwanderer angeboten. Ich hätte nicht gedacht, dass diese kleine Runde so gut angenommen wird.
Abends sitzen wir im Aufenthaltsraum. Ein wenig verlieren sich die Gäste an den in Reihen aufgestellten Tischen. Gemütliche Kuschelecken gibt es keine. Wir leisten uns jeder ein Hühnchen-Steak, für 370 Rupien ist es recht teuer aber sehr schmackhaft. Die Wolken sitzen jetzt endgültig auf. Es sind keine Sterne zu sehen, keine Berge. Draußen und in unserem Zimmer ist es nasskalt, nichts trocknet. Wir hätten unsere Sachen zum Trocknen an den Ofen im Aufenthaltsraum hängen sollen. Haben wir aber nicht, jetzt müssen wir damit leben.
Immer wieder hören wir Hubschrauber über dem Ort, aber niemand kann uns den Grund erklären. Ungläubig schauen wir Prem an, als er Aufstehen für halb sechs festlegt. Bei diesen tief sitzenden Wolken ist es höchst unwahrscheinlich, dass wir morgen einen Sonnenaufgang bewundern können. Eher sollten wir uns auf einen Abstieg im Nieselregen gefasst machen. Richtig glücklich sieht Prem auch nicht aus. Wo ist seine Zuversicht geblieben? Meine Zweifel werden wohl berechtigt sein. Wir einigen uns, dass wir den Wecker auf halb sechs stellen und dann entscheiden, ob Berge zu sehen sind oder nicht.
Ich schlafe sehr unruhig. Erst rumpelt das Nachbarzimmer auf Toilette, dann rumpeln wir.

22.11.2005, Dienstag Ghorepani – Poon Hill (3.225m) – Tadapani (2.590m)

Halb sechs ziehen wir die Gardine über dem Bett beiseite und wischen die Feuchtigkeit von der Scheibe. Sternenhimmel und Berge. Wirklich. Es ist nicht zu glauben. Aber draußen leuchten die Sterne am wolkenlosen Himmel. Wir stehen schnellstmöglich auf und machen uns auf die dreihundert Höhenmeter bis zum Poon Hill. In unserer Lodge ist noch niemand wach. Auch im Ort herrscht noch absolute Ruhe.

In einem Affenzahn von Geschwindigkeit geht es bergauf. Fast der ganze Weg besteht aus nichts anderem als steilen, hohen Stufen. Der Raureif glitzert im Licht der Stirnlampe. Ich schnaufe, da würden auch Wanderstöcke kaum noch helfen. Wozu habe ich die Regenjacke angezogen? Ich schwitze. Also Regenjacke ausziehen und weiterlaufen. Links vor mir sehe ich Fähnchen, gleich haben wir es geschafft. War das nur eine Einbildung? Prem läuft weiter. Statt einer Bergkuppe führt vor mir nur ein steiler Weg bergauf. Plötzlich hat uns Nebel wieder eingeholt. Wo kommt der Nebel her? Wir überholen drei Touristen Es sind doch noch Menschen mit uns zum Berg unterwegs. Vorsichtig wird es hell, noch ein Anstieg und noch ein Anstieg. Die Sterne sind verschwunden, der Nebel hat uns eingefangen. Jetzt frage ich mich ernsthaft, was das soll. Warum laufen wir im Nebel auf einen Berg? Ein altes Reklameschild, ein eisernes Tor. Ein Aussichtsturm! Nach anstrengenden fünfundvierzig Minuten sind wir oben angekommen. Wir sind die – Letzten. Gut fünfzig bunte Daunen- und Goretex-Jacken stehen schon viel länger hier oben und warten auf den Sonnenaufgang. Auf dem Aussichtsturm ist alles besetzt. Alle warten mit ihren Kameras auf den Sonnenaufgang. Ich finde auf dem Treppenabsatz noch einen freien Platz und baue dort mein Stativ auf. Zu sehen ist erst einmal nichts. Unser Berg hat sich mit einer dicken Nebeldecke zugedeckt. Mario verschwindet in diesem Nebel. Das passt mir gar nicht, die Stufen des Aussichtsturms sind vereist und ich fühle mich ausgesprochen unsicher. Dazu kommt in mir eine Wut auf den Nebel auf. Wenn ich nur jemanden dafür verantwortlich machen könnte, ich würde es sofort lautstark tun. Die anderen schauen alle so gelassen drein, als ob sie der Nebel gar nicht stören würde. Mir ist, als wenn ich für etwas bezahlt hätte und es jetzt nicht bekommen soll. Das kann man sich doch nicht gefallen lassen. Resignierend akzeptiere ich, dass ich das Wetter nicht ändern kann. Nach einiger Zeit kommt Mario mit drei dampfenden Bechern zurück, Kaffee für uns und Tee für Prem. Ein geschäftstüchtiger Nepali hat auf dem Berg einen kleinen Imbissstand eröffnet. Fast schon ein Lichtblick.

Und wirklich, zaghaft bildet sich ein schmaler, heller Streifen im Nebel. Noch bevor man die Berge gegenüber richtig erkennen kann, zieht er wieder zu. Dann reißt der Nebel zum zweiten Mal auf, jetzt schon deutlicher. Noch einige Male versucht der Nebel, uns die

Sicht auf die Berge zu versperren. Rechtzeitig vor Sonnenaufgang aber gibt der Nebel auf. Vor uns stehen Annapurna South und Annapurna Fang dicht nebeneinander. Links über dem Tal ragen Tukuche Peak und Dhaulagiri monumental heraus. Mit dem ersten blassen Rot am Gipfel der Annapurna South beginnt ein schwer zu beschreibendes Schauspiel. In wenigen Minuten wechseln sich alle nur vorstellbaren Varianten von Rot ab. Zuerst bekommt nur der Schnee der Berge einen dunkelroten Schimmer und lässt alle Konturen scharfkantig erscheinen. Dann breitet sich das Rot immer einnehmender über die Berge aus. Am Dhaulagiri-Massiv haben nur die obersten Spitzen eine flammend rotgelbe Farbe bekommen, als ob sie von einem Scheinwerfer angestrahlt werden. Als Höhepunkt blinkt der Schnee oben an den Spitzen in leuchtendem Rot. Die Annapurnas glänzen wie mit einer glitzernden Eisschicht überzogen. Die dichte Nebeldecke liegt unter uns, alle ihre Versuche, unseren Berg wieder einzunehmen, scheitern. Über der Wolkendecke haben wir einen Blick wie aus dem Flugzeug. Der Grat am Dhaulagiri schillert, der Tukuche Peak steckt seine glänzende, weiße Spitze hoch und die obersten Wolkenhäufchen versuchen, im Farbenspiel der Berge mitzuhalten. Fast hätten wir ganz rechts den Fishtail übersehen, an dem sich der Sonnenball über den Morgendunst geschoben hat. Mehr als fünfzig Fotos habe ich in wenigen Minuten aufgenommen. Noch kann ich nicht sagen, welches Bild die Eindrücke am besten zusammenfassen wird.

Das herbstlich gelbe Gras wird von der schräg stehenden Sonne angestrahlt, glitzert vom gefrorenen Tau und zaubert eine bizarre, zerbrechliche Winterwelt. Die Morgensonne und der Nebel im Tal verstärken den gelblichen Grundton. Einzelne Nadelbäume ragen dunkel aus dem Nebel heraus. Wen erinnert dieser Anblick nicht Caspar David Friedrichs ‚Wanderer im Nebelmeer'. Allein einzelne rote Jacken bilden auffallende und warme Farbtupfer. Fast alle Bekannten der letzten Wochen treffen wir hier oben wieder. Mit unseren drei Jungs verhelfen wir uns gegenseitig zum Erinnerungsfoto. Auch das deutsche Geschwisterpaar ist nicht zu überhören. Sie hustet noch immer besorgniserregend. Auffallend viele Japaner stehen auf dem Poon Hill. Prem grinst, er weiß schon mehr. Die Japaner haben sich gestern mit dem Hubschrauber nach Ghorepani fliegen lassen, um heute den Sonnenaufgang zu erleben.

Nach einer guten halben Stunde stehen die Berge im vollen Sonnenlicht. Die Zauberei ist vorüber. Es war ein wunderbares Schauspiel der Natur und es war die Mühe des Aufstehens und des Aufsteigens bestimmt wert. Mit etwas Wehmut und dem ersten Hungergefühl wandern wir zurück.

Im Abstieg sehen wir tatsächlich Gebetsfahnen. Sie flattern an einem kleinen Vorgipfel. Gleich danach halten uns drei Maoisten an. Die Maos rechnen wohl damit, dass die meisten ihre Unterlagen in der Lodge liegen lassen und hier noch einmal bezahlen. Wir haben aber wie immer alle wichtigen Dokumente im Rucksack bei uns. Prem zeigt ihnen unsere Quittung. Der Anführer dreht den Zettel fragend hin und her und gibt ihn dann zurück. Wahrscheinlich hätten wir ihnen auch irgendeinen anderen Beleg geben können, lesen konnten alle Drei ganz sicher nicht.

Der letzte Morgennebel hebt sich erst bei unserer Rückkehr über Ghorepani. Von oben nimmt man erst richtig wahr, wie groß dieses blaue Dorf tatsächlich ist. Viertel neun sind wir zum Frühstück zurück. Danach hören wir die Hubschrauber wieder fliegen. Bestimmt bringen sie die Japaner zurück. Wir haben Zeit für den langen Weg, der heute vor uns liegt. Zuerst müssen wir noch einmal bis auf 3.200 m hinauf, jetzt allerdings mit unserem Gepäck.

Auf dem Weg hinauf übt Prem mit uns die exakte Aussprache des nepalesischen Namens für den Fishtail. Machapuchare, immer wieder üben wir das Wort, immer wieder lacht Prem über unser Unvermögen, das CH richtig auszusprechen. Na und, dafür bekommt er das englische TH nicht über die Zunge. Somit sind wir quitt, lachen gemeinsam über uns und empfinden darüber den Weg nicht so belastend, wie er eigentlich ist. Oben angekommen haben wir genau dieselbe Höhe wie auf den Poon Hill heute Morgen erreicht, nur in die andere Richtung. Auch hier führen Steinstufen nach oben, auch hier flattern Gebetsfahnen, auch hier hat man eine wunderschöne Aussicht. Nur der Aussichtsturm und der Imbissstand fehlen. Warum trotzdem alle auf den Poon Hill laufen? Weil man den ohne Gepäck besteigen und hinterher ein wunderschönes Frühstück genießen kann.

Wir haben unsere Rucksäcke auf einer extra für die Lastenträger aufgestapelten Steinmauer abgestellt und uns auf die warme Mauer gesetzt. Jetzt lassen wir die Beine baumeln und genießen unseren warmen Tee. Gebetsfahnen flattern über unseren Köpfen, darüber grüßt die Annapurna. Es scheint, als würde sie weißen Dampf rauchen. Mit dem Morgen jedoch ist auch der Wind auf den Bergen erwacht und bläst den Schnee als Rauch über den Gipfel dieses kompakten, steilen Felsens.

Die Gebetsfahnen sind nach allen vier Seiten über das große, flache Plateau gespannt und bilden den richtigen Rahmen für die schneebedeckten Berge dahinter. Das sind die Bilder, für die Nepal bekannt ist. Ich habe viel Zeit und ich habe viele Filme, also nehme ich mir die Zeit für die Bilder. Prem bemüht sich, uns die Farben der einzelnen Fähnchen, ihre Bedeutung und ihre Reihenfolge zu erklären. Rot, grün, gelb, blau und weiß sind sie aneinander gereiht, immer wieder rot, grün, gelb, blau und weiß. Die Fähnchen flattern im Wind und wehen Prems Worte davon. Heute will ich mir die Bilder merken, den Rest kann ich zu Hause nachlesen. Von jetzt an führt der Weg nur noch bergab. Mit diesen schönen Aussichten im doppelten Sinn gehen wir weiter und es geht mir gleich viel besser.

Schon im Aufstieg sind wir an mächtigen, sehr alten Bäumen vorbeigegangen. Ihre großen, dunkelgrünen, hartlaubigen Blätter fallen auch uns Nichtbotanikern sofort auf. Normale Laubbäume haben im Herbst die Blätter bunt abgeworfen. Diese nicht, es sind Rhododendren-Bäume. Ich habe richtig gehört. Hier stehen ganze Rhododendrenwälder. Alte, knorrige Rhododendrenäste geben den beiden Annapurnagipfeln einen kontrastreichen und würdevollen Rahmen. Schwarze gegen weiße Farbe, helles gegen dunkles Licht, altes Holz gegen neuen Schnee, Vergänglichkeit gegen ewiges Eis.

Auffallend viele und schwer beladene Träger sind mit uns unterwegs. Sie haben nicht nur

Reisetaschen als Gepäck. Oft tragen sie Kochgestelle oder Kiepen voller Lebensmittel. Bergauf stehen sie uns im Weg, bergab rennen sie an uns vorbei, ständig lärmen sie laut und unangenehm. Sie benehmen sich wie eine Horde unerzogener, kleiner Jungen. Wozu schleppen sie diese Ausrüstung durch die Gegend?

Den ganzen Tag wandern wir durch einen dichten Dschungel aus Rhododendron- und Nadelbäumen. Alle Bäume scheinen sehr alt zu sein. Dazwischen wächst Bambus und am Boden dichtes Moos. Die Stämme der Rhododendrenbäume sind dick und hohl. Von den Ästen hängen Luftwurzeln von Schlingpflanzen nach unten. Wo die Sonne durch das dichte Blätterdach dringt, bildet sie weiße Streifen und lässt das Moos am Boden glitzern und funkeln. Wir wandern in einem Märchenwald. Bestimmt kommt aus der Baumhöhle dort drüben gleich ein Kobold heraus. Man hört ihn schon kichern. Und an dem Baum hier links, schaukelt da nicht eine Elfe auf einer Liane? Wie sie lieblich singt. Ständig bleiben wir stehen, um sonderbare Baumformen zu bewundern. Gern möchten wir Prem an unseren Fantasien teilhaben lassen. Wir brauchen lange, die richtigen englischen Worte zu finden, die er auch versteht. Dann schaut er uns fragend an. Wir wären doch keine kleinen Kinder mehr. Warum eigentlich nicht? In dieser verzauberten Landschaft darf man sich die kindlichen Träumereien noch bewahren.

Im schroffen Kontrast zum Dunkel des Dschungels leuchten an den Waldrändern die Schneegipfel durch die Bäume. Welches Bild ist das schönste? Bei dieser bunt gemischten, beeindruckenden Natur um mich herum müsste ich eigentlich mit größter Freude laufen. Was kann es denn Schöneres geben? Stattdessen fehlt mir der Wille zum Laufen gänzlich. Fast widerwillig bin ich heute Morgen losgelaufen und es geht mir auch den Tag über nicht besser. Zur schmerzenden Achillessehne kommen jetzt auch noch Probleme mit der rechten großen Zehe, dem rechten Zehengrundgelenk, dem linken Senkfuß und dem linken Knie. Ich spüre deutlich, dass sich mein ganzer Körper gegen das steile Bergablaufen mit dem schweren Rucksack beschwert und wehrt. Es wird ihm nichts nützen. Hier müssen wir gemeinsam durch, mein Kopf und mein Körper.

Sehr lange geht es in einer feuchten Rinne steil bergab. Ich habe kaum noch Zeit für einen Blick auf die Bäume um mich herum, unablässig muss ich auf den nassen Weg achten. Dieser Teil des Weges nennt sich nicht grundlos „Steep Stone Step". Angeblich führen eintausend Steinstufen nach unten. Ich habe sie nicht gezählt, ihre Anzahl ist mir egal, wenn sie nur bald zu Ende wären. Jede Stufe hat eine andere Länge und Höhe, ein rhythmisches Gehen ist nicht möglich. Ich habe große Angst, vorwärts die Stufen hinunter zu stolpern. Die Treppenstufen führen in eine steile, tiefe Schlucht. Unser Weg liegt im Schatten, nur die helle Felswand links von uns wird warm von der Sonne angestrahlt. Dazwischen gurgelt ein kleiner Bergbach sein Lied nach unten. Mir ist nicht nach singen zumute. Wenn wir nur endlich unten wären.

Doch sieh mal da! Auf der anderen Seite des Bergbaches leuchtet die Sonne einen bemoosten Fleck wärmend an. Über und über ist das Moos mit kleinen blauen Blümchen besteckt, die jetzt silbrig glänzen. Umständlich versuche ich, die Blumen zu fotografieren.

Sie sind leider viel zu weit weg. Prem schüttelt den Kopf und nimmt mir meine Kamera weg. Noch bevor ich wirklich protestieren kann, ist er mit der Kamera in der Hand halsbrecherisch über die rutschigen Steine im Bach ans andere Ufer gelaufen. Blaue Blümchen auf glitzerndem Moos, Prem gelingt ein wunderschönes Foto. Auch die Kamera kommt trocken wieder zu mir zurück. Kurz danach haben wir den steilsten Teil des Abstiegs endlich hinter uns.

In Banthanti, das eigentlich nur aus zwei Lodges besteht, machen wir Mittagspause. Kurz nach uns kommt eine Gruppen von zwölf Koreanern, die sich an den Nachbartisch setzt. Jetzt erklärt sich auch, was es mit den Trägern auf sich hat. Koreaner und Japaner wandern hier in den niedrigeren Regionen des Annapurna-Gebietes mit eigener Service-Mannschaft. Die Träger transportieren alle erforderliche Ausrüstung, dazu hat jede Gruppe einen eigenen Koch und Hilfsköche. Die meisten Lodges im südlichen Annapurna-Gebiet halten eine zweite Küche für diese organisierten Gruppen vor. Sogar auf der Preisliste in der Liste der Zimmer steht die Küche mit drauf. Für uns ist ein solches Trekking unvorstellbar. Die Koreaner bekommen original koreanisches Mittagessen mit Stäbchen serviert.

Es sind noch eineinhalb Stunden bis Tadapani, erklärt Prem beim Weitergehen. Die werden wir auch noch schaffen, spreche ich mir Mut zu. Fünfzehn Minuten gehen wir nochmals recht steil bergab, weitere dreißig Minuten wieder steil bergauf. Dann stehen wir vor dem „Panorama Point" Hotel in Tadapani. Da hat unser Prem doch ganz schön mit Gehzeit gemogelt. „Ihr sollt Euch doch freuen, dass wir so schnell am Ziel sind." Tatsächlich dringt ein Fünkchen Freude durch meinen Unwillen hindurch. Unser Tagesziel ist erreicht, an Weiterlaufen muss ich erst morgen früh wieder denken.

Der Ort Tadapani liegt oben auf einem Bergkamm. Dicker Nebel hat sich schon über das Tal ausgebreitet und die Häuser eingehüllt. So dunkel und verhangen wirkt das Dorf kalt und abweisend. Die ofengeheizte Dusche ist wunderschön warm. Nur anziehen muss man sich draußen, weil es drinnen einfach zu eng ist. Kaum habe ich mich unter der Dusche aufgewärmt, wird mir beim Anziehen schon wieder kalt. Zu Kaffee und heißer Schokolade lädt uns Prem deshalb in die Küche ein. Im Aufenthaltsraum ist noch nicht geheizt, in der Küche ist es dagegen schön warm. Der große Ofen, wie in Ghorepani aus einem alten Fass gebaut, heizt die geräumige Küche angenehm ein. Wir lümmeln auf einer breiten Bank am Rand und schauen dem Treiben zu.

In der Hoffnung, dass es von der Heizung etwas überschlagen und nicht ganz so kalt ist, haben wir uns für das Zimmer über dem Aufenthaltsraum entschieden. Hoffentlich ist das kein Fehler, denn draußen kommen die Träger der Koreaner. Die ziehen also auch in unsere Lodge ein. Ich weiß noch nicht, was das für uns bedeuten wird. Wird es laut und unruhig? Werden wir später Essen bekommen? Mit Reisegruppen jeder Art habe ich immer ein ungutes Gefühl. Oft sind sie laut, aufgeregt und taktlos. Ich fühle mich von ihnen an den Rand gedrängt, als unwichtig und nebensächlich weggeschoben. Jede Art von Gruppenzwang ist mir unangenehm, mir fehlt dabei das Individuelle. Ich bin in der Lage,

mir selbst eine Meinung zu bilden. Deshalb habe ich es gern, mich selbst entscheiden zu dürfen. So oft im Leben muss man auf andere Rücksicht nehmen, und sei es nur auf den Mann und die eigenen Kinder. Wenigstens in diesem Urlaub will ich nicht zurückstecken und verzichten müssen. Das hat in all den Tagen auf der Tour bisher so wunderbar geklappt, ich will, dass es bis zum Ende angenehm bleibt.
Als wir aufbrechen, um uns im Ort noch einmal umzusehen, protestiert die ansonsten sehr freundliche Chefin. Sie hat gerade einen Gluteimer im Aufenthaltsraum unter den Tisch gestellt. Jetzt wird es dort gleich schön warm, da können wir doch nicht in diese feuchte Kälte hinausgehen. Eigentlich hat sie Recht. Die Souvenirstände haben alle ein ähnliches Angebot. Spätestens seit Ghorepani haben wir nichts Neues und Interessantes mehr gesehen. Bunte Wollmützen, kleine Edelsteine und wertlosen Kitsch gibt es in vielen nutzlosen Varianten. Warum sollen wir diesen Firlefanz durchs Gebirge schleppen. Trotz des unangenehmen Wetters sind viele Touristen unterwegs. Zur Freude der nepalesischen Frauen an den Ständen kaufen sie auch reichlich ein. Uns treibt das düstere, nasskalte Wetter schnell zurück in die Lodge und in den geheizten Aufenthaltsraum.
Die Koreaner haben neben ihrem eigenen Koch noch fünf Hilfsköche mitgebracht. Sie nutzen die zweite Küche, also müssen wir uns keine Sorgen um unser Essen machen. Trotzdem schmecken meine Nudeln heute nicht. Ob man auch hier solche Baumtomaten verarbeitet hat? Diesen süßlichen Geschmack kann ich nicht zuordnen, auch reichliches Nachsalzen verbessert das Gericht nicht. Am Tisch nebenan bekommen die Koreaner gleich nach uns ihr eigenes Essen. Wir hatten es nicht anders erwartet, wieder hat das Essen nichts von der regionalen Küche hier. So verlockend sieht es allerdings auch nicht aus, dass wir neidisch werden könnten. Zum Essen trinken sie Bier und werden immer lauter. Schon machen wir uns Sorge um unsere Nachtruhe. Nichts ist schlimmer als eine betrunkene Gruppe, die unter unserem Zimmer lärmt. Nach dem Essen machen mehrere Flaschen Whisky die Runde unter den Koreanern. Missbilligend aber hilflos schauen wir uns an, wir können es nicht ändern. Doch was ist das? Keine viertel Stunde später kippt der erste Koreaner mit der Stirn auf den Tisch und schläft tief und fest. Erst jetzt fällt mir ein, dass fast alle Asiaten keinen Alkohol vertragen. Ihnen fehlt wohl ein Enzym, das den Alkohol abbaut. Binnen weniger Minuten schläft die gesamte koreanische Reisegruppe am Tisch ein. Ihr Reiseleiter bemüht sich recht erfolglos, sie einzeln auf ihre Zimmer zu schaffen. Es ist erst kurz nach acht, aber schon herrscht wunderbar friedliche Ruhe. Auch wir gehen schlafen.
Die Wände zwischen den Zimmern sind nur aus Holz und so undicht, dass die Stirnlampe der Gäste von nebenan auch unser Zimmer gut ausleuchtet. Dass auch die Liebe der Nachbarn gut zu hören ist, betrachten wir als Urlaubserlebnis und schmunzeln in uns hinein.

23.11.2005, Mittwoch Tadapani - Ghandruk (1.940m)

Prem hat diese Nacht zum ersten Mal ein eigenes Zimmer. Ganz stolz will er es uns zeigen und wir erschrecken entsetzt. Man hat ihm doch tatsächlich die Besenkammer gegeben. In den winzigen, länglichen Raum passt die schmale Liege gerade so hinein. Prem muss sich an der Wand entlang schieben, um auf sein Bett zu kommen. An einer Schmalseite ist ein winziges Fenster. Die Dachschräge macht das Zimmer noch kleiner. Und geschlafen hat er wahrscheinlich gar nicht, denn das Zimmer liegt über dem Aufenthaltsraum, an der Haupttreppe und an der Treppe in den Aufenthaltsraum. Immer, wenn jemand irgendeine Treppe hoch oder runter geht, steht Prem im Bett. Aber er ist so stolz auf sein eigenes Zimmer. Da erträgt er auch die Müdigkeit heute.

Die Koreaner sind schon seit sechs Uhr wach und poltern, der Rauch des Küchenofens zieht direkt zu uns ins Zimmer. Schlafen können wir unter diesen Umständen sowieso nicht mehr, also stehen wir auf. Hier haben wir kein eigenes Bad am Zimmer, also müssen wir draußen mit den Trägern der Koreaner an einer Tränke unsere Zähne putzen. Die Luft ist noch unangenehm kühl, die Träger sind schon unpassend laut. Der Tag fängt schon mit Unbehagen an. Wenigstens geben Annapurna South und Fishtail mit ihren von Wolken umspielten Gipfeln einen sehenswerten Sonnenaufgang ab. Zum Frühstück lädt uns Prem in die warme Küche. Das tut gut und entschädigt für den unangenehmen Morgen.

Mein linkes Knie hat über Nacht entschieden, dass es ab heute in den Streik tritt. Ich versuche es mit Schlichtungsgesprächen, dehne den Oberschenkel ausgiebig und schlucke eine entzündungshemmende Diclophenac-Tablette. Das Knie willigt ein und gewährt mir noch zwei Tage Galgenfrist bis Pokhara.

Auch heute führt der Weg durch unseren Märchenwald. Der Dschungel aus alten Rhododendrenbäume bildet noch einmal sein dichtes Blätterdach über uns. Beeindruckend, wie schräge Lichtstrahlen, herunterhängende Luftwurzeln und glitzerndes Moos den Wald verzaubern. Verschiedene Farne hängen von einem schrägen Ast herunter, die Sonne scheint hinein und erzeugt ein grünes Leuchten in allen Farbvariationen. Bemooste Bäume und alte, hohle Baumstämme sind das Ausgangsmaterial für viele, tolle Phantasiefiguren. Vögel zwitschern, Blätter rauschen, Wasser plätschert. Singt da nicht jemand leise? Schaukelt dort nicht eine Schlingpflanze?

Ein Kuckuck hat sich einen blattlosen Baum zum Singen ausgesucht. Wir können den großen Vogel deutlich erkennen, den schwarzen Kopf, die hellgraue Brust und den dunklen Schwanz. Nach dem ersten Stück bergab geht es auf glatten Steinstufen wieder bergauf. Knapp zwei Stunden sind wir unterwegs, als der abrupt Wald endet. Wir stehen wir am Beginn eines Ortes und machen Rast. Erneut ist es Zeit für mich, für den weiteren Weg meine Leggings unter der Berghose auszuziehen. Prem schaut mir zu und lächelt so verschmitzt. Als ich fertig bin, frage ich ihn, was daran so lustig ist. „Das ist Ghandruk, wir sind in fünfzehn Minuten im Hotel." Wahrlich, die Mühe jetzt und hier hätte ich mir sparen können.

Durch den Ort führt ein gepflasterter Weg, knapp zwei Meter breit. Daneben ist jedes Grundstück von einer Steinmauer umgrenzt. Der Weg schlängelt sich zwischen den Häusern hindurch, mal links herum, mal rechts herum. Gerade so, wie die Gebäude im Laufe der Jahre entstanden sind. Als Prem stoppt, steht links von uns am Ende eines großen, länglichen Grundstücks ein vierstöckiger, moderner und gepflegter Hotelbau mit Flachdach. Der Baustil, in dem in Kathmandu und Pokhara viele Häuser gebaut werden, passt selbst beim besten Willen hier nicht in die Landschaft. Es ist unser „Annapurna Guest House". Drinnen ist alles auf große Gästegruppen vorbereitet. Im Erdgeschoss gibt es einen großen Aufenthaltsraum mit Fernseher, die Küche und eine richtige Rezeption, die sich am Abend in eine Bar verwandelt. Die Zimmer in den Etagen darüber haben alle ein eigenes Bad und an der Außenseite einen Balkon. Man bemüht sich offensichtlich und erfolgreich um europäischen Standard oder zumindest um das, was die Nepali für europäisch halten. Wir entscheiden uns für ein Eckzimmer ganz oben, ziehen uns um und genießen in der Sonne vor dem Hotel jeder einen Milchkaffee.

Zwei Tische weiter sitzen die vier deutschen Herren aus Tatopani. Sie sehen noch immer nicht passender aus. Ihre vier Flaschen Bier bestärken für uns ihren unsportlichen Eindruck.

Neben dem Hauptweg ist der Ort noch sehr ursprünglich und von der Landwirtschaft geprägt. Wir bitten Prem, uns auf eine große Runde durch das Dorf zu begleiten. Während wir durch verwinkelte Gassen streifen, erzählt er uns über die Menschen. Hier lebt das Volk der Gurung. Diese Menschen sind sehr freundlich, nett und aufgeschlossen, aber manchmal etwas beschämt. Es ist interessant und überzeugend, wenn Prem uns die Arbeit der Menschen erklären kann. Wer hätte zum Beispiel gedacht, dass Feigenbäume in Nepal nicht wegen der Früchte gepflegt werden. Die Früchte wachsen das ganze Jahr über und höchstens die Kinder naschen daran. Im Winter werden die Äste der Bäume wegen der großen Blätter abgeschnitten und an die Tiere verfüttert. Im Frühjahr wachsen neue Äste mit neuen großen Blättern. In diese hinteren Teil des Ortes verlaufen sich selten ein paar Touristen. Die Gebäude sehen alle ähnlich und zweckmäßig aus. Beide Etagen der zweistöckigen Häuser sind aus Stein gemauert und weiß gestrichen. Die Spitzdächer wurden mit große Schieferplatten gedeckt. Verschlungene Wege führen im Zickzack zu den einzelnen Höfen. Hirse, Reis, Weizen, Mais, verschiedene Wurzeln und grünes Gemüse liegen zum Trocknen aus. Das Getreide wird mit langen Stöcken gedroschen und danach auf großen, flachen Reisstrohschalen gereinigt. Wie zum Beweis für die Nutzung der Feigenbäume schneidet eine Frau Äste von den Feigenbäumen. Die Menschen lächeln, wir dürfen ihnen bei der Arbeit zuschauen. Eine junge Frau webt kleine quadratische

Teppiche von Hand. Wir haben diese Teppiche schon in den Lodges als Stuhlkissen gesehen. Minutenlang warten wir, bis eine Reihe Teppichknoten fertig ist. Dann erzählt sie uns stolz, dass sie für einen Teppich knapp einen Euro bekommt. Wir schauen uns fragend an. Sind diese Menschen arm? Sie leben unter einfachsten Verhältnissen, sie arbeiten hart. Aber sie sind glücklich und zufrieden. Diese Menschen fühlen sich gebraucht und nützlich. Unser Begriff von Armut lässt sich in Nepal nicht verwenden.
Auf dem Rückweg zeigt uns Prem auf einer Anhöhe etwas außerhalb des Ortes einstöckige Ruinen. Hier stand einmal eine Krankenstation für die gesamte Region. Die Maos haben sie überfallen, alle Menschen getötet und die Station niedergebrannt. Danach traute sich keiner mehr, die Station wieder aufzubauen Jetzt gibt es keine medizinische Versorgung mehr für die Menschen hier in den Bergen. Plötzlich ist der Krieg mit den Maoisten auch für uns ganz nah und erlebbar. Ängstlich schauen wir uns um, ob nicht jemand kommt. Nein, hier kommt keiner mehr, die Maos haben die Menschen zu tief verängstigt. Beim Umschauen stellen wir fest, dass das hier eigentlich der schönste Platz im Ort ist. Über die Wiese weht ein leichter Wind, die Sonne wärmt angenehm und das ganze Tal ist zu überschauen. Tief unten fließt der Fluss, auf der anderen Bergseite führt ein zweiter Wanderweg entlang, bunte Lodges reihen sich an ihm auf. Darüber stehen vor uns der Fishtail und links die Annapurna South so prächtig, dass man hier länger verweilen möchte. Das ist kein Platz für Krieg und Mord.
Vom Rand der Wiese können wir den gesamten Ort, das Tal und den morgigen Weg nach unten einsehen. Ghandruk ist für alles, was wir bisher von Nepal gesehen haben, eher ein untypischer Anblick, wenn auch ein angenehmer und schöner. Alle Häuser, Wege, Gärten und Plätze sind sauber und gepflegt. Es gibt keine Schmutzecken, keine halb verfallenen Behausungen, keine halbherzigen Reparaturen, keinen verbrannten Abfall. Weiße Häuser mit grau gedeckten Spitzdächern leuchten in der Sonne zwischen braunen, abgeernteten Feldern, hellem Stroh und einzelnen grünen Bäumen. Der Ort schmiegt sich an den steilen Hang, der Fluss fließt erst neunhundert Höhenmeter weiter unten. Mühsam aber sorgfältig ziehen die Terrassen gerade Linien in den Hang. Nur das allerletzte Ende des Tals bleibt im Dunst verborgen.
Um eins sind wir wieder im Hotel. Die Wolken haben sich zugezogen, Berge und Sonne sind nicht mehr zu sehen. Das Mittagessen nehmen wir noch im Vorgarten zu uns, dann versuchen wir es mit der Dusche drinnen. Das Zimmer empfinde ich als nasskalt, die Dusche wird auch nach langem Durchlaufen nur lauwarm. Morgen sind wir in Pokhara, morgen gibt es bestimmt eine richtig warme Dusche und ein angenehm warmes Zimmer.
Halb drei zum Vesper setzen wir uns schon ins Haus, draußen ist es unangenehm feucht und kühl. Prem sitzt bei uns, wir bestellen drei Milchkaffee für alle. Auf dem Tisch stehen kunstvoll gefaltete Stoffservietten. Bisher kannte Prem nur Servietten aus Papier. Vorsichtig falten wir eine Serviette auseinander und versuchen, uns die Falttechnik zu merken. Es klappt natürlich nicht. Also falten wir noch eine Serviette auseinander und bekommen auch diese nicht wieder aufgestellt. Die Chefin des Hauses lacht, kommt zu

uns und erklärt die Falttechnik. Eine ganze Weile muss Prem üben, bis er sich endlich die Handgriffe gemerkt hat. Aber dann! Dann faltet er stundenlang und mit kindlicher Begeisterung Stoffservietten.

Ein zweiter Guide setzt sich zu uns. Prem begrüßt ihn lange, aufgeregt und voller Freude. Es ist sein Trekking-Lehrer. Bei diesem Guide hat Prem zuerst als Träger gearbeitet und dann die Grundregeln des Arbeitens als Führer erlernt. Die beiden unterhalten sich ausführlich, angeregt und intensiv. Der Ältere ist noch kleiner als Prem. Sein Gesicht ist rund und vom rauen Leben gezeichnet. Doch die Falten um Mund und Augen zeigen, dass er gern und oft lacht. Er hat ein freundliches, fröhliches Gesicht. Und obendrüber trägt er selbst im Zimmer eine putzige, rosabunte, selbst gestrickte Mütze auf dem Kopf. Ich verstehe nicht ein Wort von dem, was die beiden sprechen. Selbst an ihren Gesten ist nicht zu erkennen, worüber sie sich unterhalten. So beobachte ich die beiden in ihrem Verhältnis zueinander. Prem ist ein guter Zuhörer. Er lässt den anderen aussprechen, fällt ihm nicht ins Wort, auch wenn er anderer Meinung ist. Selbst dann widerspricht er nicht einfach. Prem fragt vorsichtig nach. Erst zuletzt erklärt und begründet er seine andere Vorstellung. Wird er etwas gefragt, antwortet er ruhig und geduldig und immer mit deutlicher Achtung vor dem anderen. Für mich ist es kein Bild von Lehrer und Schüler, kein Verhältnis wie Vater und Sohn. Hier stehen sich zwei ebenbürtige Guides gegenüber. Fast meine ich, dass Prem das umfangreichere und speziellere Wissen angesammelt hat, von dem er auf Nachfrage gern abgibt. Ich bin stolz auf unseren Prem.

Am frühen Nachmittag haben die Küchenjungen etwas Zeit. Wir unterhalten uns über die unterschiedlichen Essgewohnheiten in Nepal und in Europa. Ich versuche ihnen zu erklären, dass man in Deutschland zuerst entscheidet, welches Fleisch es zu essen gibt. Danach werden dazu passend Reis oder Kartoffeln und das Gemüse ausgewählt. Wie beim Dhal-Bat der Reis in der Mitte liegt, so liegt bei uns das Fleisch mitten auf dem Teller. Die Jungen schütteln aufgeregt den Kopf. Nein, nein, Fleisch gibt es doch immer nur je nach Saison und nur als besondere Beilage. Sie schauen mich so ungläubig an. Jetzt denken sie sich wohl, dass wir in Europa sehr reich sein müssen, wenn wir jeden Tag Fleisch essen können. Bevor ich ihnen mühsam erkläre, dass das alles eine Frage der Lebensweise und ihr Essen viel gesünder und deshalb besser ist, beenden wir lieber das Thema.

Wir haben zum ersten Mal in diesem Urlaub Langeweile. Ich hatte in einem Reiseführer gelesen, dass es über dem Ort einen ganz besonderen Tempel geben soll. Eigentlich haben wir von Tempeln genug und vom Laufen sowieso. Aber bevor wir den restlichen Nachmittag gelangweilt im Hotel sitzen, packt Mario unsere Regenjacken und etwas zu trinken in den Rucksack und wir machen uns auf den Weg. Durch die verwinkelten Wege und mehrfach über Stufen hoch steigen wir durch den Ort bergauf. Eine Schar Kinder kommt uns entgegen. Sie haben in der Schule Windräder gebaut und freuen sich jetzt, wie sich die Räder drehen. Im Stillen denke ich mir: „Hoffentlich bauen sie später nicht hier in den Bergen große Windräder.“ Mir ist es egal, ob Windräder natürliche Energie erzeugen. Ich mag sie nicht, weil sie den Blick auf die Landschaft zerstören. Überall in Deutschland

dreht es einem vor den Augen, wenn man die Landschaft genießen will.
Auch nach dem Ort brauchen wir nur den Stufen aufwärts zu folgen. In großen Bögen schlängelt sich der gestufte Weg nach oben. Mehrmals bleiben wir stehen und überlegen, ob wir nicht wieder umdrehen sollten. Vielleicht gibt es den Tempel gar nicht. Doch wozu dienen dann diese Stufen? Gepflasterte Wege führen in Nepal immer zu einem Ziel. Wir schnaufen also weiter bergauf. Beim Umdrehen erhoffe ich mir einen kleinen, motivierenden Blick auf die Berge. Die Wolken könnten bitte extra für mich ein wenig aufreißen und einen romantischen Blick auf die Berge freigeben. Doch es gibt keine Motivation, keine Belobigung fürs fleißige Bergaufsteigen. Es gibt nur Stufen. Nach zweihundertfünfzig Höhenmetern und fünfundvierzig Minuten stehen wir völlig durchgeschwitzt vor einem winzigen, kleinen, buddhistischen Tempel. Wozu haben wir geduscht? Der Tempel ist kaum zwei mal zwei Meter groß, aus weißem Stein und weinrotem Holz und hat ein Spitzdach. Innen hängen rote und weiße Bänder von der Decke. Auf kleinen Bords an den Wänden sind kupferne Vasen und Öllämpchen aufgestellt. Auf der steinernen Terrasse vor dem Tempel steht ein hölzerner stilisierter Torbogen, der mehr an ein Gerüst für eine Schaukel erinnert. Am Querbalken sind drei Glocken festgebunden. Wenn man jetzt die Berge sehen könnte, was ergäbe das für ein aufregendes, den Mühen des Aufstiegs wenigstens ein bisschen angemessenes Bild. Stattdessen umgeben uns nur düstere Wolken, keine Aussicht auf Aussicht. Am Rand der kleinen Hochebene steht ein Hinweisschild, dass hier einmal ein buddhistisches Kloster entstehen soll. Im Gestrüpp schräg hinter dem Tempel hängt eine weinrote Fahne mit einem goldenen, sechszackigen Stern Was immer sie bedeuten möge? Wir ziehen unsere Regenjacken an und laufen all die Stufen wieder hinunter. Meinem Knie tut das überhaupt nicht gut, meiner Hüfte und meiner großen Zehe auch nicht. Unter wolken verhangenem Himmel kann man sich diesen Ausflug wirklich sparen. Bei guter Sicht ist die Tour sicher die Schmerzen wert.
Erst als wir wieder im Hotel ankommen, putzt sich die Annapurna noch einmal heraus. Wolkenumwoben strahlt sie rotgelb im letzten Abendlicht. Die Kontraste und Konturen sind am Abend nicht weniger scharf als heute morgen beim Sonnenaufgang.
Im Aufenthaltsraum ist es voll geworden. Das Fernsehen spielt schnulzige Musik, für die wir entweder aus dem falschen Kulturkreis kommen oder das falsche Alter haben. Prem sitzt und glotzt hypnotisiert in den Fernseher. Wir schmunzeln und lassen ihm seine Freude. Wann kann er schon einmal Fernsehen? Zu Hause hat er bestimmt keinen Fernseher, es reicht ja nicht einmal für ein Radio. An einer großen Tafel im hinteren Teil des Raumes sitzt eine japanische Gruppe, die sich von den Koreanern gestern nur dadurch unterscheidet, dass sie sich deutlich leiser unterhalten. Wozu brauche ich einen eigenen Koch, eine eigene Mannschaft und eigenes Essen? Den Japanern entgeht das vorzügliche „Roast Chicken", das wir zum Abendbrot verspeisen. Über Mittag kam ein Träger mit einem vierstöckigen Tragegestell voller gackernder Hühner. Einige davon wanderten in unser Hotel. Wir können uns also sicher sein, dass das Hühnerfleisch ganz frisch ist, sonst hätten wir sicher verzichtet. Dank Prems Kochkünsten erfahren wir auch, wie man dieses

vorzügliche, gebackene Hühnchen zubereitet: Ein halbes Hühnchen wird ohne Salz weich gekocht. In der Zwischenzeit bereitet man eine Panade aus Sojasoße, Hühnerbrühe, Reis- oder Maismehl, Ei und Öl zu. Das Huhn wird in der Panade gewälzt und dann in einer tiefen Pfanne voll heißem Öl noch einmal sehr heiß ausgebacken. „Lecker".

Am Abend hat Prem einmal mehr seinen wehleidigen Tag. Er erzählt uns lange und voller Hochachtung von seinem Lehrer und schlussfolgert dann, dass er noch so viel lernen muss aber doch nie so gut werden wird wie er. Ich frage mich ernsthaft, ob Prem an Minderwertigkeitskomplexen leidet. Leider oder zum Glück fehlt mir die englische Übersetzung für „Du spinnt wohl.". So erzähle ich ihm mit weniger drastischen Worten meine Eindrücke von seinem Gespräch heute Nachmittag. Erstaunt und freudig schaut er mich an. „Meinst Du das wirklich?". Aber sicher, Prem. Wir reden noch lange über Charaktereigenschaften eines guten Menschen und können zuschauen, wie Prems Selbstwertgefühl wächst.

Es ist unser letzter Abend auf der Tour. Morgen Abend werden wir wieder in Pokhara sein. Zwiespältige Gefühle kommen in mir auf. Das Trekking war ein Erlebnis, auf das ich in meinen Erinnerungen auf keinen Fall verzichten möchte. Schon heute weiß ich, dass diese Eindrücke meine Maßstäbe gravierend verändert haben und mein Leben lang weiter beeinflussen werden. Ich habe aber auch erkannt, dass ich mein Leben in unserer europäischen Kultur und Zivilisation nicht länger entbehren möchte. Dieses Trekking wird mir immer eine Erfahrung bleiben. Trotzdem will ich kein halbes Jahr hier verbringen und erst recht nicht hier leben. Bevor uns wirklich noch Wehmut überkommt, krame ich ganz unten aus dem Rucksack eine Rolle Viba-Nougat heraus und überrasche meine Beiden mit der besonderen Leckerei. Der Nougat ist tatsächlich die ganze Runde mit uns gewandert. Ich muss auf Nachfrage allerdings zugeben, dass ich ihn zwischendurch vergessen hatte, sonst gäbe es ihn bestimmt nicht mehr. Wir teilen den Nougat unter uns auf, lassen ihn auf der Zunge zergehen und nehmen diese süße und anschmiegsame Stimmung mit ins Bett.

24.11.2005, Donnerstag Ghandruk - Birethanti (1.025m) - Pokhara

Mein vorletztes Bergfoto von der Tour zeigt die Annapurna South beim Sonnenaufgang, wunderschön rot und mit Schleierwolken dekoriert. Das letzte Foto beim Loslaufen gilt der Bergkulisse insgesamt. Am neuen Chorten am Ortsausgang prangen maoistische Losungen. ‚Heartly Welcome to all International Guests! Long live marxism-leninism-maoism & prachanon path' Obwohl die Annapurna einladend und wolkenfrei durch den Torbogen grüßt, läuft mir ein kalter Schauer den Rücken hinunter. Ich erinnere mich an die zerstörte Krankenstation und ich fühle mich unwohl beim Lesen der Worte. Dahinter sitzen vier Schulkinder und lächeln uns freundlich zu. Ihre Rotznasen glitzern in der Morgensonne. Die Kinder sind glücklich und zufrieden. Sie wissen nicht von den politischen Problemen oder sie kennen es nicht anders.

Die folgenden neunhundert Höhenmeter bergab geben meinen Gelenken den Rest. Abwärts geht es nur in steinernen Stufen. Die waagerechten Wegstücke sind mit großen Steinen gepflastert. Vergebens erhoffe ich mir weichen Waldboden. Blühende Kirschbäume und gepflegte Terrassenfelder wollen mich mit ihrem Anblick entschädigen, schaffen es aber nicht. Murrend und mit schmerzverzerrtem Gesicht trotte ich hinter Prem und Mario hinterher. Die beiden brauchen meine Dolmetschertätigkeit schon lange nicht mehr. Sie unterhalten sich gestenreich und sind so sehr mit sich beschäftigt, dass ihnen mein schlechter Gemütszustand gar nicht auffällt. Ich bin froh darüber. So muss ich nicht mühsam lächeln, nur um ihnen nicht den schönen Tag zu verderben.

In einem großen Gehöft am Weg schauen wir einem kleinen Jungen bei der Arbeit zu. Er mahlt Mais an einer wassergetrieben Mais-Mühle. Nebenan rattert in der Scheune ein Einzylinder-Glühkolbenmotor von Lanz-Bulldog und schrotet Mais. Stolz zeigt uns der Mann die Maschine, bedient wird sie von seiner Frau. Maiskolben hängen an der Decke, überall liegt Stroh, dazwischen steht ein Benzinkanister und die Verbrennungsmaschine. Brandschutz gibt es noch nicht. Ich bleibe sicherheitshalber gleich im Türrahmen stehen.

Endlich sind wir unten am Fluss. Endlich! Mir reicht es wirklich, ich habe genug vom Trekking, ich will nicht mehr. Wir müssen nur noch am Fluss entlang nach Birethanti laufen. Dann fahren wir mit dem Taxi ins Hotel nach Pokhara. Vier Wochen Trekking sind sehr lang. Tausende Bilder und Eindrücke hätten viele Urlaube zum Erlebnis werden lassen. Ein allerletzter Blick fällt zurück auf die Annapurna, Bananenstauden spenden uns Schatten. Zügig gehen wir vorwärts.

Schon in Birethanti holt uns die nepalesische Normalität wieder ein. Der Ort wird mit jedem Meter schmutziger und ungepflegter. Nach den Hotels und Restaurants gibt es nur noch Baracken und schmutzige Hütten. Die Slums sind wieder da. Schmutzige Frauen mit schmutzigen Kindern hocken im Schlamm und versuchen, fragwürdige Souvenirs aller Art zu verkaufen. Ich belasse es beim Nase rümpfen und stapfe zielstrebig geradeaus. Nur weg hier, das will ich nicht sehen.

Noch einmal geht es kurz aber sehr steil bergauf, dann stehen wir unvermittelt an einer Straße. Eine lange Reihe alter, zerbeulter und allesamt winziger Autos wartet am Straßenrand. Es sind die Taxis. Das System des Taxi-Mietens funktioniert wohl ähnlich wie bei einem Zuhälter. Prem verhandelt mit einem Mann, der sehr wichtig tut. Dieser wiederum vergibt die Aufträge an die einzelnen Taxis und bekommt dafür vermutlich einen Großteil des Geldes. Das erste Taxi ist viel zu klein für uns Drei und drei große Rucksäcke. Wiederum wird lange und intensiv verhandelt. Ich prüfe die Taxis am Straßenrand. Keines erscheint mir groß genug, um uns nach Pokhara zu transportieren. Dann fährt ein zweites Taxi vor und tatsächlich passen unsere beiden Rucksäcke in den Kofferraum. Mario und ich setzen uns wie gewohnt hinten hin. Prems Rucksack kommt in unsere Mitte. Inzwischen ist die Fahrt mit dem Taxi für uns schon fast erträglich, an vieles haben wir uns in diesem Urlaub gewöhnt, es erschreckt und ekelt uns kaum noch. Trotzdem sind wir froh, als wir nach reichlich einer Stunde in Pokhara aussteigen können.

25. – 27.11.2005, Freitag – Sonntag Pokhara

Die Tage in Pokhara verbringen wir ziellos und ohne Ansprüche. Wir lassen uns durch die Geschäfte treiben, bewundern nepalesische Teppiche, Stickereien, Papierwaren, Kalender und Tücher und kaufen weit mehr, als unser Fluggepäck wiegen darf. Beim Blättern im Reiseführer, den wir im Hotel in unseren Taschen gelassen hatten, fällt Mario ein Satz zur Uhrzeit auf. „Die nepalesische Zeit ist 4:45 Stunden vor der mitteleuropäischen Winterzeit." Jetzt endlich erklärt sich, warum wir immer eine Viertelstunde zu zeitig waren. Wir hatten bei der Ankunft am Flughafen in Kathmandu die Uhr um fünf Stunden vorgestellt. Eine so krumme Zeit kann man sich doch nicht vorstellen, wer denkt sich denn so einen Unsinn aus? Mir fällt dazu nur die Bahnsteignummerierung bei Harry Potter ein: Neundreiviertel. Nepal ist doch eine andere Welt.
Zum Vesper faulenzen wir im Garten der German Bakery am Ufer des Fewa-Sees mit zwei großen Gläsern Milchkaffee und nepalesischer Schwarzwälder Kirschtorte. Daneben hat man eine so eine Schaukel aus vier Bambusrohren aufgebaut, wie wir sie zum Festival für die Kinder gesehen haben. Den Kindern gleich setze ich mich auf die Schaukel und lasse mich im Wind wiegen. Auf dem spiegelglatten Fewa-See schwimmen kleine Boote. Blühende Blumen im Garten davor und die Bergkette mit der Friedens-Stupa am anderen Seeufer ergänzen das idyllische Paradies. Am Abend im Restaurant bestellen wir uns wie vor der Tour Rumpsteak und Pizza. Bei einem Ausflug in die Innenstadt von Pokhara geraten wir in eine Demonstration der Maoisten und ziehen uns deshalb vorzeitig zurück. Natürlich lassen wir uns auch mit dem Boot über den Fewa-See bringen und bewundern die große weiß-goldene Friedens-Stupa auf dem Berg. Wir starten zeitig am Morgen, so haben wir die Stupa noch ganz für uns allein und einen beeindruckenden Blick über die Stadt und die Berge. Das Touristenviertel Lake-Side wirkt von oben wie ein kleiner Vorort der unendlich großen Stadt.
Auf der Suche nach dem gepriesenen „Lokal Wine"[1] werden wir erst im dritten Restaurant fündig. Zweifelnd schaut uns der Kellner an, als ob er mein Englisch schlecht verstanden hätte. Als er uns die zwei großen Gläser mit einer hellen Flüssigkeit bringt, sieht er uns immer noch so fragend an. Wir kosten vorsichtig und verstehen endlich den Kell-

[1] Lokaler Wein

ner. Was ist das? Das schmeckt scheußlich. In den Gläsern ist lauwarmes Wasser mit einem kleinen Schluck billigem Whisky. Wir bezahlen unser Lehrgeld, jetzt schmunzelt der Kellner.

Für einen Abend hat uns Prem zu sich nach Hause zum Essen eingeladen. Während der Tour hat er immer wieder davon geschwärmt, wie gern und gut er zu Hause kocht. Jetzt werden wir seine Kochkünste bewundern dürfen. Zuerst aber wollen wir als gute Gäste und als besondere Geste ein ganz persönliches Geschenk für ihn kaufen. Unsere Überlegung erweist sich als schwierig. Das Problem ist nicht, dass uns keine prima Idee kommen würde. Wir sind uns sofort einig, dass wir Prem einen eigenen, guten Schlafsack kaufen werden. Das Problem sind unsere Qualitätsansprüche. Daunenschlafsäcke gibt es in jedem Sportgeschäft. Aber leider finden wir nur billigen Plunder. Entweder spießen die Federkiele heraus, weil mehr Federn als Daunen in der Füllung sind, oder die Nähte sind einfach durchgenäht und bilden Kältebrücken. Ehrfurchtsvolle Markennamen sind auf allen Schlafsäcken aufgestickt. Darauf darf man sich nicht verlassen. Markenware gibt es in Nepal nur in wenigen Geschäften in Kathmandu zu europäischen Preisen. Die Schnäppchen sind meist nur schlecht verarbeitete Plagiate. Nach langem Suchen finden wir doch noch einen Schlafsack in akzeptabel guter Qualität. Schon jetzt freuen wir uns auf Prems überraschtes Gesicht.

Maina, Prems Frau, holt uns am Hotel ab und besteht darauf, mit dem Taxi zu fahren. Das Taxi fährt nur drei Straßen weiter, den Weg hätten wir wirklich laufen können. In Prems Wertvorstellung ist eine Taxifahrt etwas ganz Besonderes. Um uns zu zeigen, dass wir für ihn etwas ganz Besonderes sind, fährt Maina mit uns Taxi. Es ist schon dunkel und nicht viel von dem Weg zu erkennen, den wir laufen. Große Bäume deuten auf eine parkähnliche Anlage. Wir biegen in ein Grundstück ab, in dem einstöckige, rechteckige Bungalows mit Flachdach versetzt aneinandergebaut wurden. Von den kleinen Vorgärten ist in der Dunkelheit nicht viel zu erkennen. Der dritte Bungalow ist Prems Wohnung. Prem hatte unterwegs schon angedeutet, dass er nur eine kleine Wohnung hat. Doch was stellen wir Mitteleuropäer uns unter einer kleinen Wohnung vor? Zwei Zimmer, Küche, Bad sind sicher der unterste Standard. Wie angewurzelt bleibe ich in der Tür stehen. Der Raum vor mir misst etwa vier Meter in der Breite und drei Meter in der Länge. Darin stehen rechts an der kurzen Wand eine Liege für Prems Sohn Shyam, vor uns an der breiten Seite eine Anderthalbmann-Couch für Prem und Maina, links an der anderen schmalen Seite hinten ein metallener Kleiderschrank, davor ein halbhoher, zweitüriger Küchenschrank aus weißem Holz und ganz vorn zum Fenster ein schmaler, hölzerner Vorratsschrank mit einem zweiflammigen Gaskocher. Auf der freien Fläche vor dem Fenster neben der Tür liegt ein beigebrauner, nepalesischer Teppich. Das versteht Prem also unter einer kleinen Wohnung. Er ist stolz, wir sind entsetzt.

Prem steht am Herd. Die schwarze Hose aus gutem Stoff und das weiße, gebügelte Hemd sind dem kleinen, schmalen Mann deutlich zu groß. Er hat eine Schürze darüber gebunden, um sich nicht schmutzig zu machen. Fröhlich und von ganzem Herzen begrüßt er uns: „Willkommen in meinem Haus. Setzt Euch doch hin, bitte." Shyam hockt auf seinem Bett und liest in einem englischen Bilderbuch. Schüchtern gibt er uns die Hand. Maina setzt sich auf den Fußboden. Mühsam setzen wir uns dazu, mit dem Rücken an die Couch zum Anlehnen. Wir hatten ganz vergessen, dass die Nepali nicht auf Stühlen sitzen sondern im Schneidersitz auf dem Fußboden. Der Teppich auf dem Boden ist Tisch und Tischtuch in einem, ein kleines, weißes Tuch liegt zusätzlich in der Mitte. Prem hat Chicken Nuggets und Pommes Frites vorbereitet. Zum Glück beobachte ich Prem, wie er schon im ersten Stück Fleisch einen Knochen findet. Prem hat das Huhn einschließlich der Knochen in kleine Stücke gehackt, paniert und gebraten. Mit etwas Vorsicht wegen der Knochen schmeckt das Essen sehr gut. Zum Nachtisch plant Prem einen Reispudding. Während der Tour stand oftmals Reispudding auf der Speisekarte. Da ich mir darunter aber nichts vorstellen konnte, habe ich ihn nicht gekostet. Reispudding ist Milchreis. Oh je, Mario isst schon seit seiner Kindheit keine Speisen aus warmer Milch. Vorsichtig versuche ich Prem zu erklären, dass ich mich auf den Reispudding freue, aber Mario schon vom Geruch übel wird. Wir wollen Prem nicht enttäuschen, aber selbst aus Gastfreundschaft würde Mario den Milchreis nicht herunter bekommen. Prem versteht, ohne gekränkt zu sein. Dafür hat er für Mario extra ein Bier mitgebracht. Schon haben wir die nächste Eigenwilligkeit, bei der in Nepal völlig andere Verhältnisse herrschen. In einer Bierflasche sind 0,7 Liter Bier. Mario hat jetzt fünf Wochen kein Bier getrunken, da kann man sich vorstellen, wie eine solche große Flasche auf ihn wirkt. Prem und ich trinken Cola, auch wenn Maina versucht, ein strenges Gesicht zu ziehen. Wir sind nicht auf der Tour, wir dürfen es uns schmecken lassen.

Nach dem Essen überreicht Prem jedem von uns ein kleines Geschenk. Für Mario hat er ein buntes Käppi ausgesucht und erklärt, dass man in Nepal dieses Käppi aufsetzt, wenn man zu einem offiziellen Anlass oder auf ein Amt geht. Bei einigen Verkäufern haben wir diese Kopfbedeckung schon gesehen aber nicht um ihre Bedeutung gewusst. Ich bekomme ein weinrotes Schultertuch. Die meisten nepalesischen Frauen tragen solche Tücher. Unkompliziert und vielfältig lassen sie sich verwenden, um die Hüfte, um die Schulter, als Halswickel und als Kopftuch. Wir freuen uns über die Geschenke, weil sie uns etwas von der Lebensart der Nepali mitgeben.

Jetzt sind wir an der Reihe. Mario hat vom Bier ein wenig Probleme, gerade aufzustehen und den Schlafsack aus dem Rucksack herauszuholen. Prem steht in der Zwischenzeit steif und aufgeregt da, wie ein kleiner Junge vor dem Weihnachtsmann. Er ahnt wohl schon, dass wir uns viel Mühe gegeben haben für ihn. „Lieber Prem, das ist für Dich, damit Du nie wieder eine zu kurze oder eine verlauste Decke haben musst." Richtig feierlich kommen mir diese Worte. Shyam legt Marios Handy beiseite, auf dem er seit dem Abendbrot spielen durfte, und schaut erwartungsvoll auf den dicken, dunkelblauen Sack. Prem nestelt sichtlich erregt am äußeren Kompressionssack und bekommt ihn nicht geöffnet. Lediglich Maina wirkt ruhig. Sie lächelt und ihr Gesicht strahlt mit dem Ausdruck tiefer Zufriedenheit, Freude und Liebe. Ohne, dass sie auch nur ein Wort sagt, weiß ich, was sie denkt. Gerade ist ein lang ersehnter Traum für sie in Erfüllung gegangen. Ihr Prem bekommt einen eigenen Schlafsack. Niemals hätte sich die Familie von dem schwer verdienten Geld einen Schlafsack leisten können. Den einzigen Luxus, den sie sich mühsam ersparen, ist eine Privatschule für Shyam und eine eigene Wohnung. Das ist so wenig, aber zu mehr reicht das Geld nicht.

Inzwischen ist es Prem gelungen, den Kompressionssack zu öffnen. Er zieht den hellblau mit schwarz abgesetzten Schlafsack heraus, steht auf und hält den Schlafsack nach oben, um vorsorglich die Länge zu prüfen. Es ist für ihn beim besten Willen noch nicht vorstellbar, dass das jetzt sein Schlafsack sein soll, dieser kuschelweiche, ganz leichte und trotzdem schön warme Daunenschlafsack, hellblau wie seine geliebte Daunenjacke. Maina ist die erste, die zu Worten findet. Sie nimmt Prem in die Arme und flüstert ihm auf Nepali leise ganz zärtlich etwas ins Ohr. Dann erlöst sie Prem von der Aufgabe, sich bei uns zu bedanken. Maina haben wir sofort in unser Herz geschlossen. Ihre natürliche und vertraute Ausstrahlung, ihre offene und verlässliche Art, ihr Wissen um die Arbeit ihre Mannes und um die Probleme und Freuden der Trekking-Touristen. Maina haben wir gern. Wir danken ihr und schauen gemeinsam schmunzelnd auf Prem. Der steht noch immer sprachlos im Zimmer und schaut fragend mal auf uns, mal auf Maina und immer wieder auf seinen Schlafsack. Es dauert noch eine ganze Weile, bis er endlich seine Sprache wieder findet. Kopfschüttelnd sagt er „Danke" und wird es wohl erst in den nächsten Tagen richtig verstehen.

Prem, Maina und Shyam begleiten uns zum Hotel zurück. Es ist spät für Shyam, morgen ist wieder Schule. Dieser Tag geht wie viele andere auf unserer Reise mit dem Gefühl von Zufriedenheit und Freude zu Ende. Doch heute ist es eine andere Freude. Heute ist es nicht nur die eigene Zufriedenheit. Heute ist es das beruhigende Gefühl, Freude verschenkt und vervielfältigt zu haben.

Am nächsten Abend laden wir Prem mit seiner Familie in das „Once in Life"-Restaurant ein. Prem erzählt uns stolz, dass er schon zwei Mal in einem Restaurant gegessen, einmal sogar mit seiner Familie. Wer Prem nicht kennt, kann diese Worte weder verstehen noch glauben. Wir wissen, dass es wahr ist. Gerade deshalb möchten wir ihnen diese besondere Freude machen. Die Plätze auf der Dachterrasse haben wir besser bestellt, es wird voll am Abend. Prem und Maina sind sehr bescheiden und trauen sich kaum, überhaupt etwas zu bestellen. Mehrfach müssen wir mit ihnen diskutieren, dass die Preise für uns wirklich sehr wenig Geld bedeuten. Als Shyam sich zum Trinken mit größter Freude eine heiße Schokolade bestellt, tadelt Maina ihn auf Nepali recht energisch. Der Tonfall ist eindeutig. Sie macht sich Sorgen, dass uns Shyams Bestellungen zu viel Geld kosten. Shyam ist sehr ordentlich und diszipliniert erzogen. Es wird seine Wertvorstellungen nicht durcheinander bringen, wenn er sich heute einmal bestellen darf, was er möchte, ohne auf den Preis zu achten. Maina, heute bezahlen wir. Also sagen wir, wenn uns Shyams Wünsche zu teuer werden. Zum ersten Mal lächelt Maina nicht gleich. Wir wollen Shyam glücklich sehen, lass ihn bitte seine Wünsche ohne Bedenken ansagen. Jetzt lächelt auch sie. Shyam

bestellt noch Pizza und Eis. Zuletzt kämpfen wir gemeinsam mit einer übergroßen Portion heißer Bananen, die sich Mario bestellt hat.
In einem kleinen, blauen Werberucksack einer deutschen Mineralwasserfirma haben wir unsere Reiseapotheke für Prem vorbereitet. Wir benötigen die Medikamente nicht mehr, deshalb wollen wir sie Prem und Maina überlassen. Auf jede Packung habe ich in Englisch geschrieben, wozu das Medikament genutzt wird und wie es einzunehmen ist. Als ich Maina das leichte Antibiotikum erkläre, das auch gegen Blasenentzündungen hilft, wird sie auf einmal hellhörig. Blasenentzündungen hat sie oft, meist im Winter. Woher sie kommen, weiß Maina nicht. Als ich ihr erkläre, dass sie sich im Winter nicht auf den kalten Fußboden setzen darf, sieht sich mich mit ihren großen Augen an. „Davon bekommt man eine Blasenentzündung?“
Mainas Wangenknochen sind deutlich kräftiger als bei Prem, sie hat ein sehr schönes, mongolides Gesicht. Die langen, schwarzen, glatt nach hinten zu einem Zopf gebundenen Haare, das spitze Kinn und ihr verschmitztes Lächeln geben ihr ein elegantes und intelligentes Aussehen. Alle Drei haben sich für diesen besonderen Abend chic gemacht. Prems grüne Daunenweste über dem ausgesuchten, braun-schwarz gestreiften Hemd würde nach unseren Vorstellungen nicht so recht passen. Eine Daunenweste stellt für die Nepali einen hohen Wert da und als solche ist sie hier bestimmt angemessen. Wir haben gelernt, den nepalesischen Maßen den Vorrang vor unseren deutschen Vorstellungen zu geben. Shyam trägt ein europäisches weißes Sweatshirt mit einer Stickerei. Maina hat sich für ein modern variiertes nepalesisches, schwarzes Kleid mit einem großen, blauen Kragen entschieden. Bei so viel Eleganz können wir mit unserer sportlichen Kleidung nicht mithalten. Das tut dem Abend aber keinen Abbruch. Prem schultert stolz den kleinen, blauen Rucksack. Endlich besitzt auch er etwas Originales aus Deutschland.

28.11.2005, Montag Pokhara - Kathmandu

Zur Abreise am letzten Morgen kommen Prem und Maina noch einmal auf den Busplatz. Sie haben für unsere beiden Kinder kleine Geschenke eingepackt. Der Abschied fällt schwer, sehr schwer. Wir wissen alle, dass wir uns wahrscheinlich nie wieder sehen werden. Trotzdem will heute jeder an eine baldige Rückkehr glauben. Prem fragt immer wieder nach, ob wir uns wirklich ohne ihn in Kathmandu zurechtfinden werden. „Aber es ist doch nur eine Nacht. Prem, wir schaffen das.“ Beim Losfahren kämpfen wir alle mit den Tränen, lange schweigen wir im Bus.
Bis kurz vor Kathmandu geht die Fahrt zügig vorwärts. Wir kennen die Strecke inzwischen und ich fürchte mich auch nur noch halb so viel an den engen Brücken und steilen Abfahrten. Bei der Einfahrt nach Kathmandu stecken wir im Stau fest, es geht nur sehr

langsam voran. Ein bisschen hatten wir schon vergessen, wie schmutzig Kathmandu ist. Am Straßenrand liegen wieder die Müllhaufen und brennen stinkend vor sich hin. Als auf einem solchen Haufen ein toter Hund liegt, ist uns das Elend wieder im vollen Maße bewusst.

Der Bus biegt in eine breite, sandige Nebenstraße und fährt noch so weit vor, bis der Schlamm beginnt. Dann hält er an, viele steigen aus. Wir bleiben sitzen und warten, dass der Bus weiter bis zum Busbahnhof fährt. Immer mehr Menschen steigen aus. Warum? Ist hier Endhaltestelle? Das kann bestimmt nicht sein. Der Busfahrer kann uns doch nicht irgendwo im Schlamm von Kathmandu auf die Straße setzen! Doch, er kann. Irgendjemand erklärt den letzten Zweiflern, dass hier die Fahrt zu Ende ist. Skeptisch krauchen wir aus dem Bus. Kaum sind wir draußen und haben unsere Taschen aus dem Gepäckfach bekommen, als uns auch schon die Taxifahrer die Taschen regelrecht aus der Hand reißen. Ohne Prem brauchen wir mit ihnen gar nicht erst um den Preis zu diskutieren. Vorerst müssen wir nur aufpassen, dass unsere Taschen im selben Taxi landen. Mir passt das alles überhaupt nicht. Auch Mario hat einen verunsicherten Blick und hofft, dass wir die Situation im Griff behalten.

Im Taxi akzeptieren wir den genannten Preis und zeigen dem Fahrer die kleine Anfahrtsskizze, die auf die Rückseite der Visitenkarten des „Namaste Guest House" gedruckt ist. Die Wirtin hatte uns erklärt, dass es zwei Namaste-Häuser gibt, deshalb sollen wir den Fahrern den Plan zeigen. Bald erkennen wir erste Plätze und Straßen wieder. Wir sehen aber auch, dass der Fahrer nicht den richtigen Weg fährt. Der Mann versteht fast kein Englisch. Wie soll man ihm den Weg erklären? Mario zeigt immer wieder auf die kleine Skizze. Der Fahrer lässt sich nicht beeindrucken und bringt uns zum falschen Namaste-Haus. Wir steigen natürlich nicht aus. Missmutig und schlecht gelaunt lässt er sich im Haus den richtigen Weg erklären, bringt uns zu unserer Lodge und muss nölend akzeptieren, dass wir ihm den Umweg nicht zusätzlich bezahlen. Das große, eiserne Tor schließt sich hinter uns und wir stehen wieder unter dem grünen Torbogen in unserem Garten Eden, von dem lange, dunkelrote Blütenranken von fast einem Meter Länge nach unten hängen. Auch Ende November steht der Garten noch in voller Blüte. Wir fühlen uns willkommen und beschützt.

29.11.2006, Dienstag Kathmandu

Ein ungewöhnlich klarer Morgen begrüßt uns. Wir laufen hinüber zur Swajambunath-Stupa. Diesen Namen kann sich kein Tourist merken, schon gar nicht aussprechen. Der Einfachheit halber wird er deshalb nur Affentempel genannt. Schon an den untersten Stufen sitzen unzählige Affen und warten darauf, von den Touristen ge-

füttert zu werden. Oben steht auf einer großen weißen Kuppel ein viereckiger, goldener Turm mit einer sehr hohen, runden und ebenfalls goldenen Spitze. An den Turm sind die Augen Buddhas gemalt, darunter wieder eine stilisierte arabische Neun, das Zeichen in Sanskrit für die Eins, das so viel wie Erster, oberster Herrscher bedeutet. Dieses Bild ist für mich das wahre Wahrzeichen Nepals. Überall ist es zu sehen und auch ich versuche, viele Fotos von diesem Symbol mitzunehmen. Dazu ist die Aussicht auf Kathmandu von hier oben überwältigend. Der Schmutz und Abschaum der Stadt bleiben unten verborgen, nur die Weite und die Sehenswürdigkeiten kommen hier oben an.
Bis wir unsere Sachen packen und zum Flughafen fahren müssen, haben wir noch sehr viel Zeit. Fragend stehen wir am Fuße der großen Treppe zum Tempel und überlegen, womit wir den Tag verbringen. Wir entscheiden, Kathmandu noch eine Chance zu geben, heuern das nächste Taxi und lassen uns nach Thamel bringen. Es kann sein, dass wir heute besser ausgeschlafen sind, es kann sein, dass wir uns an vieles schon gewöhnt haben. Heute ertragen wir die Widerlichkeiten dieser Stadt und erliegen dem Kaufrausch, der bei deinem solchen Überangebot an Angeboten unweigerlich entsteht. Nach drei Stunden Schnäppchenjagd und mit vielen großen Einkaufsbeuteln haben wir uns mit Kathmandu wieder versöhnt.
Das Taxi zum Flughafen findet einen Weg mit weniger Slums. Kathmandu zeigt sich noch einmal mit breiten Straßen und kleinen Prunkbauten. Am Flughafen müssen wir unserer Einkaufslust Tribut zahlen. Unser Reisegepäck wäre ganz bestimmt um einiges schwerer, als zulässig. Also haben wir alle Jacken, die wir mit haben und alle Jacken, die wir noch gekauft haben, angezogen und umgebunden. Jeder von uns trägt über dem T-Shirt noch fünf verschieden dicke Fleecejacken. Bei gut zwanzig Grad Lufttemperatur müssen wir ganz ruhig bleiben. Würde man sich jetzt aufregen, wäre es in dieser Bekleidung nicht auszuhalten. Als unser Gepäck mit dem gerade noch zulässigen Gewicht das Wiegen übersteht, entschlüpft Mario ein Freudenjauchzer. Der nepalesische Angestellte lächelt verständnisvoll zurück.
Abgesehen von einer zusätzlichen Nacht in Bahrain kommen wir wohlbehalten in ein vorweihnachtlich verschneites Deutschland zurück. Jetzt sind wir es, die sich hier fremd fühlen und einfach noch nicht in diese, unsere Welt hineinpassen.

Die Reise meines Lebens ist zu Ende.

Packlistenbeschreibung

Wir hatten natürlich viel zu viel mit, weil man sich die Verhältnisse auf der Tour nicht wirklich gut vorstellen kann. Deshalb soll hier der Versuch unternommen werden, die vorgeschlagene Packliste etwas näher zu erläutern und zu begründen.

Das Wetter in Nepal im Herbst ist sehr trocken. Schon bei der Ankunft in Kathmandu empfindet man die trockene Luft bald als Krümeln in der Nase. Auf der Tour wird es mit jedem Höhenmeter trockener. Die trockene Luft hat den Vorteil, dass alle Sachen ganz schnell wieder trocknen.

Tagsüber ist es auch auf viertausend Meter Höhe so warm, dass man höchstens eine dünne Fleece-Jacke braucht. Das konnten wir uns vorher einfach nicht vorstellen. Nur am Morgen zieht man die Windstopper-Jacke und die Berghose über. Wenn gegen halb vier am Nachmittag die Sonne untergeht, wird es ab zweitausendfünfhundert Höhenmetern sehr schnell kalt. Dann zieht man an, was man mit hat.

Unterwäsche und T-Shirts können bei Ankunft in der Lodge kurz ausgewaschen werden. Die meisten Lodges haben bereits Leinen für die Wäsche gezogen, manche haben sogar Wäscheklammern. Deshalb ist es wichtig, alle Kleidungsstücke, soweit nicht ausdrücklich anders notiert, aus schnell trocknender Funktionsfaser auszuwählen. Zum Waschen haben wir gleich das Duschbad verwendet. Waschseife und Waschpaste gibt es aber auch in jeder größeren Siedlung zu kaufen.

Überhaupt bekommt man unterwegs fast alles zu kaufen, was die Menschen für ihren täglichen Bedarf benötigen. Man hat die Wahl zwischen der etwas anderen Qualität einheimischer Produkte und dem recht hohen Preis für europäische Waren. Außerdem muss man das meist verfallene Ablaufdatum akzeptieren. Aber dann findet man immer etwas Brauchbares.

Viele Markenartikel gibt es in Nepal für deutlich weniger Geld zu kaufen. Leider trügt der erste Eindruck, ein Schnäppchen zu machen. Es sind alles nur minderwertige Plagiate, die man mit einer großen Portion Skepsis betrachten muss. Nichtsdestotrotz kann man viele Dinge für die Reise in Nepal direkt kaufen. Fleece-Jacken und Pullover, auch Windstopper-Jacken darf man dort vor Ort gern kaufen. Für die Tour muss man lediglich darauf achten, dass man nicht zu dickes Material auswählt. Lieber mehrere dünne Schichten als eine dicke Jacke.

Kleine und untersetzte Menschen können in Nepal unter einer Vielzahl von Berg- und Wanderhosen in akzeptabler Qualität wählen. Die Nepali selbst haben fast alle sehr kurze

Beine und sie nähen ihre Hosen auch so. Ich hatte immer Hochwasser, für meinen Mann waren es bestenfalls 7/8-Hosen.

Funktionsunterwäsche haben wir in Nepal überhaupt nicht gesehen. Trekking-Sandalen gibt es dafür sehr viele. Sie sind jedoch recht klobig und schwer. Richtige Bergschuhe gibt es in Kathmandu zu europäischen Preisen, ansonsten sind nur minderwertige und keinesfalls wasserdichte Goretex-Trekking-Schuhe zu bekommen. Dafür gibt es definitiv keine Kaufempfehlung von mir.

Mit etwas Geduld findet man brauchbare Daunen-Schlafsäcke und Daunen-Jacken. Wer diese Sachen wirklich nur für die Tour in Nepal benötigt, kann sie dort vor Ort billig kaufen und hinterher wahrscheinlich gleich in Nepal lassen.

Rucksäcke bekommt man in Hülle und Fülle, manchen sogar mit Eigenmarken wie One-Polar und etwas teurer als die Plagiate. Aber die Qualität wird deshalb auch nicht viel besser. Hier gilt die gleiche Empfehlung wie für die Daunenjacken. Wir haben einen Tagesrucksack vor der Tour gekauft. Der hat zu Hause noch einen Monat gehalten.

Letztendlich ist die Qualität vieler Sachen in unseren Diskont-Märkten sogar etwas besser als in Nepal bei ähnlichen Preisen. Wer in Deutschland im Sommer die Angebote nutzt, kommt im Verhältnis von Qualität und Preis sicher besser weg.

Zu den einzelnen Sachen möchte ich noch ein paar Hinweise geben:

1 Paar Bergschuhe

Bitte keine leichten Trekking-Schuhe und auch keine Bergschuhe mit Goretex-Einsätzen kaufen. Man ist 3 bis 4 Wochen jeden Tag mit den Schuhen unterwegs. Wir hatten Bergschuhe aus Leder außen und mit Lederfutter innen. Beim Futter ist es wohl eher eine Glaubensfrage, Goretex-Futter trocknet schneller.
Wer sich neue Schuhe kauft, tut das bitte einige Monate vorher und läuft auch schon mal eine Wanderung von mehr als vier Stunden mit den Schuhen. Nichts ist schlimmer als eine offene Blase nach fünf Tagen Trekking.

Schuh-Wachs, kleiner Lappen

Die Schuhe, auch neue Schuhe, sollte man schon vorher mit gutem Schuh-Wachs einreiben und das Wachs im warmen Zimmer einziehen lassen. Diese Prozedur darf man ruhig dreimal wiederholen. Auf der Tour selbst sollen die Schuhe spätestens alle fünf Tage und nach jeder Schnee-Tour wieder eingewachst werden. Kein Lederfett verwenden, dass macht das Leder zu weich. Auch normale Schuhcreme und der gern verkaufte Lederspray sind ungeeignet. Rauleder-Schuhe werden von dem Wachs etwas glänzend. Aber dafür bleiben sie trocken, was man mit dem Lederspray für Rauleder nicht erreichen würde. Wir sind nicht auf Stadtbummel, wo es auf Schönheit ankommt.

2 Paar Bergsocken
3 Paar Baumwoll-Socken

Bergsocken sind die nächste Glaubensfrage. Wir verwenden seit vielen Jahren eine Kombination aus ganz einfachen Baumwoll-Sportsocken mit leichter Polsterung von Zehe und Ferse untendrunter und Bergsocken mit Wollanteil obendrüber. Die Baumwoll-Socken werden zwar schnell feucht am Fuß. Dafür kleben sie fest und die Reibung im Schuh spielt sich zwischen Baumwollsocke und Bergsocke ab. Trockene Socken lassen eine Reibung zwischen Fuß und Socke zu. Und die endet irgendwann zu Ungunsten des Fußes. Die Baumwollsocken sind in der trockenen Luft am nächsten Morgen wieder trocken, die Füße bleiben blasenfrei.

Gamaschen (für Tilicho-See, Ice-Lake und Pass)

Wer Glück hat, kommt vor dem ersten Schnee durch. Aber darauf verlassen würde ich mich nicht. Ohne Gamaschen läuft der Schnee von oben in die Schuhe, da nützen dann auch keine wasserdichten Bergschuhe. Wir haben gute Gamaschen preiswert in Manang gekauft, für den Ice Lake wäre das zu spät.

1 Paar Sandaletten

Die Sandaletten braucht man auf der Tour als Wechselschuhe, während die Bergschuhe auslüften bzw. trocknen. Weiter oben im Gebirge zieht man das zweite Paar Bergsocken in die Sandalen an und hat über den Abend warme Füße. Zum Duschen sind wir eigentlich immer barfuss gegangen.

1 Leggings oder dünne Unterhose
1 Fleece-Leggings
1 dünne Wanderhose
1 Berghose mit Futter

Eine kurze Hose braucht man auf der Tour eigentlich nicht. Vielleicht an den ersten und letzten Tagen. Später zieht man morgens die dünne Leggings mit der Berghose an, tagsüber reicht dann wieder die dünne Wanderhose. Am Abend in der Lodge kann man schon mal die Fleece-Leggings mit der Berghose darüber gebrauchen.

3 Slip
3 Unterhemden
3 T-Shirts
2 Orthovox-Langarm-Shirts
3 dünne Fleece-Pullover oder Fleece-Jacken

Die Anzahl der Sachen sind so kalkuliert, dass man immer ein Teil trägt, das zweite Teil gewaschen wird und das dritte die Reserve ist. Wird ein Shirt wirklich mal nicht über Nacht trocken, legt man es am nächsten Mittag auf einen Stein in die Sonne. Die Steine sind sehr warm, die Nepali trocknen ihre Sachen oft auf den Steinen statt im Wind. Fleece-Teile haben wir nicht gewaschen, nur gelüftet. Jacken sind mir lieber als Pullover, weil man sie vorn öffnen kann. Die Langarm-Shirts von Orthovox sind aus schnell trocknender Wolle, sehr angenehm und besonders in den Bergen schön warm.

1 leichte, weiche Daunenjacke
1 dünne Windstopper-Jacke
1 Regenjacke
1 warme Mütze
1 Paar dünne Fleece-Handschuhe
1 Paar Windstopper-Handschuhe (auch Überzieher)
1 helle Schirmmütze (Cap)
2 Schweiß-Stirnbänder bei Bedarf
2 Buff (Schlauchtücher)

An die Qualität der Daunenjacke werden keine hohen Ansprüche gestellt. Kleines Packmaß und geringes Gewicht sind wichtig. Man braucht sie nur an den Abenden und am Tag der Passüberschreitung. Angenehm ist eine weiche Jacke, die sich gut anschmiegt. Der Oberstoff darf dünn und leicht sein. Die dünne Windstopperjacke ist morgens sehr angenehm. Die Wärme kommt nämlich nicht aus der Luft sondern nur von der Sonne. Sobald man im Schatten läuft, bläst der kalte Wind durch den Fleece. Die Regenjacke haben wir nur gegen den Wind angezogen. Ansonsten war sie fürs gute Gewissen mit. Die Schirmmütze ist gegen die Sonne, die warme Mütze für den Pass. Die dünnen Handschuhe sind beim Gehen mit Stöcken bergauf am Morgen sehr angenehm, sonst werden die Hände so schnell kalt. Die Windstopper-Handschuhe brauchten wir am Pass, dort hat es unsäglich kalten Sturm gegeben. Diese Überhandschuhe gibt es billig und für den einen Einsatz ausreichend in Nepal zu kaufen. Schlauchtücher sind so universell einsetzbar, dass man sie schon grundsätzlich einpacken sollte. Bereits auf der ersten Fahrt mit dem Bus ist ein Buff nötig, den man sich gegen die staubig-kalte Luft über Mund und Nase zieht.

Uhr mit Höhenmesser
4 Passbilder

Der Höhenmesser ist ein schönes Spielzeug, die Passbilder braucht man für die Permit und als Reserve.

Brille und Ersatzbrille bei Bedarf
Sonnenbrille
Gletscherbrille
Kontaktlinsen, Box, Pflegemittel bei Bedarf
Dauer-Brillenputztuch

Die trockene Luft und die grelle Sonnenstrahlung werden leicht unterschätzt. Wer nicht unbedingt Kontaktlinsen tragen muss, sollte lieber die Brille aufsetzen. Bis etwa zweitausendfünfhundert Meter Höhe reichte uns die Heliomatik-Funktion unserer normalen Tagesbrille. Darüber ist eine Gletscherbrille nötig. Wir sind beide Brillenträger und haben uns in die Gletscherbrillen Gläser unserer Stärke einarbeiten lassen. Die Gletscherbrille muss unbedingt einen seitlichen Schutz haben, herkömmliche Fahrradbrillen sind wahrscheinlich ungeeignet.

Rucksack
Daypack oder Umhängetasche
2 Teleskop-Wanderstöcke
Wörterbuch englisch
Wanderkarte
Tagebuch und 2 Kulis
Daunen-Schlafsack
kleine und große Folientüten

Wer seine Sachen selbst trägt, wählt seinen großen Rucksack sehr sorgfältig aus. 60+10 für Männer, 50+10 für Frauen sind das Minimum. Wir haben unsere Dokumente und Wertsachen in einen kleinen Tagesrucksack gegeben. In der Lodge haben wir diesen kleinen Rucksack immer mitgenommen, so ist uns nie etwas gestohlen worden. Wir haben uns in unserem Sportgeschäft mehrere neue, nicht raschelnde Folientüten erbeten. Darin haben wir unsere Sachen sortiert. Zum einen hat man dadurch im Rucksack eine bessere Ordnung, zum anderen bleibt alles garantiert trocken, falls es doch mal nass werden sollte. Bei den Wanderstöcken achtet man auf das Material der Griffe. Weicher Schaumstoff ist optimal. Meine Stockgriffe waren aus einem Gummi, der weich wurde und in dem sich der feine Staub der Luft sammelte. So rieben mir die Stöcke an den Händen. Man kann das auch durch sehr dünne Laufhandschuhe verhindern. Warum man einen guten Daunenschlafsack mitnehmen sollte, versteht man spätestens in der Nacht vor der Passüberquerung. Außerdem ist die Daune kuschelig weich. Selbst Allergiker sollten in der trockenen Luft keine Probleme bekommen, die Milben dürften sich nicht halten. Die Auswahl der Wanderkarte ist beliebig, keine Karte stimmt, jede hat einen anderen Fehler.

Fotoapparat, Ersatzbatterien, Filme, Stativ, Weitwinkel- und Tele-Objektiv

Fotoausrüstung ist sicher auch eine Frage der Einstellung. Ich persönlich meine, dass so eine Tour schon eine Spiegelreflexkamera verdient hat. Diafilme gibt es keine zu kaufen, die sollte man ausreichend mitnehmen. Wir haben 1000 Dias fotografiert. Wer digital fotografiert, hat weniger Sorgen. In jedem größeren Ort kann man die Bilder auf CD brennen lassen. Akkus für die Kamera muss man aber reichlicher mitnehmen, gerade auf der Ostseite der Tour sind viele Orte noch ohne Strom.

2 Handtücher
1 Waschlappen
Duschbad, Haarwäsche
Ohrputzer
Haarbürste
Haarspange und Ersatz-Haargummi bei Bedarf
Zahnbürste, Zahnpasta
Deo (Plastik-Deoroller)
Hautcreme
Sonnenschutzcreme
Lipstick mit Sonnenschutz
Rasierzeug – Seife, Pinsel, Klingen, kleiner Handspiegel, After-Shave-Balsam bei Bedarf
Nagelschere
1 Rolle Toilettenpapier
4 Packungen Papier-Taschentücher
1 Packung Feuchttücher
Tampons, Slipeinlagen, Kondome bei Bedarf

Zur Kosmetik gibt es wohl nicht so viel zu sagen. Wir haben Haarwäsche und Duschbad in kleine Schraub-Flaschen aus Plastik umgefüllt, damit sie nicht auslaufen. Mein Mann hatte Funktionsfaser-Handtücher, ich solche aus Baumwolle, beide waren wir zufrieden. Sonnenschutz am besten gleich mit LSF 40. Wer morgens mit Handschuhen losläuft, darf nicht vergessen, beim Ausziehen der Handschuhe die Hände mit Sonnenschutz einzucremen. Toilettenpapier gibt es unterwegs nachzukaufen. Die eigenwillige Qualität gehört zum Erlebnis Nepal.

Duck-Tape
dünne Schnur
Wäscheklammern
Ohropax
Stirnlampe, Ersatzbatterien
Taschenmesser
große Thermoskanne
große Plastikflasche mit Schraubverschluss

Wir haben morgens viel Tee bzw. abgekochtes Wasser für den eigenen Tee bestellt und diesen für unterwegs in die Thermoskanne und die Plastikflasche eingefüllt. Im Tal haben wir noch industriell abgefülltes Wasser gekauft, später haben wir die Trinkwasseraufbereitungsstationen wohlweislich nicht genutzt. Das Misstrauen erwies sich leider als berechtigt.

Heftpflaster, kleine Binde oder 1. Hilfe-Set
Sicherheitsnadeln, kleines Nähzeug

50 – 100 Früchtetee-Beutel verschiedener Geschmacksrichtungen
5 – 10 Energie-Riegel, wenn man keine Mars-Riegel mag

Tee bekommt man in jeder Lodge. Auch verschiedene Sorten und oft ganz frisch zubereitet. Aber irgendwann hat man Ginger-Tea und Mint-Tea mal über. Schwarztee ist in den Mengen, die man auf der Tour trinkt, ungesund. Also fängt man damit am besten gar nicht erst an. In Marpha muss man aber unbedingt den Apple-Tea kosten. In den German-Bakeries gibt es Zimtschnecken und Schokoladenrollen. Davon hatten wir immer etwas im Rucksack. Auf den anstrengenden Touren muss es aber ein Riegel sein. Wir haben die Mars-Riegel gekauft, die es fast überall gibt. Selbst mein Mann, der sonst nichts Süßes isst, hatte oftmals einen richtigen Heißhunger auf diese süßen Riegel.

Packliste

Alle Kleidungsstücke, soweit nicht ausdrücklich anders notiert, aus schnell trocknender Funktionsfaser.

1 Paar Bergschuhe
Schuh-Wachs, kleiner Lappen
2 Paar Bergsocken
3 Paar Baumwoll-Socken
1 Paar Sandaletten

1 Leggings oder dünne Unterhose
1 Fleece-Leggings
1 dünne Wanderhose
1 Berghose mit Futter

1 Slip
3 Unterhemden
3 T-Shirts
2 Orthovox-Langarm-Shirts
3 dünne Fleece-Pullover oder Fleece-Jacken

1 leichte, weiche Daunenjacke
1 dünne Windstopper-Jacke
1 Regenjacke
2 Buff (Schlauchtücher)
1 warme Mütze
1 helle Schirmmütze (Cap)
2 Schweiß-Stirnbänder bei Bedarf
1 Paar dünne Fleece-Handschuhe
1 Paar Windstopper-Handschuhe (auch Überzieher)

1 Uhr mit Höhenmesser
4 Passbilder

Brille und Ersatzbrille bei Bedarf
Sonnenbrille
Gletscherbrille

Kontaktlinsen, Box, Pflegemittel bei Bedarf
Dauer-Brillenputztuch

Rucksack
Daypack oder Umhängetasche
2 Teleskop-Wanderstöcke
Wörterbuch englisch
Wanderkarte
Tagebuch und 2 Kulis
kleine und große Folientüten

Fotoapparat, Ersatzbatterien, Filme, Stativ, Weitwinkel- und Tele- Objektiv

2 Handtücher
1 Waschlappen
Duschbad, Haarwäsche
Ohrputzer
Haarbürste
Haarspange und Ersatz-Haargummi bei Bedarf
Zahnbürste, Zahnpasta
Deo (Plastik-Deoroller)
Hautcreme
Sonnenschutzcreme
Lipstick
Rasierzeug – Seife, Pinsel, Klingen, kleiner Handspiegel, After-Shave-Balsam bei Bedarf
Nagelschere
1 Rolle Toilettenpapier
4 Packungen Papier-Taschentücher
1 Packung Feuchttücher

Tampons, Slipeinlagen, Kondome bei Bedarf

Duck-Tape (Gewebe-Klebeband)
dünne Schnur
Wäscheklammern
Ohropax
Stirnlampe, Ersatzbatterien
Raschenmesser
große Thermoskanne

große Plastikflasche mit Schraubverschluss

Heftpflaster, kleine Binde oder 1. Hilfe-Set
Sicherheitsnadeln, kleines Nähzeug

50 – 100 Früchtetee-Beutel verschiedener Geschmacksrichtungen
5 – 10 Energie-Riegel, wenn man keine Mars-Riegel mag

Apotheke

Pille und sonstige Dauer-Medikamente

Micropur forte	Wasserentkeimer (nur für den Notfall)
Compeed Blasenpflaster groß und klein	
Diclofenac 100	Gelenk-, Knie- und Rückenschmerzen
Rivanol Salbe	Juckreiz-Stiller
Zovirax Creme	Lippenherpes
Kamistad Gel	Zahnfleischentzündung
Amykon Gel	Haut- und Fußpilz
Roxithromycin 150 mg Tabletten	Antibiotikum gegen Nasennebenhöhlen und Blasenentzündung
Imodium Kapseln	Durchfall, immer in Verbindung mit Kohle-Compretten nehmen
Kohle-Compretten	Durchfall
Paracetamol 500 Tabletten	Kopf- und Gliederschmerzen
Ciprohexal 500 mg Tabletten	Antibiotikum, sehr stark
Nasentropen, Salzlösung	zum Anfeuchten der Nasenschleimhaut
Hustensirup	gegen trockenen Husten, Reizhusten

Impfungen

keine Impfpflicht
regulären Impfstatus kontrollieren
Hepatitis A und B